aris

8

n-MLV

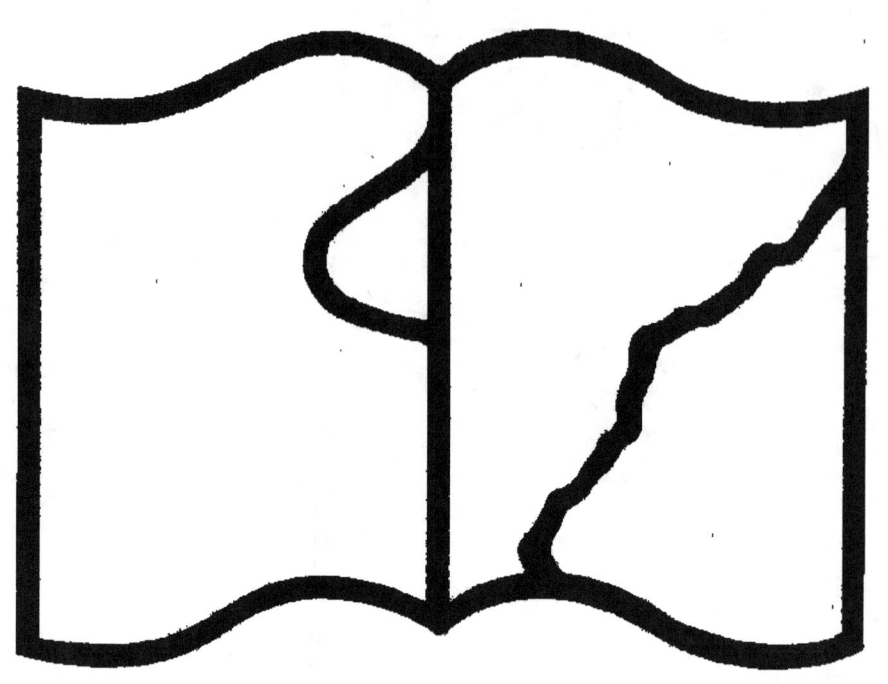

Texte détérioré — reliure défectueuse

NF Z 43-120-11

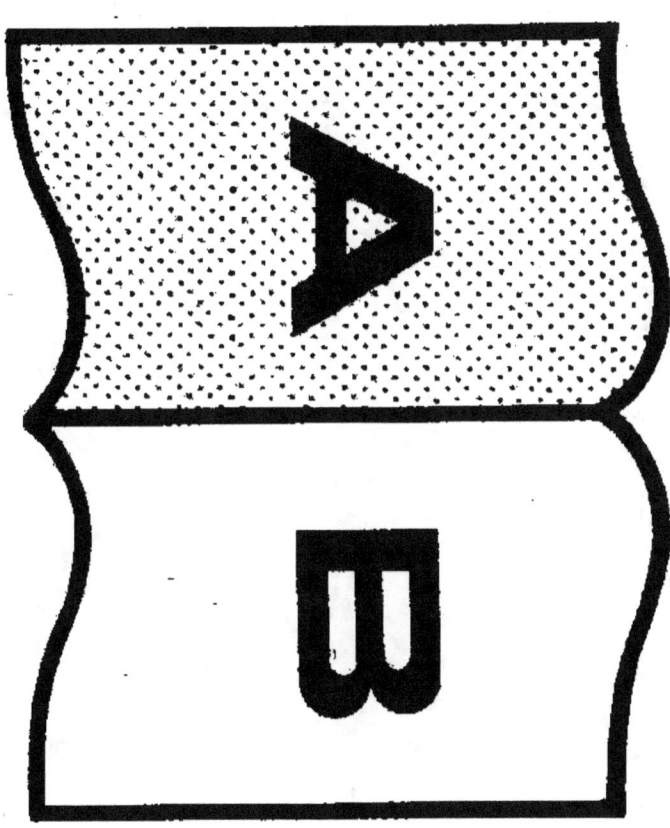

Contraste insuffisant
NF Z 43-120-14

Y. 5496.
+ c – 6.

Vf   1761

DICTIONNAIRE
DES
THÉÂTRES
DE PARIS.

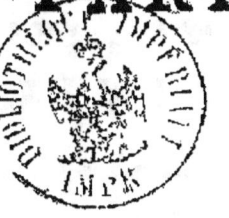

DICTIONNAIRE
DES
THÉÂTRES
DE PARIS,

Contenant toutes les Piéces qui ont été représentées jusqu'à présent sur les différens *Théâtres François*, & sur celui de l'*Académie Royale de Musique*; les Extraits de celles qui ont été jouées par *les Comédiens Italiens*, depuis leur rétablissement en 1716, ainsi que des *Opéra-Comiques*, & principaux Spectacles des Foires *Saint Germain & Saint Laurent*. Des faits Anecdotes sur les Auteurs qui ont travaillé pour ces Théâtres, & sur les principaux Acteurs, Actrices, Danseurs, Danseuses, Compositeurs de Ballets, Dessinateurs, Peintres de ces Spectacles, &c.

TOME SIXIE'ME.

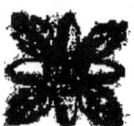

A PARIS,

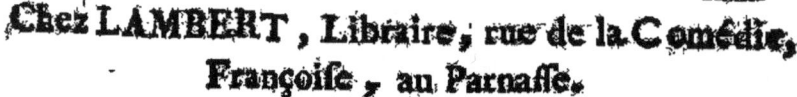

Chez LAMBERT, Libraire, rue de la Comédie Françoise, au Parnasse.

M. DCC. LVI.
Avec Approbation, & Privilege du Roy.

DICTIONNAIRE
DES
THÉATRES.

V A

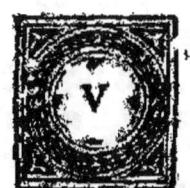ACANCES, (les) Comédie en un acte & en prose, de M. *Dancourt*, représentée à la suite de la Tragédie de *Britannicus*, le Mercredi 31 Octobre 1696. in-12. Paris, Ribou, 1679. & dans le Recueil des Œuvres de l'Auteur. *Hist. du Th. Fr. année* 1696.

VACANCES (les) DU THÉATRE, Opéra Comique en un acte, de M. *Fuselier*, Paris, Prault, in-8°. & représenté le Samedi 1 Avril 1724.

« Le premier de ce mois, (Avril) jour de la
» clôture des autres Théatres, on a donné sur
» celui des Danseurs de corde de la Foire Saint
» Germain, la premiere représentation d'une
» piéce en un acte, qui a pour titre *Les Vacan-*
» *ces des Théatres*. En voici un Extrait.

Tome VI.   A

» Le Palefrenier du Parnasse ouvre la scène,
» tenant une étrille d'une main & une brosse de
» l'autre ; il se prépare à panser les nouveaux
» Pégases qui doivent assortir les écuries d'A-
» pollon. Il fait une scène avec Thalie, qui ne
» sert qu'à l'exposition du sujet. Thalie se retire
» pour aller recevoir les visites qu'elle attend,
» & laisse le Palefrenier vaquer à l'emploi qu'A-
» pollon lui a donné. Le premier qui se présente
» au Palefrenier du Parnasse, c'est l'*Impatient*.
» Il vient tout botté, comme il a paru sur le
» Théatre François. Il se fait connoître à diver-
» ses brusqueries qui lui échappent, & qui
» donnent lieu au Palefrenier de lui dire que son
» caractere est outré, & qu'il est plus brutal
» qu'impatient. L'*Impatient* se retire, après
» avoir reçû quelques coups d'étrille, & fait
» place à un Auteur sexagénaire, qui ne pro-
» duit d'autre titre que d'avoir fait un *essai d'Ode*
» à la louange d'un autre Auteur. Le Palefre-
» nier le raille de commencer si tard son appren-
» tissage. Il témoigne son étonnement, & crie
» au miracle de voir qu'un Auteur en loue un
» autre, mais il est encore bien plus surpris
» d'apprendre que l'Auteur loué a lâché des
» Epigrammes contre celui qui le loue. A l'Au-
» teur sexagénaire succède *Inès*, qui outre deux
» enfans de sa façon, qu'une nourrice tient
» entre ses bras, en porte un troisiéme dans ses
» flancs. *Nitétis* qui survient, lui fait des com-
» plimens ironiques sur sa nouvelle grossesse, &
» l'appelle la prolifique Inès. Cette derniere
» lui dit que ce n'est pas une chose si surprenante
» que d'avoir eu trois enfans. Nitétis lui répond

» qu'elle en est bien au septiéme, puisqu'elle
» en a eu deux sur le Théatre François, quatre
» sur le Théatre Italien, & qu'elle est encore
» grosse. Elles se reprochent réciproquement
» leurs défauts. Inès blâme Nitétis d'être trop
» vertueuse, & Nitétis blâme Inès de l'être
» trop peu; des injures on en vient aux coups;
» les deux Princesses se tignonnent, au grand
» plaisir du Palefrenier & des Spectateurs Fo-
» rains, à qui ces sortes de scénes ne sont jamais
» désagréables. A Inès & à Nitétis succéde le
» *Prince travesti*, à qui le Palefrenier reproche
» son style, qu'il prétend être des plus obscurs,
» à cause des idées métaphysiques dont il est
» par-tout assaisonné. *Mariamne* vient après;
» elle compte la malheureuse histoire de sa vie,
» dont la durée a été si courte. Le Palefrenier
» lui dit qu'elle auroit vécu plus longtemps si
» elle avoit été plus raisonnable, & de là il
» prend occasion de lui mettre devant les yeux
» sa mauvaise conduite; il lui reproche sa liai-
» son équivoque avec Varus, & son peu de
» complaisance pour Hérode, à qui elle a osé
» dire en face qu'elle ne sçauroit l'aimer. Ma-
» riamne étrillée fait place à l'*Ami de tout le*
» *monde*, qui n'est pas mieux traité. De toutes
» les piéces qu'on a données pendant l'hyver, il
» ne manque que les *Anonymes*, qui n'ont osé
» se présenter; le Palefrenier d'Apollon dit
» qu'ils ont bien fait de ne point venir, & qu'il
» auroit employé contre cette piéce, non l'é-
» tuille, mais la fourche à fumier. Thalie & sa
» suite viennent faire le divertissement de cette
» petite Comédie. Les couplets roulent sur

» l'étrille, &c. » *Mercure de France, Avril* 1724. *pag.* 736-738.

VACHE (la) IO, Opéra Comique. Voyez *Jupiter amoureux d'Io.*

VADÉ. (N......) Auteur vivant, a composé pour le Théatre de l'Opéra Comique.

LA FILEUSE, Parodie d'*Omphale*, un acte, 1752.

LE SUFFISANT, un acte, 1753.

LE RIEN, Parodie des Parodies de *Titon & l'Aurore*, un acte, 1753.

LES TROQUEURS, un acte, 1753.

LE POIRIER, un acte, 1753.

LE TROMPEUR TROMPÉ, ou la RENCONTRE IMPRÉVÛE, un acte, 1754.

IL ÉTOIT TEMPS, Parodie de l'acte d'*Ixion*, du Ballet des *Elémens*, 1754.

En société avec Messieurs ***.

LE BOUQUET DU ROI, un acte, 1753.

BERTOLDE A LA VILLE, un acte, 1754.

Il se prépare à donner au Public un Recueil de ses Parodies, beaucoup plus ample que celui qui paroît sous son nom, qui lui a été dérobé & gravé à son insçû.

VALENTINIAN (la mort de) ET D'ISIDORE, Tragédie de M. Gillet de la Tessonnerie, représentée en 1648. imp. la même année, Paris, Quinet, in 4°. *Hist. du Théatre Franç.* année 1648.

VALERAN LE COMTE, Comédien François de l'Hôtel de Bourgogne vers l'année 1608. passa ensuite dans celle du Marais, où il fût chargé des premiers rôles, mort avant 1652. *Histoire du Th. François*, année 1600.

VALÉRIEN, Tragédie de M. de Rioupeyrous, non imprimée, représentée le Mercredi 22 Novembre 1690. *Hist. du Th. Fr.* année 1690.

VALET (le) AUTEUR, Comédie Françoise au Théatre Italien, trois actes en vers libres, de M. *De Lisle*, première représentation du Samedi 2 Août 1738. Cette piéce eut un foible succès. Voyez en l'*Extrait*, *Merc. d'Août de la même année*, pag. 1806. Paris, Briasson.

VALET (le) EMBARRASSÉ, ou LA VIEILLE AMOUREUSE, Comédie Françoise au Théatre Italien, trois actes en vers, de M. *Avice*, première représentation du Samedi 13 Mai 1742. Foible succès. Voyez l'*Extrait*, *Merc. d'Août de la même année*, page 1846. Messieurs *Fuselier & Panard* avoient déja traité le même sujet à l'Opéra Comique. Voyez *Malade* (le) *par complaisance*, imp. in 8°. 1742. sans lieu d'impression.

VALET (le) ÉTOURDI, Comédie. Voyez *Quiproquo*, (les)

VALET (le) ÉTOURDI, Canevas Italien. Voyez *Arlequin valet étourdi*. On a averti à l'article auquel nous renvoyons, que M. *Rosimont* Auteur & Acteur François a mis ce Canevas au Théâtre du Marais, & en a fait une piéce Françoise sous le titre du *Valet étourdi*, mais on a obmis d'avertir que la piéce de M. *Rosimont* porte aussi le titre du *Quiproquo*, & même est plus connue sous ce titre que sous celui du *Valet étourdi*. Voyez *Quiproquo* (le)

A iij

voyez aussi l'article *Valet (le) étourdi*, qui précéde celui-ci. Nous ajoutons qu'il n'y a guères d'autre différence que celle de l'idiome, entre la piéce Françoise & l'Italienne.

VALET, (Arlequin Maître &) Canevas Italien représenté pour la premiere fois sous ce titre, le Lundi 25 Octobre 1717. C'est le même qui depuis a été représenté sous le titre d'*Arlequin Gentilhomme supposé, & duelliste malgré lui.* Voyez cette derniere piéce à son article. Il faut remarquer que le nouveau Théatre Italien a emprunté ce Canevas à l'ancien, où il étoit représenté sous le titre du *Maître valet (Servo Padrone)* dès l'année 1667. Voyez l'*Histoire de l'ancien Théatre Italien*, page 301. Paris, Lambert.

VALET (le) MAÎTRE, Comédie en trois actes & en vers de M. de *Moissy*, représentée le Samedi 6 Novembre 1751. suivie des *Folies Amoureuses*, Paris, Duchesne. *Hist. du Th. François*, année 1751.

VALETS, (les) Opéra Comique en un acte & en vers, avec un Divertissement, de M. *Favart*, représenté le Jeudi 21 Septembre 1741. précédé de l'*Intrigue* & de la *Fête de S. Cloud*, non imprimé & sans Extrait.

VALETS (les) HORS DE CONDITION, Parade non imprimée.

M. de Parlasanbleu ayant été obligé de mettre Gille à la porte, voit arriver ses deux autres valets, Sans Quartier & Divertissant, qui depuis deux jours n'ont point paru dans la maison. Ils alléguent pour excuse qu'ils ont été priés de la noce de la Bâtarde de la cousine de Divertissant;

vous êtes bien insolens, dit le Maître, de sortir sans ma permission, & de me laisser seul avec Gille, à qui j'ai donné son congé pour ses impertinences. Monsieur, répond Sans Quartier, on ne chasse point ainsi un honnête garçon, & vous nous en direz s'il vous plaît la raison. Oui, reprend Divertissant, mon camarade raisonne juste, vous nous la direz, ou vous verrez beau jeu. Parbleu faquins, replique le Maître, je vous apprendrai à qui vous parlez; hors d'ici tous les deux. Eh bien, dit Divertissant, puisque vous nous chassez, il faut que Jacqueline la cuisinière sorte avec nous. Je m'en garderai bien, répond le Maître; Jacqueline est une fille sage & raisonnable. Cela n'est pas vrai, Monsieur, ajoûte Sans Quartier, & nous ne voulons pas qu'elle reste davantage dans votre chienne de maison. Ah! ah! ceci est plaisant, s'écrie le Maître, & quelle autorité, ajoûte-t-il, avez-vous sur Jacqueline? c'est ma femme, Monsieur, répondent les deux valets, en même temps; comment, dit le Maître très-étonné, c'est votre femme à tous deux?..... Ah je vous apprendrai à me connoître: Il prend un bâton, les rosse & se retire.

Sans Quartier & Divertissant, fâchés d'avoir poussé leur Maître à bout, rencontrent Gille, qui de son côté est très mortifié de se trouver hors de condition. Ils se souviennent qu'en leur donnant un si brusque congé, leur Maître a oublié de leur payer ce qu'il leur doit de leurs gages; ils prennent la resolution de les lui aller demander, mais ils tombent d'accord qu'il faut qu'un d'entre eux porte la parole; Sans

Quartier se charge de cet emploi; il frappe rudement à la porte, parle arrogamment au Maître sans daigner lever son chapeau, & disant qu'il ne lui doit plus de respect, n'étant plus à son service. Le Maître le rosse, & rentre dans sa maison. Sans Quartier va rejoindre ses camarades, qui lui demandent s'il a reçu quelque chose. Oui, leur dit-il, des coups de bâton. Va-t-en au diable, répond Gille, & de quelle manière lui as-tu donc parlé ? D'un ton ferme & même un peu insolent, replique Sans Quartier. Tu as tort, reprend Divertissant, il falloit user de politesse, mais laisse moi faire, j'y vais, & j'espére que je ne reviendrai pas les mains vuides: en effet, il léve doucement le marteau de la porte: le Maître paroît; Monsieur, lui dit le valet, très-poliment, Aristote dit que quand on quitte le Maréchal on paye les vieux fers.

LE MAITRE.

» Je n'ai jamais lû cela dans Aristote.

DIVERTISSANT.

» Cela y est pourtant: Or est-il, Monsieur, prenez par
» comparaison, que Sans Quartier, Gille & moi, sommes
» les Maréchaux, & vous le cheval...... Vous voyez bien
» l'inconséquence de mon raisonnement, & qu'il faut que
» vous nous payiez........

LE MAITRE.

« Cela est juste, & je vais payer vos comparaisons ce
» ce qu'elles méritent.

Il le rosse & rentre.

L'accident de Divertissant ne rebute point Gille: J'en viendrai bien à bout, moi, dit-il, vous allez voir, il faut prendre un ton aigre-doux. Gille frappe en Maître, & lorsqu'il voit

M. de Parlasanbleu, il parle avec une grande humilité, & termine sa priere en disant qu'il lui faut de l'argent tout-à-l'heure, sinon qu'il va mettre le feu..... Le Maître fait semblant de craindre, Gille devient encore plus insolent, jusqu'à ce que le Maître le prenant sur le haut ton, mettre le feu, lui dit-il, infame, à ma maison apparemment ? Oh que non, Monsieur, répond Gille en tremblant, c'est à un fagot au premier Cabaret, pour nous chauffer, car nous enrageons de froid, mes compagnons & moi. Le Maître feint encore de prendre ce discours comme une plaisanterie, mais lorsque Gille veut élever la voix, il le rosse, & lui remettant le bâton, il lui ordonne de faire part de ce payement à ses camarades. Gille exécute les ordres du Maître, & après ce lazzi, ces trois valets mécontens forment le projet de jouer un tour à leur Maître, c'est ce qui fait le sujet de la Parade suivante.

LA CONSPIRATION.

Divertissant propose qu'un d'eux sêmera des pois sur l'escalier du Maître, qui se trouvant alors seul dans sa maison, & entendant frapper à coups redoublés, descendra avec précipitation, & se cassera le col. Mais cet expédient ne paroît pas sûr, & n'est point goûté ; Sansquartier dit qu'il faut profiter de la passion que le Maître a pour la pêche, & l'engager sous ce prétexte à entrer dans un bateau qui sera percé, & dont ils déboucheront les trous, lorsqu'ils se verront au milieu de la riviere. Cet avis, trop dangereux pour des personnes qui ne sçavent point nâger, n'est pas plus approuvé que l'autre. Parguenne, dit Gille, j'ai trouvé la bonne maniere : Vous sçavez que Monsieur a un petit bénéfice de ventre, j'oterai la lunette des commodités, & j'en substituerai une de papier brouillard, & quand il viendra s'asseoir dessus, il dégringolera au fond de la fosse. Taisez-vous, répond Divertissant, je sçais un moyen sûr & immanquable. Sansquartier & moi nous arrêterons notre Maître, & nous lui mettrons culotte bas.

GILLE.

» Cela est bien imaginé.

DIVERTISSANT.

» Toi Gille, tu lui souffleras au derriere jusqu'à ce que
» l'ame lui sorte par la bouche. La Justice ne viendra pas
» fourrer son nez-là.

Cette conversation est interrompue par l'arrivée du Maître qui a tout entendu, & qui en la racontant, feint de répéter le rêve qu'il vient de faire, & qu'il n'a point, ajoûte-t-il, achevé.

SANS QUARTIER.

» Peut-on vous demander ce qui y manque?

LE MAITRE.

» C'est de donner cent coups de bâtons à ces trois coquins
» là.

LE DOCTEUR EN TÊTE.

Les valets au désespoir, se rassemblent pour tenir conseil. Il me vient une idée, dit Sansquartier. Il faudroit mettre un Docteur en tête à notre Maître ; comme aucun d'eux n'a de l'argent pour le payer, il est question de décider lequel doit hasarder ce travestissement. Tu ferois fort bien ce role, dit Sansquartier à Gille. Ne pensez pas rire, répond ce dernier, il n'y a pas un de vous qui me vaille. Ses deux camarades le prennent au mot, & le revêtent en Docteur; il s'agit de lui enseigner quelques mots latins: rien n'est plus aisé, ajoûte Sansquartier, tu n'as qu'a dire seulement *Ego sum Doctor doctorantibus, payantibus esentibus à Sansquartieribus, Divertissantibus & Gillantibus*. Gille apprend ces paroles, & après plusieurs lazzis, il promet de bien jouer son personnage. Divertissant après avoir demandé permission de présenter le Docteur, fait paroître Gille, qui n'a pas plutôt prononcé *Ego*, que le Maître le quitte pour donner quelques ordres; qu'on l'arrête, dit-il, qu'on lui coupe la gorge, qu'on le jette dans l'eau bouillante. Gille tremblant veut quitter ses habits, & ses camarades ont bien de la peine à lui faire comprendre que c'est d'un cochon de lait dont le Maître parle. Ce dernier revient; Gille en balbutiant recommence sa harangue, le Maître sort encore, & par des paroles équivoques qu'il prononce assez haut, il allarme Gille au point qu'il veut abandonner son personnage; Sansquartier & l'autre valet font leur possible pour le rassurer; Pique, cœur, & je jette carreau: Ne vois-tu pas lui disent-ils, qu'il joue une partie de piquet. Vous avez raison, répond Gille, en se rajustant. Le Maître revient & rentre en disant quatorze de valets; au diable si je les attens, s'écrie le pauvre Gille. Lorsqu'il semble être hors de crainte, le Maître reparoît & sortant pour donner quelques ordres, il dit qu'il a oublié le plus nécessaire, qui est d'aller au plutôt chercher le Chaudronnier. A ce mot, Gille se désespère ; miséricorde, dit il, c'est-là du piquet apparemment ? On parvient enfin à lui faire entendre raison : alors le Maître dégagé de tout embarras, vient donner audience au prétendu Docteur ; ses camarades lui disent tout bas qu'il doit un peu se remuer pour donner plus de force à son discours ; en gesticulant ridiculement, Gille fait tomber sa robe, son chapeau & sa perruque, le Maître le reconnoît, & le rosse aussi bien que ses camarades, mais eux ayant ramassé des batres, se jettent sur le Maître, & l'assomment de coups ; il se sauve, & les valets sont si animés, qu'ils frappent longtems l'un sur l'autre en criant de toutes leurs forces, sans s'appercevoir que le Maître s'est retiré, & cette espéce de combat finit la Parade. *Extrait Manuscrit.*

VALETS (les) MAÎTRES, Comédie Françoise au Théatre Italien, deux actes en vers libres, avec deux divertissements. M. de *Boissi*, Auteur de cette piéce, la retira après quelques représentations ; la premiere est du Mardi 10 Février 1748. Nous espérons que l'extrait que nous allons donner fera regretter à nos Lecteurs que M. de *Boissi* n'ait pas laissé au Théatre, ou du moins fait imprimer la Comédie qui fait le sujet de cet article, quoique son sort n'ait pas été aussi heureux que celui de la plûpart des ouvrages du même Auteur.

ACTEURS.

LE CHEVALIER.

Le Marquis.
Colombine, *femme de chambre d'une Baronne.*
Lisette, *femme de chambre d'une Présidente.*
Coraline, *femme de chambre d'une Comtesse.*
La Fleur, *Coureur du Marquis.*
Arlequin, *Hussard du Chevalier.*
Scapin, *Heiducque de la Baronne.*

La scéne est à la campagne, dans une salle de la maison du Chevalier.

Acte I.

Coraline, en habit de Danseuse, ouvre la scéne avec Arlequin, habillé en Hussard, à qui elle annonce que le jeu la débarrasse jusqu'au lendemain de la Comtesse sa Maîtresse, & que, puisqu'une partie de chasse l'a débarrassé aussi pour le reste du jour du Chevalier son Maître, & qu'il est devenu celui du logis, elle prétend qu'il en fasse les honneurs, & qu'elle veut s'y réjouir avec tous ceux de leurs amis qu'ils pouront rassembler, qu'elle se prépare à bien danser, & qu'elle a pris exprès un ajustement qui répond à ses joyeuses intentions. Arlequin dit qu'il s'est arrangé pour la satisfaire ; il imagine cependant je ne sçais quoi de moins tumultueux, de plus récréatif, & qui rempliroit encore mieux l'après-dînée qu'ils ont à passer ensemble, mais comme cela exigeroit le tête-à-tête & le silence, & que Coraline aime le fracas & le grand monde, il a la complaisance de se prêter à son goût. La Fleur, en *Coureur*; & Scapin en *Heiducque* de la Baronne, entrent dans ce moment, & joignent leurs éloges à ceux que fait Arlequin des charmes de Coraline, & La Fleur lui déclare galamment qu'elle voit trois rivaux que le desir de l'amuser réunit & fait vivre en bonne intelligence. Coraline souhaite qu'on fasse avertir Colombine & Lisette; Arlequin répond qu'il a prévenu ses souhaits, & en effet elles arrivent ensemble dans le moment. Elles sont libres aussi par l'absence de leurs Maîtresses, la Présidente & la Baronne, & même cette derniere qui est celle de Colombine & de Scapin, est allée chez son frere, & doit y passer quelques jours; le Marquis, Maître de La Fleur, est à la chasse avec le Chevalier, de sorte que rien ne gêne leur joie, & l'appétit d'Arlequin qui propose de se mettre à table. Coraline & La Fleur veulent commencer par la danse, malgré le proverbe, & Colombine par un concert; mais après quelques objections, l'avis de Lisette réunit tous les autres; ils conviennent d'ouvrir la fête par une Comédie qu'ils joueront entr'eux, qui sera suivie d'un souper, & le souper d'un grand bal. La difficulté est qu'ils n'ont point de piéce prête; Arlequin imagine d'en composer ensemble une nouvelle, & de la jouer à l'*impromptu*. La Fleur perfectionne cette idée; il y ajoûte qu'il faut que la Parodie de leurs Maîtres & de leurs Maîtresses soit le sujet de la piéce, & qu'il ne sera pas difficile à des valets de copier & de tourner en ridicule les propos & les travers de gens qui ne se gênent point devant eux, & dont ils connoissent à fond le caractere & les avantures. Ils conviennent aussi de borner la Comédie à cinq ou six scénes. Lisette se charge du rôle de la Présidente, qui est une prétieuse ; Coraline de celui de la Comtesse, qui est une petite Maîtresse, & moi je vais, dit Colombine ;

Contrefaire la voix de ma joueuse antique
  Qui perd toujours, en friponnant,
Qui joint à ce défaut le travers plus choquant
De vouloir plaire, avec un visage gotique ;
  Dans le besoin le plus pressant,
  Refusant tout au domestique,
  Prodiguant tout à son Amant ;
Car l'amour est chez elle, égal à l'avarice ;
  Ce n'est point par une vertu,
Que dans son cœur un vice est combattu ;
  C'est toujours par un autre vice.

Arlequin prétend briller dans le rôle du Chevalier, & se venger, en le jouant, d'un Maître qui le rosse sans le payer, & qui grace à sa mauvaise conduite, ne peut subsister qu'aux dépens de la Baronne. Tout ce qu'il craint un moment après, c'est de lui prêter des graces naturelles qu'il n'a pas.

LA FLEUR.

Je vais de mon côté rendre le personnage,
Du doucereux Marquis dont je suis le coureur ;
Dans tout son ridicule, & toute sa fadeur,
  Il est pincé dans la frisure,
  Et composé dans tous ses mots ;
  Son entretien ressemble à sa coëffure,
  Et sa coëffure à ses propos ;
Nouvel être du jour, & créé par la mode,
  Dont un essain de jeunes fots,
  Font leur modéle & leur pagode.

ARLEQUIN.

Toujours pressé, toujours en mouvement,
  Le Chevalier est son contraste ;

C'est l'oisif par état, & l'affairé par faste ;
Si vous le rencontrez, il vous parle en courant ;
Trente affaires toujours le tiennent en cervelle ;
Il vous quitte ; & pourquoi ? c'est, pour aller souvent,
  Jouer chez lui de la vielle.

LA FLEUR.

Mon maître, à cet égard, plus adroit que le tien,
N'a jamais qu'une affaire, & la fait toujours bien.

 Lisette paroît persuadée que la Baronne & le Chevalier feroient leur profit de la Comédie qu'on va représenter, s'ils en pouvoient être spectateurs.

  Même ils pourroient se corriger.

COLOMBINE.

Une vieille Coquette, un jeune Petit-Maître,
Ne peut jamais, ni rougir ni changer ;
  J'ai trop l'honneur de les connoître ;
S'ils avoient à rougir, ils rougiroient plûtôt,
  D'une vertu que d'un défaut.

LA FLEUR.

Il vaut mieux qu'ils soient loin, dans leur humeur caustique ;
Ils pourroient nous trouver de fort mauvais plaisans,
  Prendre la piéce à contre-sens ;
Et par vingt coups de canne en faire la critique.

 Scapin demande quel sera son emploi ; La Fleur lui répond qu'il faut dans une piéce un Acteur pour annoncer les survenans, & les nouvelles, qu'ils ont d'ailleurs besoin de quelqu'un qui se charge de les avertir, si des importuns viennent les troubler, & qu'il remplira fort bien ces deux emplois, sans changer de nom, d'habit, ni de qualité ; ils sortent tous, & les Acteurs vont se mettre à leur toilette, & prendre les plus beaux habits du Chevalier, du Marquis, de la Présidente, de la Comtesse & de la Baronne, ce qui suppose que tous ces gens sont extrêmement voisins. La Fleur, avant que de quitter la scène, exhorte les autres domestiques du logis à prendre part à leur joie ; ils s'avancent tous, & forment le premier divertissement, ayant à leur tête le Maître d'Hôtel, qui veut bien avoir cette complaisance-là pour le Courreur d'un Marquis.

ACTE II.
SCÉNE PREMIÉRE.

LA FLEUR, *sous le nom & les habits du Marquis*, ARLEQUIN, *sous ceux du Chevalier.*

LE MARQUIS (*) *courant après le Chevalier, qui arpente le Théatre.*

Un instant, Chevalier, que je te parle ; arrête.
Hé ! quoi ? toujours en l'air ! toujours courant, volant !
Rien n'est plus désastreux ; rien n'est plus désolant.

LE CHEVALIER *toujours courant.*

Que veux-tu ? j'ai, Marquis, mille soins dans la tête.

Il se plaint qu'il est obsédé par la Présidente, la Comtesse & la Baronne, & que trop de mérite expose à bien des persécutions. Le faux Marquis lui promet de se charger d'une ou deux de ces Dames, pour l'en débarrasser, & lui faire plaisir, s'il veut les lui céder. Le Chevalier s'en défend, sur ce que toutes trois lui sont nécessaires ; la Comtesse l'amuse par sa coquet-

---

(*) Tant qu'il sera question de cette espéce de Comédie, où les Valets jouent leurs Maîtres, nous les nommerons presque toujours du nom des personnages qu'ils représentent, pour la facilité du Dialogue, ou de la narration.

terie & son extravagance ; la fadeur & le ton précieux de la Présidente ne l'empêchent point de vouloir l'épouser parce qu'elle est riche, & que sa conduite est plus raisonnable, & la vieille Baronne est bonne à ruiner. Le Marquis lui conseille de se dépêcher de l'expédier, de peur que le jeu ne lui arrache la victoire des mains. Le Chevalier répond qu'il ne perd pas un moment ; qu'elle a déja fait pour lui des dépenses considérables ; qu'elle fournit à son luxe & à ses besoins, & que deux jours de complaisance de sa part l'acheveront. Qu'elle doit même lui faire présent avant la fin de la journée d'un brillant équipage qu'il attend avec impatience.

LE MARQUIS.

Pour te montrer à tout *Paris*,
C'est-là ta grande affaire.

LE CHEVALIER.

Ha ! que dis-tu, Marquis ?
D'affaires, j'en ai tant que je n'y puis suffire.
J'ai dix maris à désoler,
Une mere à tromper, deux tantes à réduire,
Et trois veuves à consoler ;
Vingt lettres que je dois écrire ;
Quatre placets à présenter,
Un mémoire à faire transcrire,
Deux procès à solliciter,
Un régiment enfin, que je veux acheter ;
J'ai l'agrément que je desire ;
Il ne tient qu'à l'argent qu'il me faut emprunter.

Le Marquis lui veut faire observer qu'il peut tirer cet argent de la Baronne, & le Chevalier lui avoue qu'il l'attend & qu'elle doit le lui apporter dans une heure, mais qu'il est embarrassé comment il se défera de la Présidente & de la Comtesse qui viennent de le faire avertir qu'elles vont venir chez lui ; sur-tout la Présidente qui est tenace l'inquiéte, & bien plus que la Comtesse qui voltige toujours ; enfin il craint de ne pouvoir être libre du reste de la journée. Le Marquis lui offre de tenir compagnie à ces Dames, n'ayant rien de mieux à faire, & le Chevalier accepte avec joie cette proposition.

SCÉNE II.

LA FLEUR en Marquis, ARLEQUIN en Chevalier, CORALINE sous le nom & l'habit de la Comtesse, LISETTE sous ceux de la Présidente.

LA COMTESSE.

Point de réflexion, & vive la folie ;
au Chevalier.
C'est elle qui me guide. Hé ! bon jour, Chevalier !
Pour bien extravaguer, je cherche compagnie,
Je ne puis mieux m'associer.
Il nous faut signaler tous deux notre folie,
Par un écart bien fou, bien singulier.

LE CHEVALIER.

Comtesse, à vos travers je voudrois m'allier,
Mais je suis aujourd'hui d'un sérieux énorme,
D'une raison......

LA COMTESSE.

Tant pis ; vous allez m'ennuyer.

Lisette affectant le ton précieux de sa Maîtresse, assûre qu'elle est charmée de le trouver de cette humeur, que la Métaphysique est sa passion dominante ; que c'est une visite en forme qu'elle vient lui faire, & qu'il faut passer l'après-dînée à bien analiser les sentimens & les délicatesses du cœur. Le Chevalier s'en défend, sous prétexte d'une réponse qu'il est pressé de faire à la lettre d'une Duchesse dont le Page s'impatiente; la Présidente répond d'un ton piqué qu'il est juste de lui céder le pas. Le Chevalier sort sans se mettre fort en peine de l'appaiser, disant seulement aux Dames qu'il leur laisse un Cavalier léger & brillant, pour les amuser dans son absence, & qu'elles ne perdront rien au change; il parle du Marquis, personnage doucereux & empesé, qui se dispense de répondre pour lors à la plaisanterie du Chevalier, ayant dans la tête d'y répondre dans peu par des effets. Dès que le Chevalier est sorti, la Présidente se récrie sur sa fatuité.

LA COMTESSE.

Il est vrai qu'à chaque moment,
Il devient plus impertinent,
Et c'est par-là qu'il me plaît davantage.

Le Marquis feignant de l'excuser, dit qu'il est en effet accablé ce jour-là d'affaires pressantes; & sur ce que la Présidente n'en paroît pas persuadée, il révéle le secret du régiment & de l'argent que la Baronne lui doit apporter pour le payer.

LA COMTESSE.

J'arrêterai ses bourrés folles;
Je lui gagnai hier mille pistoles;
Pour avoir sa revanche, elle vient d'envoyer,
Et, pour punir le Chevalier,
Je la veux achever, sans tarder davantage;
Oui, pour l'expédier, une heure me suffit;
Je veux qu'elle en créve de rage,
Et qu'il se pende de dépit.

La Présidente l'applaudit & lui souhaite du succès; la Comtesse ne paroit pas douter de son triomphe. Scapin entre, & lui dit que la Baronne l'attend les armes à la main ; elle sort avec empressement, suivie de Scapin, après avoir félicité la Présidente & le Marquis du tête à tête que le défi de la Baronne leur procure.

au Marquis.
Vous profitez, Marquis, de tout votre avantage ;
à tous deux.
Je vous laisse tous deux ; vous avez le bon ton ;
à la Présidente.
Il entendra votre langage,
Vous répondrez à son jargon,
Et vos deux cœurs sont faits pour être à l'unisson.

La Présidente & le Marquis restent seuls en effet. Cette scène d'une prétieuse & d'un minaudier qui parlent lentement, & qui se répondent l'un à l'autre par des tons & des mines pour épargner les paroles, est très-théatrale, & demande à être vûe à la représentation. Le Marquis se fait compliment de ce que le hasard lui procure un entretien particulier avec la Comtesse ; il la plaint d'avoir donné son cœur à un indiféret qui en fait trophée, & qui vient de la quitter pour la trahir. Il dit qu'il n'a osé faire éclater son amour, par respect pour les sentiments de sa Maîtresse, quoiqu'il soit persuadé que son rival ne la mérite pas, & la rendra malheureuse dès qu'il l'aura épousée, comme il publie qu'il ne tient qu'à lui de le faire. D'abord la Présidente se défend légérement de l'attachement qu'on lui reproche pour le Chevalier, mais ensuite en convenant d'un goût superficiel, proportionné au mérite de celui qui l'a fait naître, elle se défend comme une personne qui veut être crûe, d'un engagement sérieux, & sur-tout du dessein qu'on lui attribue d'épouser le Chevalier.

Non; je veux un mari qui le soit à bon titre,
Et qui soit tout à moi; je suis sur ce chapitre,
Je suis bourgeoise tout-à-fait.

LE MARQUIS *se jettant aux genoux de la Présidente.*

Vous m'enchantez par ce langage.
Vous demandez Madame, un homme tout à vous,
Et qui vous serve sans partage?
Ne cherchez pas plus loin, il est à vos genoux.
Je n'aurai jamais qu'une affaire;
Ce sera celle de vous plaire,
D'apprendre tous vos goûts, & de les contenter.

LA PRÉSIDENTE.

Touf! ha! c'est trop promettre, & je n'ose y compter.

LE MARQUIS.

Quelque étendu, quelque pénible
Que soit un tel devoir, je puis m'en acquitter;
La force de mes feux est incompréhensible;
Madame, c'est prodigieux.

LA PRÉSIDENTE.

Je ne veux point de merveilleux;
Je me contente du possible, &c.

Elle veut le faire lever; elle craint dit elle les Domestiques, & ne veut pas se commettre devant ces *espéces*; le Marquis n'obéit qu'à regret, & répond qu'une tendresse aussi innocente que la sienne n'a rien à redouter de la médisance; il presse la Présidente de prononcer sur son sort; elle l'accuse d'être trop vif, & lui reproche que tant d'empressement blesse la bienséance; *on pourra*, dit-elle, *dans un mois répondre à votre feu.* Le Marquis se récrie sur la longueur du terme: Comment? un mois!

Un jour, que dis-je? un jour, une heure, un seul moment
D'incertitude & de retardement,
Va me faire sécher d'ennui, d'impatience;
De la vivacité, Madame, dont je suis,
Dans trois minutes je péris. (*)

LA PRÉSIDENTE.

Mais vous m'épouvantez! mais vous êtes extrême!

Enfin, Lisette pour achever de copier sa Maîtresse, se rend moitié vengeance, moitié attendrissement, & promet d'épouser, mais elle exige de la constance; on lui promet des merveilles, & elle a de la peine à s'y fier.

On est honteux d'aimer sa femme;
Le torrent de la mode en vous l'emportera.

LE MARQUIS.

Non, depuis trop longtemps elle dure, Madame;
Et dans la bourgeoisie elle a passé déjà;
Il n'est plus du bon air d'avoir ce travers-là.
Je vais donner l'exemple du contraire,
Et dans l'excès de l'amour qui m'éclaire,
Je veux montrer pour vous, à toute heure, en tous lieux,
La passion la plus ardente;
Je le jure par vos beaux yeux,
Par cette main charmante,
Que je baise dans mon transport. *Il lui baise la main.*

SCÈNE VI.

LA FLEUR *en Marquis*, LISETTE *en Présidente*, ARLEQUIN *en Chevalier*.

LE CHEVALIER.

au Marquis. Ferme, Marquis, appuyez fort.
à la Présidente. Ne vous dérangez point, Madame.

(*) On sent aisément la plaisanterie qui naît du contraste de tous ces propos, avec la froideur affectée de l'Acteur chargé de ce rôle.

LA PRÉSIDENTE.

Je m'arrange, au contraire, & j'approuve sa flamme ;
Pour en être témoin, vous venez à propos.

LE CHEVALIER.

C'est beaucoup dire en peu de mots.

LA PRÉSIDENTE.

C'est pour ne vous laisser aucune incertitude.

Le Chevalier fait compliment au Marquis de ce qu'il brille dans la solitude, & ne peut comprendre qu'un homme si froid & si lent dans la conversation, ait fait tant de chemin en si peu de temps. Le Marquis répond *qu'il est vrai qu'il parle avec lenteur, mais qu'en récompense il agit avec promptitude*, & à l'égard de la Comtesse, dit-il,

Tu m'as chargé du soin de l'amuser,
Et, pour être plus à portée
Mon cher, je m'en vais l'épouser.

LE CHEVALIER.

L'épouser !

LE MARQUIS.

Pour ce soir, la chose est arrêtée.

LE CHEVALIER.

Ventre-bleu ! c'est un tour......

LE MARQUIS.

D'ami ;
C'est pour te soulager que j'ai pris ce parti ;
Mon discours est des plus sinceres.
Tu peux aller vaquer à toutes tes affaires,
Je ferai pour toi celle-ci.

Le Chevalier a de la peine à renoncer à ses prétentions, & veut absolument être choisi pour époux, mais la Présidente n'est pas du même avis, & lui dit :

Cet

Cet emploi-là demande résidence.
Mon petit Chevalier, vous êtes fort joli,
Mais trop léger, trop étourdi,
Pour en bien sentir l'importance ;
Par le Marquis il sera mieux rempli ;
Je lui donne la préférence.

Le Chevalier veut se consoler par l'espérance de rendre au mari de sa Maîtresse le tour qu'on vient de lui jouer, lorsque par bonheur il n'est encore que son Amant ; mais il ne peut réussir à intimider son rival, qui compte sur la vertu de sa prétendue, & plus encore sur son propre mérite, & qui le renvoye à la Baronne ; aussi prend-il bien vite son parti ; la Baronne est vieille & riche ; il s'enrichira & sera bientôt veuf ; enfin il est résolu de se donner entièrement à elle, lorsqu'on la voit entrer, ou plutôt Colombine sous son nom ; le désespoir est peint sur son visage ; les forces lui manquent ; elle se jette dans un fauteuil ; on fait de vains efforts pour la consoler ; elle s'est ruinée en jouant contre la Comtesse ; elle a tout perdu, dit-elle :

Carosse, argent, bijoux, terres, maisons.

LE CHEVALIER à part.

J'enrage.

Adieu mon régiment, adieu mon équipage.

LA BARONNE.

Il ne me reste pas dans ma bourse un écu.

LE CHEVALIER à part.

Ha ! pour moi ce guignon est des plus effroyables !

LA BARONNE au Chevalier.

O doux objet de mon amour déçu ;
Vous partagez ma peine.

Tome VI. B

LE CHEVALIER.
Oui, de par tous les diables.
LE MARQUIS.
C'est au plus douloureux.
LA PRÉSIDENTE à la Baronne, ironiquement.

Consolez-vous, pourtant,
en montrant le Chevalier.
Monsieur vous reste.
LA BARONNE.

Non, vraiment ;
Le sort me réservoit ce dernier trait encore ;
Par un coup inouï dont mon cœur a saigné,
La Comtesse m'a tout gagné,
Jusqu'au Chevalier que j'adore.

Tout le monde est stupefait d'apprendre jusqu'où la fureur du jeu l'a emportée ; le Marquis se contente d'en ricaner, mais le Chevalier en est scandalisé, & demande à la Baronne si elle le prend pour un meuble à elle appartenant, pour en disposer ainsi sans cérémonie.

LA BARONNE.
Oui, je vous ai bien acheté,
Et j'ai pû vous jouer, en toute sureté,
Comme un effet à moi dont j'étois la maîtresse, &c.

Elle convient pourtant que de toutes ses pertes, c'est celle-là qui la chagrine le plus ; aussi dès que la Comtesse qu'on voit entrer a déclaré, après s'être un moment applaudie de sa victoire, qu'elle ne veut que l'honneur d'avoir acquis des droits sur le cœur du Chevalier, & qu'elle y renonce généreusement, & le rend à la Baronne, dont le bien suffit à son ambition, celle-ci est consolée de tous ses malheurs. Le Chevalier qui auroit été plus flatté que la Comtesse eut daigné user de sa victoire, n'est pas si content de sa générosité, & veut quitter très impoliment son antique Maîtresse qui n'est plus en état d'acheter sa complaisance ; elle se prépare à le suivre, & paroît résolue à ne pas lâcher prise ; dans ce moment Scapin entre tout effrayé, & avertit la fausse Baronne, qui dès-lors redevient Colombine, qu'une maudite roue qui s'est rompue a mis la Baronne véritable dans la nécessité de revenir à pied, ajoutant qu'elle la demande, qu'elle est de très-mauvaise humeur, & que,

Sur son visage respectable,
Elle vient de porter une prophane main.

Colombine en craint autant pour le sien ; elle se hâte de sortir pour aller quitter l'habit de la Baronne, qui ne lui pardonneroit pas ce travestissement, & ne peut se consoler de laisser ses camarades prêts à souper & à se bien réjouir, pendant qu'elle va chercher des injures, & peut-être des coups. En effet, dès qu'elle est partie avec Scapin, Arlequin dit qu'il faut mettre le souper en sûreté, en l'expédiant au plus vîte, de crainte de quelque nouveau contre-temps ; tout le monde y consent ; les deux soubrettes & les deux valets se mettent à table, en continuant de se traiter mutuellement de Marquis, de Chevalier, de Comtesse & de Présidente ; là dessus le vrai Chevalier & le vrai Marquis arrivent de la Chasse plutôt qu'on ne les attendoit ; ils appellent leurs gens d'un ton d'impatience.

LE VRAI CHEVALIER *dans la coulisse.*

Marauts !

LE VRAI MARQUIS *dans la coulisse.*
Faquins !
LA FLEUR.
Qui nous appelle ?
ARLEQUIN.
C'est la voix de mon Maître ;
LA FLEUR.
Et le stile du mien, &c.

Les Chasseurs entrent & les surprennent à table ; le Maître de la maison marque beaucoup de colere de la liberté qu'on prend chez lui en son absence ; Coraline, Lisette, La Fleur & Arlequin, qui sont déja rentrés à leur tour dans leur vraie condition, paroissent fort embarrassés ; le Chevalier & le Marquis reconnoissent les masques, après avoir hésité un moment, & même avoir pensé prendre les Soubrettes pour la Comtesse & la Présidente, à cause des habits ; ils reconnoissent aussi les leurs propres, & veulent assommer leurs valets. Coraline & Lisette demandent grace pour eux & l'obtiennent, car les deux nouveaux venus les trouvent charmantes dans leur nouvelle parure ; mais elles l'obtiennent à condition de rester à souper avec le Chevalier & le Marquis, qui ordonnent à Arlequin & à La Fleur d'aller quitter leurs habits d'emprunt, & de partir au plus vîte, Arlequin en poste, pour remettre un portrait du Chevalier à une de ses Maîtresses, & La Fleur à toutes jambes pour porter à Paris un paquet de conséquence ; La Fleur se plaint de l'inconstance du sort, qui donne ainsi à leurs Maîtres qu'ils viennent de jouer, l'occasion de prendre leur revanche, & Arlequin au désespoir de partir à jeun, mais obligé d'obéir, aussi bien que son camarade, dit *à parte* les quatre vers suivants, en mettant une poularde dans sa poche, sans être apperçu :

<blockquote>
Ha ! que le diable les emporte !
Rien n'est égal à ce tour-là.
Dans la rage qui me transporte,
Je ne courrai pas seul, & quelqu'un me suivra.
</blockquote>

Ils sortent tous deux, & laissent leurs Maîtres se féliciter d'avoir trouvé à leur retour bon repas & bonne compagnie, à la vérité à leurs dépens, mais l'article du repas ne peut être indifférent à des chasseurs affamés. Les Dames restent après quelques façons, & tous quatre se mettent à table ; on dîne au son des instrumens, parmi lesquels la *vielle*, l'instrument favori du Chevalier n'est point oubliée ; le Marquis chante au dessert les paroles suivantes, après qu'on a exécuté un *Concerto de vielle*.

AIR.

Voyez étinceller ce Champagne mousseux ;
 Il est l'image de la flamme
Qu'on voit briller dans vos beaux yeux,
 Et qu'ils allument dans mon ame.

Ce nectar est vif & charmant,
 Mais il est moins durable qu'elle ;
Son feu léger n'éclate qu'un moment,
 Et mon ardeur pour vous est éternelle.

Voyez étinceler, &c.

Une *Ronde* que nous n'avons pû recouvrer, succédoit un moment après, & étoit chantée le verre à la main, & la fête étoit terminée par un Bal, où Coraline, tour à tour Soubrette, Comtesse & Danseuse, se signaloit avec éclat par ce dernier talent. *Extrait Manuscrit.*

VALETS (les) PRÉFÉRÉS, Pantomime Italienne ornée de danses, exécutée par la grande Troupe Turque qui n'avoit point encore paru à Paris, le Samedi 3 Février 1748. sur le Théâtre de l'Opéra Comique, suivie de différens tours de force, sauts de corde, &c. & des nouveaux exercices d'*Aly*. *Affiches de Boudet.*

VALETS (les) RIVAUX, Comédie. Voyez *Duel (le) fantasque.*

VALETTE, (N....... de la) Auteur vivant, a donné au Théâtre François:

L'AMANTE EN TUTELLE, Comédie en vers & en trois actes, précédée d'un Prologue aussi en vers, non imprimée.

VALLÉE, (Marie) Comédienne Françoise de la Troupe du Marais, congédiée & retirée en 1673. *Hist. du Th. Fr. année 1673.*

VALLÉE (la) DE MONTMORENCY, OU LES AMOURS VILLAGEOIS, Ballet *Pantomime* au Théâtre Italien, par M. *Favart*, Musique de M. *Blaise*, excepté la *Musette* & la *Ronde*, qui sont d'anciens airs *parodiés*, première représentation du Vendredi 25 Février 1752. Ce Ballet qui eut beaucoup de succès à ce Théâtre, est le même qui en avoit eu un plus considérable encore plusieurs années auparavant, sur le Théâtre de l'*Opéra Comique*, après sa suppression, en 1745. sous le titre des *Vendanges de Tempé*. En passant au Théâtre Italien sous un autre titre, il a éprouvé quelques changemens;

nous rendrons compte des principaux à l'article des *Vendanges de Tempé*, aussi bien que de quelques additions. Voyez *Vendanges (les) de Tempé*.

VALLETRYE, (N........ de la) a composé les Poësies suivantes :

LES AMOURS.

LE FAUX HONNEUR DES DAMES.

L'AMOUR MERCENAIRE ET FRIPONNIER.

DIVERSES POËSIES.

LES CARTELS.

LES DEVISES.

LES BALLETS ET LES VERS CHANTÉS EN MASQUE.

LES EPITAPHES.

LES POËSIES CHRÉTIENNES.

LA CHASTETÉ REPENTIE, Pastorale en cinq actes, *Histoire du Th. François, année* 1602.

VALLIOT, (Mlle) Comédienne de l'Hôtel de Bourgogne vers l'an 1630. & morte avant 1673. Cette Actrice étoit mere de Mlle Champvallon. *Hist. du Th. Fr. année* 1633.

VALOIS, (N........) d'Orville, Parisien, fils d'un Trésorier de France, au Bureau des Finances de *Rouen*, qui est mort doyen de sa compagnie. L'Auteur qui fait le sujet de cet article, a composé plusieurs ouvrages dramatiques, pour différens Théatres de *Paris*, sçavoir :

Au Théatre François, en société avec Monsieur Du Bois. (*)

LES SOUHAITS, Comédie en un acte & en vers libres, 1745.

(*) On nous a assuré que M. *Dubois* n'avoit eu d'autre

Au Théâtre de l'Opéra Comique, à lui seul.

L'École des Veuves, un acte, 1738. non imprimée.

En société avec M. l'Affichard.

La nouvelle Sappho, un acte, 1735. non imp.

Le Palais de l'Illusion, un acte, 1736. non imp.

L'Épreuve amoureuse, un acte, 1737. non imp.

L'Illustre Comédienne, un acte, 1737. non imp.

La Fête infernale, un acte, 1737. non imp.

Le Revenant, un acte, 1737. non imp.

La Béquille, un acte, 1737.

L'Antiquaire, un acte, 1742. non imp.

La Fontaine de Sapience, un acte, 1743. non imp.

En société avec Messieurs l'Affichard & Favart.

L'Abondance, un acte, 1737. non imp.

En société avec M. Favart.

Les Valets, un acte, 1741. non imp.

Aux Marionnettes.

L'Impromptu de Polichinelle, un acte,

---

part à cette piéce que de l'avoir présentée aux Comédiens pour rendre service à M. d'Orville son ami.

précédé d'un Prologue intitulé : *La piéce manquée*, 1735. non imp.

POLICHINEL DISTRIBUTEUR D'ESPRIT, un acte, 1741. non imp.

L'UN POUR L'AUTRE, Parodie de la Comédie d'*Amour pour Amour*, un acte, 1742. non imp.

ORPHÉE ET EURIDICE, un acte, 1742. non imp.

A la Troupe Pantomime, sur le Théatre de l'Opéra Comique, différens sujets dont les programmes ne sont point imprimés, sçavoir:

LA BARBE BLEUE, un acte, Foire S. Laurent, 1746.

LA SERVANTE DE SA FILLE, Parodie *Pantomime* de la *Gouvernante*, Comédie de M. *De la Chaussée*, un acte, Foire S. Germain, 1747.

LA FAIM D'ERESICTHON, un acte, Foire S. Laurent, 1747.

L'ÉCOLE DE SALERNE, un acte, Foire Saint Laurent, 1747.

LES TALENTS COMIQUES, Parodie *Pantomime* du Ballet des *Talens lyriques*; trois actes, Foire S. Laurent, 1747.

LES FÊTES DU BOIS DE BOULOGNE, un acte, Foire S. Laurent, 1747.

LA FEMME JALOUSE, OU LE MAUVAIS MÉNAGE, (*) Parodie *Pantomime* de la Tra-

---

(*) Nous n'avons eu connoissance de cette *Pantomime* que très-récemment, & nous n'avons pas été par conséquent à portée d'en faire l'article dans ce Dictionnaire à sa place naturelle. Nous croyons aussi devoir avertir que nous avons lieu de soupçonner que la *Jalouse désabusée*, Parodie *Pantomime* du Ballet de *Platée*, est de M. *Valois d'Orville*, mais nous ne pourrons l'assurer. Voyez *Jalouse (la) désabusée*.

gédie *Lyrique* intitulée *Médée & Jason*, un acte, Foire S. Germain, 1749.

VALOIS, (N........) Comédien François, a débuté au Théatre le Vendredi 17 Mars 1702. par le role d'*Alcibiade*, dans la Tragédie de ce nom, & celui d'*Amoureux*, dans l'*Après souper des auberges*, second début le Lundi 27 Juin 1712. par le role d'*Antoine* dans *Cléopatre*, Tragédie de M. de *La Chapelle*. Il n'a point été reçû. *Histoire du Th. Fr. année* 1732.

VANDA REINE DE POLOGNE, Tragédie de M. *Linant*, imp. & représentée le Mercredi 17 Mai 1747. suivie de la *Comtesse d'Escarbagnas*. *Histoire du Théatre François, année* 1747.

VANITÉ, (la) Tragédie. Voyez *Aman*, Tragédie de M. *Monchrestien*.

VAPEURS, (les Fontanges maltraitées, ou les) Comédie de M. *Baron*. Voyez *Fontanges (les) maltraitées*.

VARON, Tragédie de M. le Vicomte de *Grave*, représentée le Lundi 20 Décembre 1751. suivie de l'*Esprit de contradiction*, Paris, in 12. La premiere représentation de cette piéce fut donnée sous le titre de *Zoraïde*. *Hist. du Théatre Franç. année* 1751.

VARRON, Tragédie de M. *Dupuy*, représentée le Vendredi 14 Novembre 1687. non imp. *Histoire du Th. Fr. année* 1687.

VASSAL (le) GÉNÉREUX, Tragi Comédie de M. de *Scudery*, représentée en 1632. in 8°. Paris, Courbé, 1635. *Histoire du Th. François, année* 1632.

VASSEUR, (le) Entrepreneur de *Marion-*

nettes, à la Foire S. Germain, 1749. Il appella ses *Marionnettes* Comédiens *Praticiens*; faisant allusion à la *Pratique*, petit morceau de fer blanc que celui qui fait parler ces machines a dans la bouche, ce qui lui donne une prononciation singuliere; nous ignorons ce qu'il est devenu.

VASTHI, Tragédie de *Pierre Matthieu*, représentée en 1587. & imprimée dans le Recueil des Œuvres dramatiques de l'Auteur. *Histoire du Th. Fr.* année 1587.

VAUDEVILLE, (le) Opéra Comique en un acte, avec un Divertissement, par M. *Panard*, non imprimé, représenté le Dimanche 3 Février 1737. suivi de la *Piéce sans titre*, & de *Marianne*, piéces d'un acte chacune.

Momus ouvre la scéne avec sa fille la *Foire*; cette derniere paroît triste, & Momus n'a pas beaucoup de peine à lui faire avouer que l'amour qu'elle a conçû pour le *Vaudeville*, dont elle est méprisée, est la source de son chagrin : Console-toi, lui dit il; Bacchus & la Joye, pere & mere de ton amant, viennent ici solliciter Apollon de recevoir leur fils au Parnasse; je profiterai de l'occasion pour conclure ton mariage, & je compte que je ne serai pas refusé. Momus sort; la Foire après un court monologue quitte la scéne, & fait place à Bacchus & à la Joye. Tandis qu'ils songent où peut être leur cher enfant, il paroît inopinément : Hé bon jour, mon cher fils, s'écrie la Joye : on a bien de la peine à vous trouver, Monsieur le voyageur, ajoûte Bacchus : le Vaudeville répond à chaque question par un refrain de chanson;

B vj

cette façon impolie de répondre, déplaît au pere & à la mere.

LE VAUDEVILLE

» De quoi vous fâchez-vous, ne m'avez-vous pas ordonné
» de vous dire ce que j'ai fait. Eh bien, ce que vous venez
» d'entendre sont des refrains qui sont sortis de mon attelier
» de la rue de la Truanderie.

Parbleu, répond le bon Bacchus, j'en ai été la dupe. Momus arrive, & propose de marier le Vaudeville avec la Foire. Bacchus & la Joye y consentent avec plaisir.

LE VAUDEVILLE.

» Point d'engagement, n'en parlons plus.

(AIR. *Réveillez-vous belle endormie.*)

Il est certains frais qu'il faut faire ;
Ces frais-là demandent du bien :
Elle en a peu, je n'en ai guère :
Guères & peu sont cousins de rien.

Après la retraite de la famille de Bacchus, la Foire vient sçavoir quel succès elle peut attendre.

MOMUS. (AIR. *Rien n'est si bon.*)

J'ai le consentement du pere ;
J'ai les suffrages de la mere ;
Tous deux approuvent ce lien ;
Voilà le bien.
Mais votre Amant toujours résiste,
Et quoi qu'on lui dise il persiste,
A craindre le nœud conjugal ;
Voilà le mal.

Ah! le perfide, s'écrie la Foire : il faut y renoncer, répond Momus ; comme la chose n'est pas aisée. Momus touché des pleurs de sa fille, après avoir rêvé quelque tems, trouve cet expédient. Bacchus & la Joye dit-il, vont se rendre au tribunal d'Apollon pour soutenir les droits de leur fils ; il faut que tu te travestisse, & que tu vienne plaider la cause de ton Amant ; tu la gagneras, & peut-être que la reconnoissance vaincra sa légéreté.

Le Théatre change : Apollon paroît accompagné de Melpomene, de l'Elégie, de l'Eglogue, & de deux Auteurs. On annonce Bacchus & la Joye, qui supplient le Dieu du Parnasse d'accorder les honneurs du Parnasse au Vaudeville. Cette proposition révolte les suivans d'Apollon.

APOLLON *à Bacchus & à la Joye.*

(AIR. *Sois complaisant.*)

S'il dépendoit de ma seule puissance,
Vous me verriez combler votre espérance ;
Mais
Vous voyez la résistance
Qu'on oppose à vos souhaits.

La Foire déguisée sous une robe d'Avocat, paroît fort à propos, & demande la permission de plaider la cause du Vaudeville. Après un exorde très-patétique, la Foire s'efforce de prouver qu'on ne peut sans injustice refuser à sa patrie une place sur le Parnasse François.

LA FOIRE. (AIR. *Jeanneton l'amour lui-même.*)

Dans la Gréce & l'Italie,
Tout autre Poëme est né ;
Par ma charmante patrie
Celui-ci nous fut donné,
C'est à la France,
Que ce pauvre infortuné
Doit sa naissance.

Le prétendu Avocat rapporte ensuite une foule de raisonnemens pour confondre ceux de ses adversaires, & soutient que le Vaudeville s'est toujours appliqué à corriger les mœurs, & que la crainte de ses traits satyriques a contenu une infinité de personnes dans leur devoir. C'est vous, ajoûte t il, Messieurs les faiseurs d'Odes qu'on peut accuser d'entretenir le vice par les louanges outrées que vous prodiguez.

BACCHUS.

» *Optimè.*

LA FOIRE. (Air. *C'est la pure vérité.*)

Le Vaudeville sans fard
Ne sçait point employer l'art
D'une flateuse éloquence;
Il s'exprime comme il pense;
Enfant de la liberté,
Soit qu'il blâme, ou qu'il encense,
C'est la pure vérité.

LA JOYE.

» C'est le langage du cœur.

La Foire poursuit sa harangue, (dont chaque période est interrompue par les exclamations de Bacchus ou de la Joye,) & fait voir que le Vaudeville est l'agrément des conversations; qu'il est reçû, chéri & aimé dans tous les états, à la Cour, à la Ville & au Village; tant de preuves embarrassent les Juges. Mon cher fils, s'écrie Bacchus: mon pauvre enfant, ajoute la Joye, en versant un torrent de larmes: la Foire s'appercevant de l'émotion de l'assemblée, finit par ce moyen qu'elle a réservé pour le dernier, comme décisif.

LA FOIRE.

» De tous les plaisirs de la société, il n'en est point de
» plus amusant que celui de la table.

BACCHUS.

» Cela est vrai,

LA FOIRE.

e soutiens que ce Héros en fait le principal ornement :
effet

    Que feroit-on dans un repas,
    Si la chanson n'en étoit pas ?
    Rappellez-vous ce qui s'y passe ;
Malgré la quantité des mets appétissans,
Qu'avec un ordre exquis sur la table on entasse,
Bientôt le sombre ennui vient assoupir les sens ;
    Dans une langueur insipide,
    Sur l'assiette baissant les yeux,
Tous les gens du festin gardent le sérieux :
Les hommes sont pesans, le beau sexe timide ;
Point de gayeté ; cela dure jusqu'au dessert ;
    Mais aussi-tôt que l'on le sert,
    Le joyeux Vaudeville arrive.
    Quel changement ! Sa voix récréative
De tous les conviés excite les transports,
Rend la prude moins fiere, & l'Agnès moins
    craintive ;
La liberté renaît, on s'épanche au dehors ;
    Plus de contrainte ; c'est alors
Que l'Hôte plus aimable, & l'Hôtesse plus vive
Font couler à longs traits les liquides trésors,
Que la Seine pour nous conduit sur cette rive ;
    C'est alors qu'un joyeux convive,
    Saisissant un flacon scellé,
Qui de Rheims & d'Ay tient la liqueur captive
    Fait sauter jusqu'à la solive
    Le liege déscellé.
Tout le cercle attentif porte un regard avide
    Sur cet objet qui les ravit ;
    Chacun présente un verre ;
Le nectar pétillant aussitôt le remplit ;
    On boit, on goûte, on applaudit,
    On redouble, & par l'assemblée,
La mousse Champenoise à plein verre est sablée.
De-là naissent les ris, les transports éclatans :
La séve & la vapeur jusqu'aux cerveaux montans
Font naître des débats, des querelles jolies
Qui réveillent l'esprit de tous les assistans.
On attaque, on répond ; les traits & les saillies,
L'un à l'autre enchaînés, partent à tous instans,
On voit paroître alors ces sornettes jolies,
Ces contes amusans, ces riens dits à propos,

Badinage impromptu, fleurettes, petits mots,
Enfin tout ce recueil d'agréables folies
Qui du tems fugitif semblent fixer le cours,
Prolongent les repas, & les font trouver courts.

LA JOYE.

» Le tableau est d'après nature.

BACCHUS.

» Je croyois tout-à-l'heure avaler du vin de Champagne.

Apollon se leve à ces mots & va aux opinions: Que voulez-vous que je fasse, dit-il aux Muses, le public est pour lui; résisterai-je à tout un peuple ? Avocat, ajoûte t-il en s'adressant à la Foire, concluez.

LA FOIRE.

» Je conclus à ce que le Vaudeville soit mis en possession
» de tous les droits honorifiques du sacré vallon.

(AIR. *Soit fait ainsi qu'il est requis.*)

Qu'il éprouve votre clémence;
Grand Apollon, prononcez la sentence;
Qu'il soit bientôt au rang de vos amis;
Qu'au Parnasse François admis,
Il ait droit d'y prendre séance.

APOLLON.

Soit fait ainsi qu'il est requis.

Les Muses sortent désespérées, & Apollon les suit pour tâcher de les appaiser. Bacchus, la Joye & le Vaudeville au comble de leur félicité, ne sont plus occupés que de la maniere dont ils peuvent reconnoître l'obligation qu'ils ont à leur généreux défenseur.

LE VAUDEVILLE *à la Foire.*

(AIR. *Du Banquet des sept Sages.*)

Si j'avois en ma puissance,
De quoi m'acquitter,
Ma vive reconnoissance
Sçauroit vous le présenter.

Mais comment vous satisfaire ?
Des lampons, des lanturlu,
Des zon zon, & des lanlaire,
Forment tout mon revenu.

LA FOIRE.

» Il y a dans le monde certaine personne avec qui vous
» avez quelqu'engagement.

LE VAUDEVILLE.

» Q'entens-je ?

LA FOIRE.

» Cette personne me touche de près, & je m'y intéresse
» au point que vous ne pouvez payer ce que j'ai fait pour
» vous, qu'en lui donnant votre foi.

LE VAUDEVILLE.

» Ciel ! qu'osez-vous exiger ?

LA FOIRE *mettant son mouchoir sur ses yeux.*

» Perfide, je ne puis plus y tenir.

(Air. *Trois enfans gueux.*)

Devois-je hélas ! m'attendre à ce refus ?
Apprens, ingrat, à qui tu dois ta gloire;
Tu vois en moi la fille de Momus.
Sous cet habit reconnoissez la Foire.

C'est avec peine que l'inconstant Vaudeville consent à souscrire aux vœux de sa tendre Maîtresse, de son pere & de sa mere, mais enfin il se rend ; n'attendons pas à demain pour conclure ce mariage, dit Bacchus ; oui, ajoûte la Joye, & pour le rendre plus autentique, prions le public de l'honorer de sa présence. Momus qui a sçu le jugement d'Apollon, & prévû les suites, n'a pas manqué aussi de songer au divertissement de ces joyeuses nôces, qui sont célébrées par ses sujets. On chante un Vaudeville, dont voici quelques couplets.

LA FOIRE *au Vaudeville.*

Sur la foi que je te garde,
A moi tu peux te fier,
Pourvû que j'aye en entier,
Certain bien qui me regarde ;
Prends-y bien garde. (*bis.*)
Si tu veux de Vulcain éviter la cocarde,
Ne partage point mon lot,
Avec certaine égrillarde ;
Ne partage point mon lot ;
Chacun le sien n'est pas trop.

Vaudeville & Parodie
De plein droit sont notre bien :
Pourquoi donc, Italien,
T'en servir toute ta vie ?
Quelle manie ! (*bis.*)
Tu peux, en prose, en vers, jouer la Comédie ;
Contente-toi de ton lot ;
Du nôtre n'aye point envie ;
Contente-toi de ton lot ;
Chacun le sien n'est pas trop.

Second Clerc, ton entreprise
Est contre l'ordre public :
La Soubrette est ton district ;
A la Maîtresse tu vise !
Quelle sottise (*bis.*)
Elle est au Maître Clerc ; tu sçais qu'il la courtise ;
Contente-toi de ton lot ;
Entre amis point de surprise ;
Contente-toi de ton lot ;
Chacun le sien n'est pas trop.

Extrait Manuscrit.

VAUDEVILLE, (le) Opéra Comique en un acte, avec des divertissemens, de M. *Panard*, représenté le Mercredi 20 Février 1743. non imprimé. Cette piéce est très différente de la précédente, si l'on en excepte quelques petits détails, que l'Auteur a jugé à propos d'employer ici une seconde fois.

La Foire qui a nouvellement épousé le Vaudeville, s'apperçoit bientôt par des absences fréquentes, que la passion de ce mari est un peu refroidie ; tandis qu'elle témoigne sa douleur par ses plaintes, une voix se fait entendre, c'est celle du Vaudeville ; il paroît & s'excuse en disant qu'il a été obligé de passer la journée avec quantité de personnes qui l'obsédoient pour des couplets. Mais ce que j'ai fait de mieux, ajoûte-t-il, c'est d'avoir engagé la Parodie à vous rendre visite. Eh bon jour, ma Princesse, s'écrie la Foire, en la voyant entrer : vous me négligez beaucoup, quoique vous deviez bien vous souvenir que c'est sur mon Théatre que vous avez reçu la naissance.

LA FOIRE. (AIR. *Tarare pompon.*)

Vous visitez souvent la Troupe d'Italie ;
Je devrois m'offenser de ce manque de foi ?
Malgré ce qui nous lie,
Plus d'une fois, je croi,
Vous l'avez mieux servie
Que moi.

LE VAUDEVILLE.

» Et sur-tout cet hyver.

La Parodie leur promet sa protection, & par reconnoissance le galant époux de la Foire lui chante un Vaudeville dont on rapporte quelques couplets.

Des humains corriger le cœur,
C'est ce que fait avec douceur
La Comédie :
Des Auteurs corriger l'esprit,
C'est le partage que choisit
La Parodie.

Une morale sans fadeur,
Doit être le but d'un Auteur
   De Comédie :
Une critique sans aigreur,
Doit être l'objet d'un faiseur
   De Parodie.

✺

Ah ! que de gens sans le sçavoir,
Vont se voir peindre en allant voir
   La Comédie :
Tel croit rire aux dépens d'autrui,
Qui ne pense pas que c'est lui
   Qu'on parodie.

✺

Lorsqu'à la guerre nos Césars,
Exécutent sur des remparts
   La Tragédie,
Nos petits Maîtres étourdis,
Font sur les Fiacres de Paris
   La Parodie.

✺

Agnès rougit d'un tendre aveu,
Mais souvent cela n'est qu'un jeu
   De Comédie.
Telle qu'on ne croit pas au fait,
Du mariage a déja fait
   La Parodie.

✺

Nous voyons de jeunes galans,
Jargonner comme des Amans,
   De Comédie
De leur mémoire c'est l'effet ;
Dans l'antichambre un perroquet
   Les parodie.

✺

De nos modes le goût changeant
Ouvre aux Auteurs un vaste champ
   De Comédie :
Chaque Vaudeville du temps,
En danse, en habits, en rubans,
   Se parodie.

La Parodie ne voulant pas céder en générosité, promet un divertissement pour le soir même; je sors, dit-elle, & je vais voir *Dame Ragonde*. Il faut que j'aille aussi la complimenter, ajoute le Vaudeville.

LA FOIRE.

« Vous, & pourquoi ?

LE VAUDEVILLE.

« C'est elle qui m'a donné mon entrée à l'Opéra.

(Air. *Charivari de Ragonde*.)

L'an passé, qu'il vous en souvienne,
On y chantoit en ce temps-ci
Charivari.
Dans leur sale tous les jours pleine,
Le Parterre chantoit aussi
Charivari. (*bis.*)

La Foire obligée de garder la maison pour recevoir les visites, voit entrer la jeune Lisette, qui demande des chansons où le mot d'Amour ne soit point employé, parce que, ajoute-t-elle, ce nom lui fait horreur. A cette scène un peu usée, succéde celle de l'Opérateur; c'est le grand Thomas qui se plaint du Vaudeville.

L'OPÉRATEUR. (Air. *Passant sur le Pont-neuf*.)

Cet importun souvent,
Vient entre dix & onze,
Se camper fiérement
Vers le cheval de bronze.

(Air. *Charivari*.)

Hier encore cet espiégle
A mon côté,
Chantant, criant comme une aigle,
M'a démonté.
Il faisoit sur ce refrain-cy,
Charivari.

L'Amour ne perd jamais ses droits
Vlac'que c'est qu'd'aller au bois.

Il est cause que j'ai pensé emporter la mâchoire d'un Limosin.

LA FOIRE.

» Goneffe y auroit perdu.

L'OPÉRATEUR.

» Ce n'est pas tout ; il assemble autour de moi je ne sçai
» combien de badauts.

(Air. J'avois Lisette.)

Cela m'offusque,
Et ce braillard
S'avance jusque
Dessus mon char ;
Très-peu s'en faut que ce butor
Ne me débusque ;
Voyez, Madame, si j'ai tort
Quand je le brusque.

» ...... Je ne suis pas un homme inutile, & ces doigts-là
» ont fait plus de cures que toute la Faculté.

LA FOIRE.

Monsieur Thomas, respectez ces Messieurs ; ils en sçavent
» plus que vous.

L'OPÉRATEUR. (Air. Ma pinte & ma mie.)

On trouve un jargon sçavant
Chez la Médecine,
Mais elle trompe souvent,
Et nous assassine.
Pour moi qui parle très-mal,
Je sçais arracher le mal,
Jusqu'à la racine ;
Crac ;
Jusqu'à la racine.

LA FOIRE.

» J'ai ouï dire que vous aviez fait de belles cures.

L'OPÉRATEUR.

» J'ai guéri deux Clercs d'une indigestion.

LA FOIRE.

» C'est une maladie rare à la Bazoche.

L'OPÉRATEUR.

» Hier, un Seigneur m'envoya chercher pour dégraisser
» son Maître d'Hôtel, & rogner les ongles à son Intendant.
» J'ai guéri deux Poëtes de la fièvre ; deux Jurés Crieurs
» d'une extinction de voix ; un vieux Huissier d'une dureté
» sur le cœur. J'ai fixé la tête d'un jeune Parisien ; j'ai calmé
» les battemens de cœur d'une jeune veuve ; j'ai redressé un
» Commis qui ne marchoit pas droit. J'ai éclairci la vûe d'un
» Domestique qui mettoit son linge avec celui de son Maître.
» Voila les noms & demeures de ceux qui m'ont consulté la
» semaine dernière. Deux nouveaux mariés rue de Paradis ;
» un vieux jaloux & une jeune femme, rue d'Enfer ; deux
» Provençaux, rue du Renard ; trois Gascons, rue Vuide-
» gousset ; un Peintre, rue de la Vieille Draperie ; deux Ado-
» nis, rue Poupée ; trois Abbés, rue des Marmouzets ; une
» Pucelle, rue du Hasard ; une Prude, Cour du Dragon, &
» une bonne femme, Cour des Miracles,.... & vous voulez
» après cela que je céde à votre Chanteur ?

(AIR. *Que toute la terre est à moi.*)

En mille autres lieux il peut être ;
Tout est à lui, ville & fauxbourg ;
Mais pour moi qui n'ai qu'un séjour,
Je prétens y demeurer maître.
 S'il y reste ma foi,
 Ce bras lui fera connoître,
Que tout le Pont-neuf est à moi. (*bis.*)

LA FOIRE.

» Accommodez-vous ;

(AIR. *De notre Cabale.*)
Prenez des arbitres.

L'OPÉRATEUR.

Je n'en ferai rien ;
Mon bon droit a du soutien.

LA FOIRE.

Quels sont donc vos titres ?

L'OPÉRATEUR.

Mon sabre & mon chien.

» Adieu.

LA FOIRE.

» Mon mari va revenir ; si vous voulez lui parler.....

L'OPÉRATEUR.

» Je n'ai pas le temps ; il faut que j'aille arracher deux
» dents.

LA FOIRE. (Air. *Réveillez-vous.*)

L'Opération sera prompte.

L'OPÉRATEUR.

Ces deux dents-là, sur mon bonheur,
En valent bien douze.

LA FOIRE.

Quel conte !

L'OPÉRATEUR.

Ce sont les dents d'un Procureur.

LA FOIRE *seule*.

» Il a raison. Suivons-le de loin, de crainte de quelque
» esclandre.

Nous passons la scéne qui suit des deux sœurs Honesta & Follette : la premiere est autant ennemie du Vaudeville, que la derniere s'en déclare zélée partisanne. Leur conversation n'est qu'une amplification des raisonnemens faits pour & contre le Vaudeville dans la piéce précédente. Après le départ des deux sœurs, la Foire reparoît, accompagnée de la Ramée, soldat qui vient à Paris faire des recrues, & prier le Vaudeville de lui rendre service en cette occasion.

LA RAMÉE. (Air. *Marche Françoise.*)

Je viens le prier que dans les carrefours,
Pendant ces deux mois il aille tous les jours :
Il y rassemblera les oisifs, les filoux,
Et d'un coup de filet je les raserai tous.

Quoique simple grivois, ce Monsieur la Ramée affecte le ton de petit Maître, & veut en conter à la Foire, qui le trouvant fort à son gré, s'écrie, dans un *à parte* : Que ces guerriers ne
font-ils

sont-ils aussi sinceres, qu'ils sont aimables. Heureusement pour le repos du Vaudeville, la Ramée ne pouvant demeurer plus longtemps, sort, & comme entr'autres talens, il possède celui de faire des vers, & que c'est lui qui compose toutes les chansons de l'armée, il en laisse deux à la Foire, en la priant de vouloir bien les faire corriger par son mari : les voici.

    Belles quand quelqu'un vous séduit,
    Dans sa promesse il fait grand bruit,
    Mais un rien la rend superflue
Tout aussi-tôt qu'il a la beauté qu'il poursuit ;
      Ailleurs il s'évertue,
    Et son ardeur s'évanouit,
        Adsit,
    En moins de temps qu'on éternue.

    Un étourdi dans son printems
    Mene grand train ses passetems,
    Mais bientôt le plaisir le tue.
Souvent pour avoir tenu trop table à vingt ans,
      A trente il s'exténue,
    La goute vient, la santé fuit,
        Adsit,
    Aussi vite qu'on éternue.

La Parodie effectuant sa promesse, amene à la derniere scéne les Acteurs & les Actrices du divertissement, qui est terminé par un Vaudeville.

Couplets du Vaudeville.

    C'est par toi, Vaudeville heureux,
    Que dans les champs au clair de lune,
    Nous voyons la blonde & la brune,
    Danser avec leurs amoureux.
      A l'ombre d'un chêne,
      Quand tout un hameau,
      Par la main s'enchaîne,
      Et chante en écho,
    Allons gai, gai, gaiment,
Et montrez-nous, & donnez-vous du mouvement.

Sur l'herbette & la mousse,
Tout prend essor,
Chacun se trémousse,
C'est un âge d'or.

De la fortune tous les dons,
Les biens, les honneurs, les grand noms
Ne sont que des bluettes,
Vivons
Pour les fillettes, vivons, &c.

Le Savetier de notre coin,
Cinq ou six jours de la semaine
Souffre impatiemment sa peine,
Et se plaint fort de son besoin.

Mais à la guinguette,
Qu'il aille un Lundi,
Et qu'avec Toinette,
Il clabaude ainsi:

A boire, à boire, à boire.
Nous quitterons-nous sans boire,
Nous sommes bien, tenons-nous-y,
Peut-être ailleurs serions-nous pis.

Nul bien ne le tente,
Et dans son emploi,
Il est, quand il chante,
Plus content qu'un Roi.

Clitandre un jour près de Philis,
Etant devenu téméraire,
Elle en conçût tant de colere,
Qu'un soufflet en devint le prix.
Mais après l'orage,
Dès que le fripon
Eut par ce langage
Demandé pardon:

Ce n'est qu'à vos beaux yeux
Que l'on doit imputer le crime de mes feux,
Et c'est pour trop aimer que je suis malheureux.

Philis plus traitable,
Cessa les refus ;
Bientôt le coupable
Le fut encor plus.

Extrait manuscrit.

VAUR, (N....... du) Auteur Dramatique aujourd'hui vivant, a composé pour la scène Françoise :

LE FAUX SÇAVANT, Comédie en trois actes & en prose, avec un Prologue, 1728.

LA MÊME PIÉCE RETOUCHÉE, en trois actes & en prose, sans Prologue, représentée le 13 Août 1749. sous le titre de l'*Amant Précepteur*, & rétablie sous son ancien titre le 18 du même mois, jour de la 5e représentation, in-12. Paris. 1749. *Histoire du Th. Franç.* année 1728.

VEAU (le) PERDU, Comédie en un acte & en prose, de M. de *La Fontaine*, non imp. représentée le Lundi 22 Août 1689. précédée de la Tragédie de *Venceslas*. *Hist. du Th. Franç.* année 1689.

VEAULX, (les) c'est le titre d'une Satyre ou espéce de Prologue, qui servoit à amuser les Spectateurs pendant que les Acteurs s'habilloient. Voyez l'*Histoire du Théatre François*, année 1558. à l'article de la *Trésoriere*, de *Jacques Gréuin*.

VEILLÉES (les) HOLLANDOISES, Ballet Pantomime représenté au Théatre de l'Opéra Comique, à la suite de *Pygmalion*, le Samedi 26 Mars 1735. & qui eut quelque succès.

VEINS, (Aymard de) Sieur de C*** Poëte François, a composé

CLORINDE, Tragédie, 1599. *Hift. du Th. Fr. année* 1599.

VENCESLAS, Tragédie de M. *Rotrou*, repréfentée en 1647. in-4°. Paris, Sommaville, 1648. & in-12. tome I. du Théatre François, Paris, Ribou, 1705. trois vol. & tome I. du Recueil en 12 vol. in-12. fous le même titre, Paris, 1737. par la Compagnie des Libraires. Cette Tragédie a été confervée au Théatre. *Hiftoire du Th. Fr. année* 1647.

VENDANGES, (les) c'eft le titre de la feconde Entrée du Ballet des *Plaifirs de la Campagne*, de M. l'Abbé *Pellegrin*, Mufique de M. *Bertin*, & repréfentée en 1719. Voyez *Plaifirs (les) de la campagne*.

VENDANGES, (les) Comédie en un acte & en profe de M. *Dancourt*, repréfentée à la fuite de la Tragédie de *Venceflas*, le Jeudi 30 Septembre 1694. imp. dans les Œuvres de M. *Dancourt. Hiftoire du Th. Franç. année* 1694.

VENDANGES, (les) Ballet Pantomime au Théatre Italien; ce Ballet a auffi été donné fous le titre des *Vendanges troublées*. Il eft de la compofition de M. de *Heffe*, Mufique de différens Auteurs, première repréfentation du Vendredi 26 Février 1751. Nous allons en donner une idée que nous empruntons du *Merc. de France, fecond volume de Juin* 1751. p. 161. *& fuiv.* Le mérite réel & le fuccès durable de ce Ballet ne nous permettent point de nous en difpenfer.

LES VENDANGES, *Ballet Pantomime.*

Le Théatre repréfente un côteau chargé de vignes, au pied duquel on voit d'un côté une partie d'un vieux Château, & de l'autre un angart couvert de chaume, qui avance au-delà des chassis.

I.re ENTRÉE.

» Arrivée des Vendangeurs & Vendangeuses
» en dansant, pour se préparer au travail.

II. ENTRÉE.

» Le Seigneur & la Dame sortent du Châ-
» teau, suivis de leurs domestiques, l'un por-
» tant un parasol, & l'autre tenant la queue de
» la Dame; ils interrompent les Vendangeurs
» dans leurs danses, & le vieux Seigneur met
» en ordre les Vendangeuses, pendant que la
» Dame y met les Vendangeurs.

III. ENTRÉE.

» Les Vendangeurs & Vendangeuses mon-
» tent sur le côteau, & travaillent à cueillir le
» raisin; pendant cette vendange, des domesti-
» ques vont chercher des siéges, & une cola-
» tion, pour le Seigneur & la Dame.

IV. ENTRÉE.

» Une Vendangeuse se détache, & vient
» danser devant le Seigneur & la Dame, en leur
» apportant des raisins. Elle retourne à l'ou-
» vrage, & est relevée par deux Vendangeurs
» & deux Vendangeuses, qui sont remplacés
» par une seule Vendangeuse.

V. Entrée.

» Le Seigneur donne ordre à un des domes-
» tiques de sonner le dîner; à l'instant les Ven-
» dangeurs quittent l'ouvrage, & vont au Châ-
» teau chercher des gamelles; les deux domes-
» tiques sortent avec la marmite, & ils sont
» suivis des Vendangeurs chargés des autres
» provisions.

VI. Entrée.

» Danse du Seigneur & de la Dame; pen-
» dant cette Entrée, quelques *Hussards* paroif-
» sent sur le haut de la colline, & vont avertir
» leurs camarades.

VII. Entrée.

» Les *Hussards* conduits par leur Chef, (*)
» descendent de la colline; ils tirent quelques
» coups, ce qui répand un effroi général. Les
» Vendangeurs s'enfuient; les uns montent sur
» les arbres, les autres se cachent; les *Hussards*
» vont investir le Seigneur & la Dame, & les
» domestiques qu'ils dépouillent; pendant que
» le Capitaine les fait garder, les *Hussards*
» vont enfoncer les portes du Château; ils y
» entrent & en sortent avec des brocs de vin &
» des verres.

VIII. Entrée.

» Le Capitaine fait asseoir poliment le Sei-

___
(*) Autant qu'il peut nous en souvenir, c'étoit le Sieur *Vicentini* fils, voyez son article à la lettre *V*. Il est petit-fils du fameux *Thomassin*.

» gneur & la Dame, & leur fait entendre qu'il
» va donner un divertissement à sa façon.

» *Exercice des broes & des verres.*

IX. ENTRÉE.

» Après la gayeté qu'a produit l'exercice, les
» *Hussards* font la paix avec les Vendangeurs,
» & dansent avec les Vendangeuses. Ils mêlent
» dans leurs plaisirs le Seigneur, la Dame & les
» Domestiques, & le Ballet finit par une con-
» tre-danse générale ». Voyez *Vendanges* (les)
» *de Tempé.*

VENDANGES (les) D'ARGENTEUIL, Opéra
Comique en un acte, de M. *Favart*, représenté
sous le simple titre des *Vendanges*, le Lundi 9
Octobre 1741. non imp.

Damis, Amant d'Angélique, fille de M. Rapin, Procureur, vient à Argenteuil, où la sai-
son des vendanges a amené le père, & tâche de
s'introduire dans sa maison, par le moyen de
Vincent le vigneron, à qui il donne d'abord une
pistole pour garder le secret. Il faut, dit Damis,
que tu me rende un service. Doucement, répond le Manant, ne nous embrouillons point,
vous m'avez donné une pistole en me recommandant le secret, c'est une chose faite. Eh
bien, reprend Damis, je t'en promets quatre
autres si tu peux me cacher dans un endroit de
la maison où je puisse voir Angélique sans témoins. Indépendamment de cette promesse de
Damis, Vincent se trouve encore engagé à le
servir, étant amoureux de Claudine, servante
de M. Rapin, mais comme il ne peut songer

à cet établissement, ni supplanter Jean Giroux son rival, sans avoir quelque argent pour entrer en ménage, Damis l'assure d'un présent de deux cens francs, & se retire pour lui donner le temps d'inventer quelque stratagême.

Araminte tante de Damis arrive, & met une bourse dans la main de Vincent.

VINCENT *à part.*

» Ouais ! ç'a m'a l'air d'une bonne fortune.

ARAMINTE.

» J'aime un ingrat qui veut me tromper, après m'avoir
» fait une promesse de mariage.

VINCENT.

» Qui moi ?

ARAMINTE. (Air. *De la besogne.*)

Je parle de Monsieur Rapin.

VINCENT.

Quoi, vous aimez ce vieux lapin !
Morgué ma surprise est extrême,
Passe encore si c'étoit moi-même.

ARAMINTE.

» Il y a dix-sept ans que M. Rapin me faisoit la cour : je
» lui prête de quoi se faire Procureur ; il me fait une pro-
» messe de mariage à compte ; pendant mon absence le
» trompeur se marie à une autre ; je me suis mariée à son
» exemple ; je suis veuve, il est veuf, & je viens le revendi-
» quer comme un bien où j'ai hypothéque, & que je viens
» saisir réellement.

(Air. *Je suis un bon Jardinier.*)

Je veux le surprendre ici,
Et lui donner du souci ;
Il financera,
Ou m'épousera ;
Oh ! ma cause est fort bonne.

VINCENT.

Oui, vous avez, je vois cela,
Des droits sur sa personne.

Tandis que Vincent va se mettre en devoir de servir la tante & le neveu, M. Rapin vient sur la scéne recevoir sa compagnie, composée de Madame des Eclairs qu'il doit épouser, de M. Grosset Avocat, de M. Minute, Notaire, à qui Angélique fille de M. Rapin est promise, & enfin de M. Ricochet, Maître à chanter, que l'on a prié de composer le divertissement pour les noces.

MADAME DES ÉCLAIRS.

(Air: *Nous autres bons Villageois.*)

Çà, çà, que deviendrons-nous ?
Allons-nous à la promenade ?

RAPIN.

Un moment, reposez-vous.

MADAME DES ÉCLAIRS.

Le repos est pour nous trop fade:
Faisons succéder avec feu,
La table, la danse & le jeu;
Pour moi je ne sçaurois souffrir
Aucun vuide dans le plaisir.

Rapin dit à Angélique de conduire la compagnie dans la maison. Pendant qu'il fait de sérieuses réflexions sur l'embarras & la dépense que ces vendanges lui causent, Vincent déguisé, conduisant un haquet sur lequel sont deux tonneaux, l'un de vin de Bourgogne, & l'autre de Champagne, lui présente deux lettres. Rapin ne connoît point les personnes qui lui font ces présens, mais il ne balance point à les recevoir, & va lui même aider à placer les tonneaux dans son cellier. Vincent revient pour parler à Claudine, à qui il veut remettre une lettre de Damis pour Angélique ; dans le moment Jean

C v

Giroux paroît; Claudine dit à Vincent de se cacher dans une futaille vuide. (L'Auteur a placé ici le conte du cuvier.) Claudine, dit Giroux, j'ai fait une bonne affaire, je viens de vendre notre futaille un écu. Tu n'es qu'un sot, répond-elle, car je l'ai vendu un écu de plus à Vincent.

GIROUX.

» Queu conte !

CLAUDINE.

» Il est là après à la visiter.

(AIR. *On vous en ratisse*.)

Il examine dessous
Si gn'a ni fentes ni trous.

GIROUX.

» Voyons çà.

Je ferons mieux cet office,
Compere ôtez-vous de là.

CLAUDINE.

» Venez compere Vincent.

Jean vous le ratisse, tisse, tisse,
Jean vous le ratissera.

Pendant que Jean Giroux est occupé à parer sa futaille, Vincent & Claudine conviennent de s'épouser, & de renvoyer Giroux.

VINCENT, *haut*.

» Tu ne te dédiras pas du marché que je viens de faire
» avec Claudine ?

GIROUX.

» Non, ou le diable m'emporte : tout ce que Claudine
» fait est bian fait. C'est une bonne ménagere.

VINCENT.

» Je paye le vin du marché, compere, allons boire.

Le Musicien Ricochet à moitié yvre, veut

obliger Angélique à répéter une leçon, cette Demoiselle le quitte avec tant de précipitation, que sans y penser elle laisse tomber une clef: Ricochet la ramasse, & trouvant que c'est celle du cellier de M. Rapin, il veut goûter de son vin, mais par malheur il s'approche du tonneau dans lequel est enfermé Damis, qui sort & le rosse: Rapin accourt aux cris de Ricochet; miséricorde, s'écrie-t-il, un Musicien dans mon cellier, je n'ai plus de vin. Je n'en sçais rien, répond Ricochet, mais vous avez un vin brutal en diable, s'il ne monte pas à la tête, les épaules s'en sentent. Le désespoir de Rapin attire Madame des Eclairs & les autres personnes de la compagnie. Comment, dit-elle, vous avez du vin de Champagne, & vous nous faites boire du Bretigny?

RAPIN. (Air. *Gaudeamus.*)

Ce vin ne vaut rien qui vaille,
Il bout encore au tonneau.

MADAME DES ÉCLAIRS.

Sur cul renversons la futaille,
Buvons vieux ou nouveau,
Tout à gogo.

TOUS.

Gaudeamus,
Soit Champagne ou Bourgogne,
Il faut s'en laver la trogne,
Que bientôt il n'en reste plus.

La fureur bacchique saisit l'assemblée: Angélique & Claudine se croyent perdues: doucement, Messieurs, dit Damis en sortant d'un tonneau, c'est moi qui suis le vin de Champagne, & moi, s'écrie Araminte, en sortant de l'autre, le vin de Bourgogne.

ARAMINTE à *Rapin.*

(Air. *Tout cela m'est indifférent.*)

Rens-moi mon argent au plûtôt,
Ou c'est un mari qu'il me faut.
Devant ces Messieurs je te somme,
En cet instant de m'épouser.

RAPIN.

Parbleu je suis trop honnête-homme
Madame, pour vous refuser.
» J'aime mieux vous épouser que de vous payer.

MADAME DES ÉCLAIRS.
» Comment ! comment donc, Madame ?

ARAMINTE. (Air. *Chacun à son tour.*)

Il est temps enfin que j'éclate,

MADAME DES ÉCLAIRS.

N'ai-je pas sa promesse aussi !

RAPIN.

Madame est la premiere en date,

MADAME DES ÉCLAIRS.

Ose-t'on me jouer ainsi,

ARAMINTE.

Dès longtemps, ho ! ma partie est faite,

RAPIN.

Vous serez mon épouse un jour,
Chacune à son tour.

M. Minute se désiste de ses prétentions sur Angélique, disant qu'il ne veut point avoir le vin de Champagne pour rival : la piéce finit par les mariages de Rapin avec Araminte, d'Angélique & de Damis, & de Claudine avec Vincent. On chante un branle que voici.

BRANLE. (AIR. *Vla c'que c'est qu'd'aller au bois.*)

Ma mere aux vaignes m'envoyit,
　Je n'sçais comment ça se fit :
En partant, elle m'avoit dit :
　Travaille ma fille ;
　Vendange, grapille.
Malgré moi Colin m'amusit.
　Je n'sçais comment ça se fit.

Malgré moi Colin m'amusit,
　Je n'sçais comment ça se fit.
Si drolement il m'abordit,
　Travaille ma fille, &c.
Que pour lui mon cœur s'attendrit,
　Je n'sçais comment ça se fit.

Il prit ma main & la baisit,
　Je n'sçais comment ça se fit.
Mais ma vertu le repoussit,
　Travaille, &c.
Si rudement qu'il en tombit.
　Je n'sçais, &c.

Mais en tombant il m'entrainit,
　Je n'sçais comment ça se fit.
L'un ni l'autre ne se blessit ;
　Travaille, &c.
Stapendant le coup m'étourdit,
　Je n'sçais, &c.

Un bon trait de vin me remit ;
　Je n'sçais comment ça se fit.
En même temps il m'endormit ;
　Travaille, &c.
Mon Amant pour moi vendangit,
　Je n'sçais, &c.

Si bien de sa sarpe il agit,
Je ne sçai comment ça se fit,
Qu'avant que l'on me réveillît,
Travaille, &c.
Mon pagnier se trouva rempli,
Je n'esçais, &c.

Extrait Manuscrit.

VENDANGES (les) DE CHAMPAGNE, Opéra Comique en un acte, de M. *Fuselier*, représenté le Vendredi 22 Septembre 1724. précédé d'un Prologue intitulé *Les Dieux à la Foire*, & des *Bains de Charenton*, piéce en un acte, non imp.

« Un Marquis Champenois, amoureux de
» Marianne, fille de Madame Guilleret, Mar-
» chande Drapiere de la rue S. Honoré, ap-
» prend par Arlequin, valet de cette Bourgeoise,
» qu'elle doit se rendre en Champagne pour
» voir les vendanges d'Epernay. Il la devance
» avec Pierrot son valet, & descend de sa
» chaise de poste dans une petite maison de
» campagne qu'il a à une lieue d'Epernay. A
» peine est-il arrivé, à peine a t-il instruit Pierrot
» de sa situation, qu'il accourt à Arlequin son
» premier confident, qui lui annonce que la
» berline de Madame Guilleret s'est rompue
» dans le grand chemin d'Epernay, voisin du
» hameau où se trouve la maison du Marquis,
» & que Madame Guilleret est non seulement
» accompagnée de Marianne sa fille, mais encore
» de M. de Boiscourt, Gentilhomme Bourgui-
» gnon, qu'elle a choisi pour son gendre. Cette
» nouvelle attriste fort le Marquis. Pierrot tou-
» ché du chagrin de son Maître, fait travailler

» son imagination. Arlequin dans son récit a
» déclaré qu'il ne restoit pour auberge que la
» rue aux échappés du naufrage de la berline,
» & que la seule hôtellerie du hameau étoit
» occupée par une demie douzaine de Mar-
» chands de vin, attirés dans la Province par
» les vendanges. Pierrot animé d'un beau zéle,
» métamorphose subitement la maison de son
» Maître en auberge, en faisant pendre un chou
» à la porte: il fait travestir le Marquis en hôte-
» lier, & se déguise lui-même en Allemand. Le
» rival du Marquis arrive, & prend Pierrot pour
» un étranger. Ils lient conversation ensemble ;
» Pierrot sonde le Gentilhomme Bourguignon,
» découvre qu'il est intéressé, & qu'il ne se ma-
» rie que pour rétablir son Château ruiné. Pier-
» rot Allemand lui dit qu'il pense de même,
» qu'il ne prend une femme que pour meubler
» sa cave de bon vin, & qu'il doit épouser inces-
» samment la Comtesse de Clairverjus, Cham-
» penoise, riche de trente mille livres de rente.
» Le Bourguignon tenté par cette fortune, laisse
» éclater son avarice, & apprend au faux Alle-
» mand qu'il a signé un dédit de mille pistoles
» avec Madame Guilleret ; cette nouvelle dé-
» couverte embarrasse fort l'intriguant Pierrot,
» qui cependant rêve aux moyens de détruire
» cet obstacle, & se retire, voyant arriver Ma-
» dame Guilleret, sa sœur, & le Marquis hôte-
» lier. La Drapiere qui est une Bourgeoise en-
» jouée & curieuse de bonne chere, ordonne
» qu'on mette rafraîchir le vin, & emméne son
» gendre futur, pour aller visiter les dehors du
» hameau, après que le Marquis déguisé lui a

» proposé de voir chez lui les vendanges qui
» doivent être ouvertes par une fête Bacchique
» & champêtre. Arlequin survient, & trouvant
» le Marquis hôtelier seul avec sa Maîtresse,
» qui ne le reconnoît pas, (cet Amant ne
» l'ayant suivie à Paris que pendant peu de
» jours, & s'étant borné au langage des yeux)
» Ce confident adroit lui ménage le plaisir de
» faire expliquer Marianne en sa présence, qui
» se croyant loin du Marquis, détaille hardiment
» ce qu'elle ressent pour lui; enfin le Marquis
» se fait connoître, & baisant la main de sa
» Maîtresse avec transport, il est interrompu
» par les reproches de Pierrot déguisé en fem-
» me, qui feint d'être une rivale de Marianne,
» & l'inquiète un instant. Son Maître lui-même
» y est trompé, & le reconnoissant, lui deman-
» de la raison de ce déguisement. Pierrot l'in-
» forme de l'anicroche du dédit, & entendant
» la voix du Gentilhomme Bourguignon, il les
» congédie tous, en leur disant qu'il va travail-
» ler pour les rendre heureux. M. de Boiscourt
» avance, plein de l'idée de la Comtesse de
» Clairverjus, & résolu de supplanter l'Alle-
» mand : Pierrot feint d'être la Comtesse dési-
» rée, & enflamme si bien le cœur intéressé du
» Gentilhomme Bourguignon, qu'il le fait con-
» sentir à lui remettre le dédit de mille pistoles,
» en lui signant une promesse de mariage; la
» fausse Comtesse écrit généreusement cette
» promesse, & dit au Bourguignon dupé, que
» la fille d'une Bourgeoise ne lui convient pas,
» & qu'il doit laisser Marianne Guilleret à un
» hobereau Champenois de ses cousins, qui en

» eſt amoureux ; alors le Bourguignon qui ſe
» croit très-fin, lâche le dédit, & ſerre la pro-
» meſſe de mariage ſignée par la Comteſſe Pier-
» rot. L'intrigue ſe dénoue un moment après
» en préſence de Madame Guillerer, qui con-
» ſent volontiers à l'échange de gendre qu'on lui
» propoſe. Pierrot ſûr de ſon fait, appelle le
» Marquis, charmé de ſon bonheur, & ſe dé-
» maſque avec lui. M. de Boiscourt honteux
» d'être la dupe de ſa fineſſe, ſe retire avec
» chagrin.

BOISCOURT. (Air. *Quel plaiſir de voir Claudine.*)

Je plaindrai peu les eſpéces ;
Je vous ferai bien des frais.

PIERROT.

Ma foi ſur le vû des piéces,
Vous perdrez votre procès.

» Le Marquis propoſe à la Compagnie, de
» voir la fête bacchique préparée dans ſon jar-
» din. La ferme s'ouvre, & on apperçoit au
» fonds de ce jardin des berceaux de vigne per-
» cés par trois arcades, occupées par une foule
» de vendangeurs & vendangeuſes danſans &
» chantans au deſſus de ces arcades : la treille
» eſt encore percée en trois endroits, qui ſont
» remplis par des hautbois & baſſons en ven-
» dangeurs. Cet Orcheſtre joue une marche en
» dialogue, avec l'Orcheſtre qui eſt au pied du
» Théatre. Ce divertiſſement eſt fort brillant,
» & entrecoupé de danſes & de chants agréa-
» blement variés. La Muſique & le Ballet ſont
» de la compoſition de M. *Voiſin*.

Couplets du Vaudeville.

Quand l'aimable jeunesse brille,
Amans vendangez nuit & jour.
  Heureux même qui grapille ;
  Pille,
Dans la vigne de l'Amour.

Je connois une jeune fille
Qui des plaisirs craint le danger ;
  Elle permet qu'on grapille,
  Pille,
Et jamais de vendanger.

Heureux le Théatre qui brille
Et de Paris devient le tic ;
  Heureux même qui grapille ;
  Pille,
Dans la bourse du public.

Extrait, Mercure de France, Octobre 1724. *pag.* 2212-2216.

Cette piéce a été remise au Théatre comme nouvelle, sous le titre des *Vendanges de hasard*, le Dimanche 5 Septembre 1732. & fut assez goûtée. L'Auteur n'y avoit cependant fait que quelques légers changemens. Dans cette derniere la scéne se passe à Sillery, la Marchande de Drap y porte le nom de Madame d'Aunecourt, & son valet celui de Jacot, & Pierrot valet du Marquis se déguise en Baronne de la Piquette.

VENDANGES (les) DE LA FOIRE, Piéce d'un acte en Ecriteaux, par Messieurs *Le Sage* & *d'Orneval*, représentée par la Troupe de Dolet & La Place, à la suite de la *Pudeur à la Foire*, Prologue, & de la *Matrone de Charenton*, piéce en un acte au mois de Septembre 1724. nou imp. Voici le petit avertissement qui est à la tête du Manuscrit qui nous a été communiqué.

« Les *Vendanges de Champagne*, piéce que représentoit alors l'Opéra Comique, donnerent lieu à ces vendanges allégoriques, qui font connoître l'état des affaires tant de l'Opéra Comique que des Danseurs de corde leurs adversaires ».

Effectivement cette piéce contient une critique très-vive & même personnelle, tant des Entrepreneurs que de l'Auteur qui travailloit pour le Spectacle de l'Opéra Comique. Arlequin, Scaramouche, Gille & les autres Danseurs de corde portant des hottes & des serpettes, ouvrent la scéne ; ensuite on voit entrer les trois Entrepreneurs à cheval ; l'Opéra Comique en tonnelet & casque blanc, les suit dans un Phaëton tiré par un âne, couvert de moire d'or, conduit par la Folie ; après paroît une charette, au-devant de laquelle marche un homme portant un fusil, (ceci fait allusion à l'Auteur des *Vendanges de Champagne*.) Il y a dans cette charette plusieurs tonneaux neufs, & elle est tirée par l'Amour & Bacchus, & suivie de joueurs de violon & de hautbois, de vendangeurs & vendangeuses galamment habillés, avec des rubans à leurs paniers. Des hotteurs ferment la marche.

L'OPÉRA COMIQUE.

(Air. *Préparons-nous pour la Fête nouvelle*.)

Préparons-nous aux vendanges nouvelles,
  On dit que nos vignes sont belles,
Et si l'on s'en rapporte à notre vigneron,
Mes chers amis notre vin sera bon.

L'Opéra Comique achéve sa brillante marche, mais peu de temps après, Scaramouche vient annoncer à ses camarades le désordre de leurs adversaires.

SCARAMOUCHE.
(AIR. *Ma mere mariez-moi.*)

Camarades sçavez-vous,
Qu'en leurs vignes nos jaloux
N'ont trouvé, grace à Bacchus,
Que du verjus-clair, que du *clair-verjus*.

ARLEQUIN.

S'ils n'ont rien trouvé de plus,
Voilà des drôles tondus.

Un des Entrepreneurs paroît ; il est fort triste

ARLEQUIN. (AIR. *Pierre Bagnolet.*)

A présent votre œil se défile ;
Vous reconnoissez votre tort.

L'ENTREPRENEUR.

N'est pas de l'or tout ce qui brille ;
Notre vigne promettoit fort,
Promettoit fort. (*bis.*)
C'est la vigne de la Courtille ;
Belle montre & peu de rapport.

SCARAMOUCHE. (AIR. *Ramonez-ci.*)

Voici l'Opéra Comique.

L'OPÉRA COMIQUE.

Préparez votre critique ;
La vendange ne rend pas.
Ramonez-ci, ramonez-la,
La, la, la,
L'entreprise du haut-en-bas.

Après avoir essuyé encore quelques traits critiques, l'Opéra Comique se retire ; Arlequin s'empare de son Phaëton, & les Danseurs de corde se mettent en marche avec l'équipage de l'Opéra Comique, dans le même ordre que celui-ci a paru : Gille & Scaramouche tiennent à cheval la place des Entrepreneurs. On n'y voit plus l'homme au fusil, l'Orchestre joue en Ritournelle le Cotillon des *Fêtes de Thalie*, qui sert de marche.

SCARAMOUCHE. (Air. *De Grimaudin.*)

Enfin, nous avons la victoire,
 Sur nos Rivaux :
Quand nous sommes seuls à la Foire,
 Plus d'écriteaux :
Nous pouvons, libres de souci,
Parler, danser, chanter aussi.

Extrait Manuscrit.

VENDANGES (les) DE SURESNE, Comédie en cinq actes & en vers, de M. *Du Ryer*, représentée en 1635. in-4°. Paris, Sommaville, 1636. *Histoire du Théatre Franç. année* 1635.

VENDANGES (les) DE SURESNE, Comédie en un acte & en prose, de M. *Dancourt*, représentée à la suite de la Comédie du *Misantrope*, le Samedi 15 Octobre 1695. imp. la même année in-12. Paris, Guillain, & dans le Recueil des Œuvres de l'Auteur. Cette Comédie est restée au Théatre. *Histoire du Théatre Franç. année* 1695.

VENDANGES (les) DE TEMPÉ, *Pantomime* en un acte, au jeu du Sieur *Mathews*, par M. *Favart*, première représentation du Samedi 18 Août 1745. Foire S. *Laurent*.

La *Pantomime* qui fait le sujet de cet article eut un succès prodigieux ; elle fut représentée d'original sur le Théatre de l'*Opéra Comique*, après sa derniere suppression. Privé du privilege de ce Spectacle subalterne, qu'il avoit sçu rendre très lucratif, le Directeur de l'*Opéra* eut tout lieu de se louer des *Vendanges de Tempé*, dont la réussite aida à le tirer d'affaire vis-à-vis plusieurs sujets qu'il avoit engagés pour l'année entiere, & dont il mit en œuvre les talens sur ce même Théatre de l'*Opéra Comique*, mais sous une autre forme de spectacle, & sous un autre nom que le sien; il emprunta celui du Sieur *Mathews*. Jamais *Pantomime* n'a été plus célébrée; les provinces s'en emparerent, & en firent imprimer différents Programmes, dont nous ne ferons point usage, ayant entre les mains le *Manuscrit* de l'Auteur, qui revendiqua il y a deux ans son ouvrage, & le fit paroître avec un nouvel éclat au Théatre Italien, sous le titre de la *Vallée de Montmorenci*, (*) ou des *Amours Villageois*, Ballet *Pantomime*. M. *Boucher*, Peintre fameux par ses compositions gracieuses, en emprunta l'idée de quelques-uns de ses tableaux, & ce n'est point le moindre honneur qu'ait reçu la *Pantomime* des *Vendanges de Tempé*. Nous avons promis à l'article de la *Vallée de Montmorenci*, d'indiquer ici les principaux changements qu'on fit à cette *Pantomime* au Théatre Italien, outre celui du titre & du lieu de la scéne; il n'y en eut que deux de conséquence, & ce fut le premier qui obligea d'imaginer un nouveau titre, parce que les vendangeurs & vendangeuses furent transformés en villageois & villageoises cueillant des cerises, & que par conséquent la décoration prit une nouvelle face. Le Ballet des *Vendanges*

(*) Le sujet manuscrit de ce Ballet nous a aussi été confié.

nné au même Théatre l'année précédente, où M. de *Hesse* avoit employé dans le premier bleau que présentoit ce Ballet, quelque chose d'assez semblable à celui des *Vendanges de Tempé*, avoit rendu ce changement indispensable. Voyez *Vendanges*. (*les*) La *Pantomime* devenue Ballet d'un bout-à-l'autre, occasionna le second, & une Musique nouvelle fut substituée aux airs des anciens Vaudevilles qui animoient les *Vendanges de Tempé*. Cette innovation, peut-être nécessaire, ne nous a point paru avantageuse à la *Vallée de Montmorenci*. Quelque agréable que soit une Musique faite exprès, il n'est pas possible qu'elle soit en pareille occasion l'équivalent des *Vaudevilles* dont les paroles connues de tout le monde, qu'on se rappelle en entendant jouer les airs, & qui sont pour ainsi dire consacrées par l'usage, écartent l'obscurité de la *Pantomime*, & expliquent aux Spectateurs ce que l'Acteur cherche à lui faire comprendre par ses gestes, & jusqu'aux mouvements intérieurs qu'il est censé éprouver. Le dédommagement étoit dans cette occasion plus impraticable encore que dans une autre, d'autant que le choix des airs dans les piéces où l'on fait usage du *Vaudeville*, est un des endroits par lesquels M. *Favart* s'est principalement distingué ; aussi ne pouvons-nous résister à la tentation de mettre sous les yeux de nos lecteurs les airs des *Vendanges de Tempé*, à côté du récit des différentes actions de la *Pantomime* auxquels ils ont rapport, quoique nous l'ayons déja fait une fois à l'occasion d'une autre de M. *Valois d'Orville*, qui est intitulée *Les Talents Comiques*. Voyez

Talents (les) Comiques. Les *Vendanges de Tempé* viennent de trop bonne main, pour que nous ayons lieu de craindre d'être accusés de double emploi. A l'égard des additions que l'Auteur y a faites en les donnant au Théatre Italien, la plus considérable est celle d'une *Musette* & d'une *Ronde*; ce sont des airs anciens qu'il a parodiés, & qui sont chantés l'un, sçavoir la *Musette* pendant le Ballet, l'autre à la fin, tous deux par Mademoiselle *Favart*, habillée en Berger. On les va trouver après le sujet *Manuscrit des Vendanges de Tempé*, parce que nous avons cru devoir renvoyer à l'article de cette *Pantomime* qui est l'original de l'autre, tout ce qui regarde la *Vallée de Montmorenci*, excepté le titre, la date & l'essentiel des faits, afin qu'on puisse rassembler d'un coup d'œil deux *Pantomimes* que quelques changements ou additions n'empêchent point d'être le même ouvrage dont la réussite se soutient encore à Paris, & sur tous les Théatres des Provinces; nous ferons mention par des notes, des différences qui se trouvent entre l'une & l'autre, outre celles dont nous venons de parler, lorsqu'elles en vaudront la peine.

LES VENDANGES DE TEMPÉ, *Pantomime.*

ACTEURS.

LISETTE; *petite Bergére.*
UN PETIT BERGER, *Amant de Lisette.* (*)

(*) Il y a de plus dans la *Vallée de Montmorenci* un autre petit Berger, nommé *Coridon*, rival du premier, & quelques

MADAME MACÉE, *mere de Lisette*.
MATHURIN, *pere du petit Berger*.
BABET, *petite Bergere, cousine de Lisette*.
UN VIGNERON.
UN SABOTIER.
UNE SABOTIERE.
VENDANGEURS ET VENDANGEUSES, &c.

La scène est au pied & sur le penchant des collines qui forment la Vallée de Tempé.

Le Théatre représente un côteau, où l'on voit plusieurs Vendangeurs, d'un côté c'est un Vigneron qui foule le raisin; de l'autre un petit Berger garde ses moutons au bord d'un ruisseau. (*)

SCÉNE PREMIÉRE.

DES VENDANGEURS, UN PETIT BERGER.   ORCHESTRE.

(*a*) Les Vendangeurs coupent le raisin & le portent dans la cuve.   (*a*) Ouverture.

---

autres personnages subalternes, comme petits camarades de *Coridon*, petites filles gardant des vaches, Paysans, Paysannes, &c.

(*) Dans la *Vallée de Montmorenci* le Théatre représente une vallée remplie de cerisiers; d'un côté est une petite éminence, sur laquelle est un Berger qui garde son troupeau; on voit les moutons brouter; de temps en temps le chien du Berger se leve, pour voir s'il ne s'en écarte pas; des petites filles gardent des vaches dans une prairie qui est au côté opposé; plusieurs paysans montés sur des arbres cueillent des cerises, & remplissent des paniers qu'ils donnent à des paysannes; les paysans, après avoir dépouillé les arbres de leurs fruits, s'éloignent pour aller travailler ailleurs, & eménent avec eux un âne qu'ils ont chargé de cerises.

Tome VI.   D

Le petit Berger joue de la *Musette* (*a*), en gardant son troupeau.

ORCHESTRE.

(*a*) Air. *Chantez, raisonnez ma musette*, &c. (*)

SCÉNE II.

LE PETIT BERGER, LISETTE.

ORCHESTRE.

Lisette petite Bergére, entre en dansant. (*a*)

(*a*) Air. *Je veux garder ma liberté*, &c.

SCÉNE III.

LE PETIT BERGER, LISETTE, MADAME MACÉE.

ORCHESTRE.

Madame Macée, mere de Lisette paroît, lui met un panier au bras, en lui faisant signe d'aller vendanger, & lui donne une paire de soufflets, (*a*) pour s'être amusée. Elle continue de la gronder, & se retire en la mena-

(*a*) Air. *Je vous lui fis tipe-tape*, &c.

(*) Au lieu de cet air, Mlle *Favart*, habillée en Berger, chante dans la *Vallée de Montmorenci* des paroles qu'on trouvera à la fin de cet article, & qui commencent ainsi : *Raisonnez ma musette*, &c. sur un air de *musette* fort connu ; cet air est accompagné dans l'Orchestre, & paroît l'être par la *musette* du Berger.

çant. La Bergere jette son panier, (*a*) & va s'asseoir sous un arbre.

(*a*) Air. *Ha! je n'm'en soucî guères, &c.*

SCÉNE IV.

LISETTE, LE PETIT BERGER.

ORCHESTRE.

Lisette boude (*a*) & s'endort. Le petit Berger (*) qui la voit de loin toute seule, se leve, & joue un second air sur sa musette. (*b*)

Il descent gayment du côteau, & s'approche en dansant. (*c*)

Il s'apperçoit qu'elle est endormie, (*d*) & va la tirer par son tablier. (*e*)

Il se retire, emporte le panier de la Bergere, pour le remplir de raisins, & après l'avoir rempli, il revient le poser à côté d'elle, sans faire de bruit. (*f*)

(*a*) Air. *Quand, quand finira mon tourment, &c.*

(*b*) Air. *A l'ombre d'un ormeau, Lisette, &c.*

(*c*) Air. *Qu'elle est jolie ma brunette! &c.*

(*d*) Air. *Nanon dormoit, &c.*

(*e*) Air. *Nanette, dormez-vous, &c.*

(*f*) Air. *Dormez Roulotte, &c.*

(*) Avant ce moment où le petit Berger s'avance vers Lisette, elle est cajolée dans la *Vallée de Montmorenci* par l'autre petit Berger *Coridon*, qu'elle rebute d'abord, dont elle se défait ensuite avec des bonbons, & qui se cache pour l'épier, pendant une partie de la *Pantomime*.

Elle continue de dormir (a) il prend une paille qu'il passe sur les lèvres de la Bergere, (b) qui s'éveille en se les frottant ; le Berger se cache derriere un buisson de fleurs.

La Bergere s'éveille entiérement (c) & paroît surprise de trouver son panier rempli à côté d'elle (d) elle entend le chant des oiseaux, (e) y prend plaisir (f) & appelle sa cousine Babet, pour l'aider à les attraper.

ORCHESTRE.

(a) Air. *Je sommeille, &c.*
(b) *Fin du même air.*
(c) Air. *Sçavez-vous quelle heure il est ? &c.*
(d) Air. *Ho! ho! ha! ha! &c.*
(e) *Chant d'oiseaux.*
(f) Air. *Rossignols amoureux, répondez à nos voix, &c.*

SCÈNE V.

LISETTE, BABET, LE PETIT BERGER *caché.*

ORCHESTRE.

Babet autre petite Bergere, cousine de Lisette, accourt avec un filet ; (a) elles approchent toutes deux du buisson avec précaution, & prennent le jeune Berger qui paroît enveloppé de leur filet ; elles en marquent

(a) *Chant d'oiseaux.*

leur surprise, (a) le délivrent & le caressent. (b)

Le Berger (*) les invite à danser (c) au son du *flageolet* dont il joue, (d) pendant qu'elles essayent quelques pas.

Lisette lui prend le *flageolet* dont elle veut jouer, mais elle n'y réussit pas. (e) Le Berger touche le *flageolet* (f) pendant qu'elle souffle dedans, & que Babet danse, (g) mais piquée de danser seule, celle-ci arrache le *flageolet*, & vient prendre le Berger pour danser avec elle;

ORCHESTRE.

(a) Air. *Ha! qu'il est drole, ha! qu'il est beau le franc moineau! &c.*

(b) Air. *Qu'il est joli! qu'il est gentil! il ressemble à l'amour, &c.*

(c) Air. *Ma charmante Javotte, &c.*

(d) Air *de flageolet.*

(e) Air. *Apprens-moi, cher Amant, comme il faut, comme il faut faire, &c.*

(f) Air. *La petite Lise, &c.*

(g) Air. *Le seul flageolet de Colin, &c.*

(*) Dans la *Vallée de Montmorenci*, le Berger leur offre un nid de rossignols qu'il a pris dans le buisson ; les deux Bergeres vont chercher chacune une cage ; Lisette est préférée, & la cage de Babet demeure inutile ; premier sujet de jalousie ; ce n'est que pour un moment que le petit Berger l'appaise avec un bouquet. Lisette triomphante attache sa cage aux arbres, après avoir vû Babet jetter la sienne de dépit. D'un autre côté le petit *Coridon* qui a observé l'empressement des Bergéres pour le nid de rossignols, vient le regarder de plus près, marque du mépris par ses gestes, & fait entendre qu'il va chercher un plus beau présent pour Lisette; il sort & revient, pendant le dépit de Babet, qu'il redouble encore, par la préférence qu'il donne aussi à Lisette ; il est accompagné de petits Bergers comme lui, qu'il engage à danser pour amuser sa Maîtresse, à laquelle il offre ensuite une pie qu'elle refuse ; pour la punir il en fait présent à Babet,

D iij

Lisette vient se mêler dans la danse, ce qui forme un *pas de trois*, qui exprime une jalousie. (*a*)

Lisette est préférée, & remercie son petit Amant; (*b*) Babet se retire en leur faisant des menaces.

ORCHESTRE.

(*a*) Air. *Pour le pas de trois.*

(*b*) Air. *Monsieur en vérité, vous avez bien de la bonté.*

SCÉNE VI.

LISETTE, LE PETIT BERGER.

Le petit Berger propose à son amoureuse de jouer à de petits jeux sur l'herbe; (*a*) ils s'asseient & jouent au *pied de* (*) *bœuf*; (*b*) le Berger attrape la main de la Bergere, qu'il ne veut pas

ORCHESTRE.

(*a*) Air. *Jou jou, sur l'herbette, &c.*

(*b*) Air. *Pour le pied de bœuf.*

qui l'accepte & lui donne la volée; Coridon court après sa pie, & sort avec ses petits camarades qui le suivent en se moquant de lui. La danse au son du *flageolet*, le badinage auquel elle donne lieu, & la colere jalouse de Babet, tels que dans les *Vendanges de Tempé*, succedent au départ de Coridon, & à la premiere jalousie de Babet. Ce badinage du flageolet, dans lequel souffle une Bergere, pendant qu'il est touché par un Berger, est un des sujets traités par Monsieur Boucher.

(*) Avant le *pied de bœuf*, ils se donnent mutuellement du raisin & des cerises, dans la *Vallée de Montmorenci*; ce sujet a aussi été saisi par M. *Boucher*.

lâcher qu'elle ne lui donne un baiser ; (a) elle s'en défend (b) & s'enfuit ; le Berger la poursuit (c) en dansant. Elle tombe assise & fatiguée sur un lit de gason, & se laisse baiser la main, ce qui lui cause beaucoup d'émotion, (d) aussi-bien qu'au Berger (e) qui se jette à ses genoux, (f) & lui baise encore la main en se relevant.

ORCHESTRE.

(a) Commencement de l'air : *Baise-moi donc, me disoit Blaise*, &c.

(b) Suite & fin du même air.

(c) Air de Borée dans le Ballet des Fleurs.

(d) *Quel moment charmant*, &c. vers la fin de la Parodie du pas de six de M. Rebel le pere.

(e) Air. *Je crois, Lison*, &c.
(f) Air. *Fanchon d'Amour je ressens les coups*, &c.

SCÉNE VII.

LISETTE, LE PETIT BERGER, BABET, MATHURIN.

ORCHESTRE.

La Bergere méprisée amène Mathurin (*) pere du petit Berger, qui le surprend (a) dans le temps qu'il veut embras-

(a) Air. *Morguél le vla?* &c.

(*) Dans la *Vallée de Montmorenci*, Babet amène Coridon qu'elle a été chercher, & lui fait observer la bonne intelligence de Lisette avec le petit Berger. Ensuite les deux jaloux se partagent ; Babet va chercher Mathurin, & Coridon Madame Macée.

D iv

ser sa Maîtresse (a) de façon qu'en se mettant entre eux deux, il reçoit un baiser de l'un & de l'autre. Il veut corriger son fils. (b) La petite Bergere l'arrête; (c) il s'attendrit pour elle, renvoye son fils, danse avec elle, (d) & chasse une seconde fois son fils avec colere, s'appercevant qu'il vient à la dérobée obtenir de légéres faveurs de sa Maîtresse. (e) Le petit berger pénétré de douleur, va s'appuyer contre un arbre, dans le fond du Théatre.

ORCHESTRE.
(a) Air. Ha! Thérèse, &c.

(b) Air. Flon, flon, &c.
(c) Air. Je viens devant vous, &c.
(d) Air pour le pas de deux.

(e) Air pour le pas de trois.

SCÉNE VIII. ET DERNIÉRE.

MATHURIN, LISETTE, LE PETIT BERGER, BABET, MADAME MACÉE.

ORCHESTRE.

Babet qui avoit disparu, après avoir amené Mathurin, rentre, & améne encore Madame Macée, dans le moment où Mathurin débarrassé de son fils, danse plus librement avec Lisette, (*a*) & veut lui déclarer ce qu'il sent pour elle, Madame Macée se met entre deux, ce qui couvre Mathurin de confusion. Elle se retourne vers sa fille, pour la punir d'oser danser avec un homme; (*b*) le petit Berger accourt, se met entre la mere & la fille, & demande grace. (*c*) Madame Macée s'adoucit, & présente la main au pere du Berger, qui consent que son fils épouse Lisette.

Les vendangeurs de retour de leur ouvrage, (*) forment le Ballet général. (*d*)

Pas de deux de *Sabotiers*. (*e*)

ORCHESTRE.

(*a*) Continuation de l'air du *pas de deux*.

(*b*) Air. *Flon, flon, &c.*

(*c*) Air. *Je viens devant vous, &c.*

(*d*) Air. *Les vendangeuses de Couprin.*

(*e*) Air *pour le pas de deux des Sabotiers. Vuidons les pots & la bouteille, &c.*

─────────

(*) Avant le Ballet général, Mathurin, Madame Macée, Lisette & le petit Berger forment un pas de quatre, dans la *Vallée de Montmorenci*, & ce pas de quatre devient pas de six un moment après, parce que Babet & Coridon se consolent ensemble du mauvais succès de leurs tracasseries, & se mêlent en dansant aux quatre premiers.

D v

Branle pour finir. (*a*)
Le petit Berger emméne son accordée. (*b*)

ORCHESTRE.
(*a*) Air. *Ma mere aux veignes m'envoyit*, &c.
(*b*) Air. *Adieu paniers, vendanges sont faites.*

MUSETTE CHANTÉE PAR Mlle FAVART, (*) presque au commencement de la *Vallée de Montmorenci*, Ballet *Pantomime*.

Raisonnez ma musette,
Pour attirer Lisette,
Et que vos plus beaux airs
Eclatent dans les airs ;

Que l'écho les repéte,
Et porte à ma brunette,
Sur l'aîle des zéphirs,
Mes amoureux soupirs.

A ce troupeau timide,
Un berger sert de guide ;
Un jeune objet vainqueur,
Gouverne ainsi mon cœur.

L'agneau n'ose à la plaine
Courir, sans qu'on l'y mêne ;
Hélas ! un tendre Amant,
Est moins libre en aimant.

Je vois venir Lisette ;
Taisez-vous ma Musette ;
Amour, conduis ses pas :
Echos, ne parlez pas.

———————————————
(*) Elle est habillée en Berger pendant tout le Ballet, où elle remplit le role du *petit Berger*. Voyez la note qui a rapport à la premiére scéne des *Vendanges de Tempé*, au bas de la page 74.

L'Amour Rossignol, Ronde chantée par la même, (*) à la fin du même Ballet.

Par un matin, Lisette se leva,
Et dans le bois, seulette s'en alla.
Ta la la la la la la la la re la.

✻

Elle cherchoit des nids deçà, de-là;
Dans un buisson, le rossignol chanta.
Ta la la, &c.

✻

Tout doucement elle s'en approcha.
Sçavez-vous bien ce qu'elle dénicha ?
Ta la la, &c.

✻

C'étoit l'amour ; l'amour l'attendoit là.
Le bel oiseau, dit-elle, que voilà !
Ta la la, &c.

✻

La pauvre enfant le prit, le caressa ;
Sous son mouchoir, en riant, le plaça.
Ta la la, &c.

✻

Son petit cœur aussi-tôt s'enflamma.
Elle gémit, & ne sçait ce qu'elle a.
Ta la la, &c.

✻

Elle s'en va se plaindre à son papa ;
En lui parlant, la belle soupira.
Ta la la, &c.

✻

Le bon papa qui s'en doutoit déja,
Lui dit : Je sçais un remède à cela.
Ta la la, &c.

─────────────────────────

(*) Toujours en Berger.

Il prit l'Amour, les ailes lui coupa ;
D'un double nœud fortement le lia ;
Ta la la, &c.

Dans la volière ensuite il l'enferma :
Chantez fripon autant qu'il vous plaira.
Ta la la, &c.

Jeunes beautés que l'amour guettera,
Craignez le tour qu'à Lisene il joua.
Ta la la, &c.

Heureusement la belle s'en tira ;
Mais on n'a pas toujours ce bonheur-là,
Ta la la la la la la la la re la.

Sujets manuscrits de la Pantomime & du Ballet.

VENDANGES (les) DU HAZARD. Voyez *Vendanges (les) de Champagne.*

VENDANGEURS (*) (les Enfans) Ballet Pantomime dansé au Théatre Italien à la fin de la Comédie Italienne intitulée *Le Prince de Salerne.* La première représentation est, par conséquent, du même jour que celle de la Comédie, c'est-à-dire, du Samedi 24 Septembre 1746. Voyez *Prince (le) de Salerne.*

Le Ballet des *Enfans vendangeurs*, composé par le Sieur *Sodi*, (**) voyez *Sodi (Pierre)* & exécuté d'original par la Demoiselle *Véroneze* cadette (*Camille*) & le Sieur *Du Bois*, éléve du Sieur *Sodi*, eut beaucoup de part à l'étonnant

---

(*) Ce Ballet a aussi été donné sous le titre *des Chasseurs*, mais l'autre titre a prévalu.

(**) La Musique en est Italienne, & a été fournie par l'Auteur du Ballet.

succès du *Prince de Salerne*. Il a depuis été repris avec la même réussite, par le fils du Sieur *Vincent Vicentini*, & la Demoiselle *Foulquier* (*Catinon*) à la suite du *Retour de la Paix*, Comédie de M. de *Boissi*, le Samedi 22 Février 1749.

L'un des tableaux que présente ce Ballet a été saisi par le Sieur *Marvie* dessinateur, & gravé d'après son dessein, par le Sieur *Horcolli*, jeune Graveur Danois. Le *Mercure de Janvier* 1747. *pag.* 140 l'appelle *Horcolli*. L'Auteur remarque au même endroit, qu'on reconnoît aisément dans l'estampe les graces naissantes de la Demoiselle *Camille*; nous croyons faire plaisirs à nos Lecteurs de les mettre à portée de juger par eux-mêmes de cette ressemblance. L'Estampe se vend au *Louvre, jardin de l'Infante, chez le Sieur Marvie*; elle est ornée d'une inscription en vers que voici, mais dont l'Auteur nous est inconnu :

  Ces deux Danseurs, presqu'en naissant,
Par leur danse ingénue embellissent la scène,
  Et dans l'âge où l'on sent à peine,
  Ils expriment tout ce qu'on sent.

Voici le sujet des *Enfans Vendangeurs* en peu de mots, tels que nous le trouvons décrit dans le *Mercure d'Octobre* 1746. page 163.

« La Piéce (*le Prince de Salerne*.) finit par
» un Ballet *Pantomime* ingénieusement dessiné,
» où le *signor Sodi* donne du Comique, après
» avoir donné du gracieux & du noble (*) au

___

(*) La Cour de Neptune fait le sujet de ce premier divertissement. La Demoiselle *Camille* & le Sieur *Du Bois* n'y ont pas moins brillé dans le genre noble, que dans le genre comique, à la fin de la piéce.

» premier acte. On voit d'abord descendre des
» Chasseurs d'une montagne, suivis de gibier
» porté par leurs valets. Dans le temps que leurs
» danses expriment leur satisfaction, une petite
» vendangeuse & un petit vendangeur paroif-
» sent sur le côteau, remplissent leurs hottes
» de raisin, & joignent les Chasseurs, qui après
» les avoir intimidés par leurs fusils, & dépouil-
» lés de leur vendange, les rassurent en la leur
» payant libéralement. Les charmans petits sup-
» pots de Bacchus dédommagés & contens,
» signalent leur reconnoissance & leur joie par
» un *pas de deux* très-plaisant, & parfaitement
» exécuté. On se doute bien que le petit vendan-
» geur est Monsieur *Du Bois*, & que la petite
» vendangeuse est la charmante *Camille*, de qui
» les graces jeunes & brillantes croissent tous les
» jours. »

VENGEANCE, (la) Tragédie. Voyez *Alboin*.

VENGEANCE (la) COMIQUE, Comédie Françoise au Théatre Italien, trois actes en prose, de M. d'*Alençon*, première représentation du Dimanche (*) 26 Juin 1718. Le fond de cette piéce *dont tout le comique consiste dans le titre*, si l'on en croit une remarque de M. de *Charni*; (Voyez *les lettres de Charni sur la Comédie Italienne, lettre 4, page 37.*) est tiré des *Contes*

___

(*) Cette date singuliere, mais dont on trouvera cependant plus d'un exemple dans ce Dictionnaire, est copiée exactement d'après un Journal *Manuscrit* du Théatre Italien de M. *De La Roque*, ancien Auteur du Mercure ; ce Journal commence à l'arrivée des Comédiens Italiens en 1716. quoique l'Auteur n'ait eu le privilége du Mercure que quelques années après.

Arabes, autrement dit *les Mille & une nuit*. M. *Gallet* a traité le même sujet dans l'*Opéra Comique* intitulé : *Le double Tour*, ou *le Prêté rendu* ; voyez l'Extrait de cet *Opéra Comique* à l'article *Tour*, (*le double*) ou le *Prêté rendu*, qu'on pourra comparer avec celui que nous allons donner de la Comédie dont il est question dans cet article ; elle n'a point été imprimée, & n'a été représentée que trois fois.

ACTEURS.

LÉLIO, *Podestat de Milan, amoureux de Flaminia.*
PANTALON, *pere de Scaramouche & de Flaminia.*
SCARAMOUCHE.
FLAMINIA.
MARIO, *fils d'Octavio, ami de Pantalon, à qui Flaminia a été promise en mariage.*
ARGENTINE, *Suivante de Flaminia.*
TRIVELIN, *Valet de Lélio.*
ARLEQUIN, *Valet de Mario.*
SCAPIN, *Marchand.*
COURTE-BOTTE, *fille de Scapin, bossue & toute contrefaite.*
UN EXEMPT.

La scène est à Milan.

Lélio est Podestat à Milan, & fort âgé. Il s'est mis en tête de vouloir épouser Flaminia, fille de Pantalon, qui est un des premiers de la ville ; Flaminia est jeune & jolie, & ne sçauroit souffrir Lélio, & Pantalon lui a déclaré sans détour que ce qu'il souhaitoit étoit impossible, attendu que sa fille devoit épouser Mario à qui elle étoit promise, & qu'on attendoit de Rome de jour en jour. Arlequin valet de Mario arrive à Milan, & vient raconter à Argentine & à Trivelin ses anciens amis, le malheur qui est arrivé à son Maître & à lui; ils ont été attaqués, dit il, par des voleurs auprès de Milan, & il craint que son Maître n'ait été tué, ayant, lui Arlequin, trouvé à propos de décamper avant la fin du combat, avec la valise de son Maître, afin de conserver quelque chose qui put le faire ressouvenir de lui. Trivelin profite de ce qu'Arlequin vient de lui dire de la mort de son Maître, pour en avertir Lélio, parce que Mario qui devoit épouser Flaminia étant mort, Lélio trouvera peut-être moins de difficulté pour obtenir Flaminia. Mais il est encore rebuté de Pantalon, qui ne veut pas absolument la lui accorder. Cependant Mario qu'Arlequin croyoit mort n'a pas seulement été blessé, mais les voleurs qui l'ont pillé, l'ont obligé de rester quelques jours avec eux, de crainte que Mario ne les découvrît si on le laissoit aller. Cela n'empêche pas que ces mêmes voleurs ne soient arrêtés par le Prevost, & Mario est pris comme un voleur, ayant été trouvé avec les autres. On les conduit à Milan devant le Podestat, qui les fait mettre en prison, & Mario a beau raconter son avanture, & dire qu'il n'est pas voleur, on ne l'en confond pas moins avec les autres. Cependant Lélio outré des mépris de Flaminia prend la résolution de s'en venger d'une maniere assez singuliere. Il reçoit d'abord Arlequin à son service, pour avoir occasion de fouiller dans la valise de son Maître, où il trouve justement une lettre du pere de Mario pour Pantalon, dans laquelle il est parlé du mariage de leurs enfans. Cela engage encore plus Lélio à exécuter le projet qu'il a fait de se venger de Flaminia, qui est de faire passer un des voleurs qu'il tient en prison pour Mario, & de le faire épouser à Flaminia. Le Podestat en fait venir un qui est justement Mario, & lui dit qu'il ne tiendra qu'à lui d'avoir la vie sauve, pourvu qu'il veuille passer pour un nommé Mario qui venoit de Rome pour épouser Flaminia. Mario est fort étonné, & ne sçait à quoi attribuer cette supposition, parce qu'il ne sçait pas qu'Arlequin l'a fait passer pour mort. Enfin Lélio le fait habiller proprement, & le présente à Pantalon & à Flaminia, comme si le pere de Mario le lui avoit adressé : à la vue de la lettre que Lélio a trouvée dans la valise, on fait à Mario l'accueil le plus gracieux du monde, & Pantalon le conduit chez lui. Cependant Lélio ayant quelque soupçon que Trivelin pourroit découvrir la piéce qu'il vient de faire à Flaminia, se détermine à s'en debarasser, & il le charge pour cela d'une lettre pour porter à Génes. Mais Arlequin qui trouve Trivelin sur ses pas, s'y oppose, & ne veut pas que son camarade le quitte, parce qu'il aura, dit il, plus d'ouvrage chez son Maître quand il sera tout seul de domestique. Il engage Trivelin à ouvrir la lettre, & ils trouvent que Lélio prie celui à qui elle est adressée de faire embarquer Trivelin pour les Indes ; celui-ci en est si fâché, de même qu'Arlequin, qu'ils vont chez Pantalon, pour lui dire que ce jeune homme qui est chez lui, & qui se dit Mario, est un voleur de grand chemin; que le véritable Mario qui venoit pour épouser Flaminia, a été tué, & que personne n'étoit mieux en état d'en rendre témoignage qu'Arlequin, puisqu'il étoit son valet, & l'avoit accompagné dans son voyage. Pantalon dit aussi tôt à sa fille ce qu'il vient d'apprendre, & chasse Mario de sa maison; celui-ci ne sçait plus que s'imaginer de la folie de Pantalon, qui après l'avoir reconnu pour Mario, le chasse de chez lui comme un voleur. Il trouve enfin son valet Arlequin, après avoir été fort embarrassé de sçavoir ce qu'il étoit devenu. Arlequin n'est pas peu effrayé de revoir son Maître qu'il croyoit mort; Mario après l'avoir rassuré, lui raconte toute l'avanture des voleurs, comme il avoit été arrêté avec eux, & comme le Podestat s'étoit voulu servir de lui pour tromper Pantalon & Flaminia, &c. Cependant Pantalon est fort outré contre le Podestat du tour qu'il lui a fait, & envoye chercher Scaramouche son fils pour l'aider à en tirer raison. Mario se présente encore à Pantalon & à Flaminia, pour tâcher de les désabuser, mais il n'en peut venir à bout qu'à l'arrivée de Scaramouche, qui court à Mario pour l'embrasser dès qu'il l'apperçoit. Pantalon qui prend toujours Mario pour un voleur de grand chemin, est fort étonné de ce que son fils a d'aussi mauvaises connoissances. Enfin, Scaramouche le détrompe, & l'assure que c'est là le véritable Mario, fils d'Octavio, qu'il a vu à Rome depuis peu, & le même qui doit épouser Flaminia; Mario, après cet eclaircissement, rentre en grace auprès de Pantalon, qui lui fait des excuses sur ce qui s'est passé. Cependant Argentine est si fâchée contre le Podestat du tour qu'il a voulu jouer à sa Maîtresse, qu'elle veut aussi lui jouer un tour de son métier; voici comment elle s'y prend; quand tout le monde est rentré, elle va trouver le Podestat, avec un voile sur sa tête, pour lui porter ses plaintes de ce que son pere & sa mere ne font que la maltraiter, & qu'ils font accroire à tout le monde qu'elle est bossue & toute contrefaite. Il faut remarquer que Scapin Marchand de la ville de Milan a une fille tournée à peu près de même, & qu'on ne peut voir sans horreur, & Argentine se dit la fille de Scapin. Le Podestat oblige la plaignante à ôter son voile, afin qu'il puisse juger si ce que son pere publie est vrai ou faux. Il est bien étonné de voir une fille si jolie & si bien faite; il la trouve si à son gré, qu'il lui dit qu'il ne tiendra qu'à elle de sortir de chez son pere pour se marier avec lui. Argentine répond qu'il veut appatemment se moquer d'elle, & qu'on lui a dit qu'il se proposoit pour épouser toutes les filles qu'il voyoit; que cependant elle aimeroit fort à devenir sa femme, pourvu qu'il en obtint l'agrément de son pere. Le Podestat ne manque pas d'envoyer aussi-tôt chercher Scapin, pour lui demander sa fille en mariage. Scapin croit que le Podestat a perdu l'esprit, ou que c'est par raillerie qu'il feint de vouloir épouser sa fille dans l'état où elle est. Le Podestat lui dit qu'il sçait bien comme elle est faite, &

pour marquer qu'il parle sérieusement, il propose au pere de confirmer leur engagement mutuel par un dédit de deux mille écus. Scapin le prend au mot, & s'en va le plus content du monde, avec l'écrit du Podestat. Lélio vient pour apprendre à Pantalon & à sa fille qu'il va se marier aussi avec la plus jolie fille de Milan, qui est celle de Scapin; tout le monde se récrie là dessus, & l'on a de la peine à se persuader une telle extravagance; on fait venir cette fille qui arrive avec des béquilles; le Podestat dit que ce n'est pas-là la fille de Scapin, ou qu'apparemment il en a une autre jolie & bien faite; Scapin l'assure du contraire, & l'arrivée d'Argentine achéve de l'en convaincre, puisqu'elle dit au Podestat que c'est elle qui a voulu le marier à la fille de Scapin, pour le consoler d'avoir manqué sa Maîtresse, mais que puisqu'il est si difficile, il en sera quitte pour payer les deux mille écus du dédit. Enfin le pauvre Podestat sert de risée à toute la compagnie; Mario épouse Flaminia, Argentine épouse Arlequin, & le Podestat est mis en prison par ordre du Gouverneur, pour le tour qu'il a voulu jouer à Pantalon & à sa fille. *Extrait Manuscrit communiqué.*

VENGEANCE (la) D'ARLEQUIN, Canevas Italien en trois actes, de la composition du Sieur *Gandini*, qui y joua avec succès sous le masque d'*Arlequin*, en l'absence du Sieur *Bertinazzi* (*Carlin*) premiére représentation du Mercredi 30 Août 1747. Cette piéce porte aussi le nom des *Métamorphoses d'Arlequin*, (*Personaggi d'Arlechino*) Quoiqu'elle n'ait rien de commun avec un autre Canevas Italien représenté sous ce même titre à la fin de l'année 1739. pour le début du Sieur *Constantini*. Voyez les deux articles *Métamorphoses (les) d'Arlequin*; il faut seulement observer à l'égard du second, qu'il s'y est glissé une faute d'impression capable d'induire en erreur, si l'on n'en étoit pas averti, & qu'au lieu du Mercredi 30 Août, on a mis le Mercredi 3. on y a aussi obmis celui des deux titres de ce Canevas sous lequel nous l'employons ici; d'ailleurs, l'Auteur a bien voulu nous confier depuis le Canevas même dont nous allons donner l'extrait.

ACTEURS.

LE DOCTEUR, *pere de Flaminia, qui ne paroit point dans la piéce.*
CÉLIO, *Amant de Flaminia.*
MARIO, *amoureux de Flaminia.*
CORALINE.
PANTALON, *amoureux de Coraline.*
ARLEQUIN, *aussi amoureux de Coraline.*
SCAPIN, *ami d'Arlequin, & aimé de Coraline.*
DES PAYSANS.
UNE OMBRE.

La scéne est dans un bois & dans une maison de campagne du Docteur qui en est voisine.

ACTE I.

Le Théatre représente un bois & une maison de campagne sur le côté.

Mario ouvre le premier acte avec le Docteur auquel il demande sa fille Flaminia en mariage; le Docteur se défend de la lui accorder, sur ce qu'il ne veut pas manquer de parole à Célio à qui elle est promise, & qui est fort riche; Mario lui promet de le mettre en possession d'un trésor s'il obtient sa fille; le Docteur la lui promet à cette condition, & ils sortent ensemble, le Docteur pour aller voir le trésor, & Mario pour le lui montrer. Coraline entre avec Arlequin qui lui présente un levreau qu'il a tué à la chasse, mais Coraline *n'aime*, dit-elle, *que les perdrix*; Arlequin promet de lui en apporter; alors elle lui déclare nettement que tous ses empressemens seront inutiles, & qu'elle est amoureuse de Scapin. Arlequin fait des bravades, & veut aller tuer Scapin qui entre dans ce moment; Coraline va au devant de lui, & lui fait mille caresses, que Scapin reçoit fort bien, au grand regret d'Arlequin. Coraline dit à Scapin qu'Arlequin est leur ennemi commun; Scapin lui reproche doucement sa dureté pour son ami, & sur ce que Coraline ajoûte qu'elle ne veut aimer ni épouser que lui, il répond qu'il n'a point de goût pour le mariage; Coraline sort en lui jurant une haine mortelle, & le menaçant de se venger de ses mépris. Arlequin se plaint de son malheur; Scapin le console, lui offre son secours, lui conseille de promettre à Coraline de le tuer pour la venger, si elle veut consentir à l'épouser, & ils s'en vont. Mario rentre avec le Docteur auquel il a montré le trésor, en lui promettant de le lui donner aussitôt qu'il lui aura fait épouser Flaminia; le Docteur lui dit qu'il n'a qu'à venir chez lui sur le soir, & qu'il l'y recevra pour convenir de leurs faits, à la place de Césio, à qui il a donné parole pour la même heure ; ils sortent encore. Coraline rentre à son tour, en disant qu'elle est résolue de se donner au premier qui la vengera de Scapin ; Arlequin se présente à elle, elle le rebute ; il lui promet avec des *lazzis* & des gestes fanfarons de la défaite de Scapin ; elle consent à l'épouser à ce prix, mais elle veut voir mort l'objet de sa haine ; Arlequin lui dit avec de nouveaux *lazzis* qu'elle sera contente ; elle sort, & Scapin entre ; Arlequin & lui concertent les moyens de la tromper, par le moyen d'une espèce de fosse qu'on voit dans le bois, dans laquelle Scapin se couchera en contrefaisant le mort ; en même temps Scapin entre dans ce trou, & Arlequin se retire. Pantalon arrive en regardant de tous côtés, pour s'assurer s'il n'est point observé ; il dit qu'il a vû cacher dans un endroit du bois qu'il montre, une cassette qui renferme un trésor, & qu'il viendra l'enlever pendant la nuit. Coraline survient ; Pantalon lui parle d'amour, mais elle lui dit qu'elle ne prétend point épouser un vieillard. Pantalon, après lui avoir demandé le secret, lui proteste qu'elle deviendra la Maîtresse d'un trésor en l'épousant ; Coraline se radoucit à ce mot de trésor. Pantalon lui promet de la venir prendre pour l'aller chercher ensemble pendant la nuit prochaine ; il sort, & Coraline qui demeure voit arriver Arlequin tout joyeux, qui se vante d'avoir tué Scapin ; Coraline demande à voir le cadavre ; Arlequin la conduit au trou dans lequel Scapin est caché ; elle veut l'en tirer ;

Arlequin l'en dissuade, & elle se contente d'accabler son ennemi d'injures. Arlequin lui demande l'éxécution de sa promesse; elle veut sçavoir avant s'il est riche; il convient que non; là-dessus elle lui déclare qu'elle veut que son mari ait du bien; il la menace de la sommer en justice de lui tenir parole, puisqu'il lui a tenu la sienne; elle lui répond que c'est le moyen de se faire pendre, s'en va en se moquant de lui, & le laisse au désespoir. Scapin sort du trou, l'aborde, & avec beaucoup de *lazzis*, lui apprend ce qu'il vient d'apprendre lui-même touchant le trésor; ils voient approcher la nuit, & se retirent ensemble, pour aller chercher les outils nécessaires, afin de s'en emparer, & de prévenir ceux qui ont le même dessein qu'eux. Pantalon paroît armé d'une pelle & d'une pioche; il est accompagné de Coraline toute tremblante, que Pantalon rassure, en lui disant qu'ils peuvent marcher hardiment à la clarté de la lune qui vient de se lever. Le Théatre change & représente un enfoncement du bois, dans lequel est un espace éclairé par la lune, où l'on ne voit que quelques arbres isolés. Scapin paroit avec une cassette; Arlequin avec des ustenciles pareils à ceux qu'on a vus à Pantalon; il marque beaucoup de frayeur; Scapin l'encourage; ils déterrent la cassette au trésor, mettent à la place celle qu'ils ont apportée, & la couvrent de terre. Une ombre paroît, leur donne je ne sçais quel écrit, & leur apprend qu'il contient le secret de réussir dans leurs entreprises. Après avoir marqué beaucoup d'épouvante, ils s'enfuient avec le trésor, & le présent du fantôme.

Ils

Ils sont remplacés par Pantalon & Coraline qui déterrent la cassette, qu'Arlequin & Scapin viennent de substituer à celle qu'ils ont enlevée ; ils l'ouvrent avec empressement, ils en voyent sortir un cochon qui culbute Pantalon dans sa course, & ils se sauvent de frayeur. C'est ainsi que le premier acte finit.

ACTE II.

Le Théatre représente encore le bois & la maison de campagne, comme au premier acte, mais dans une autre situation, avec un rocher de l'autre côté de la maison.

Mario paroît avec le Docteur qui lui renouvelle ses promesses, & il sort pour en attendre l'effet. Célio paroît à son tour, & frappe à la porte du Docteur, qui vient de rentrer chez lui, pour le sommer de sa parole; le Docteur paroît, & demeure interdit à sa vûe ; il lui dit que le mariage dont il est question ne peut se conclure sitôt, & qu'on n'a fait encore aucuns préparatifs; Célio lui en représente l'inutilité ; le Docteur veut le quitter avec froideur, mais Célio entre hardiment chez lui, & le Docteur n'a pas la force de le suivre. Mario survient, & ayant vû entrer Célio chez le Docteur, il en conclut que celui-ci lui manque de parole, & lui dit qu'il va changer son trésor de place. Le Docteur, confus & mécontent, rentre dans sa maison. Coraline paroît avec Pantalon ; elle l'accuse de l'avoir trompée, & veut le chasser; celui-ci jure qu'il découvrira le voleur du trésor ; Arlequin arrive, Coraline lui fait des caresses, pour faire dépit à

Tome VI. E

Pantalon, & l'appelle son petit mari. Pantalon veut battre Arlequin; Coraline s'y oppose; Arlequin, encouragé par l'intérêt qu'elle paroît prendre à lui, chasse Pantalon à coups de batte. Dès que le vieillard est parti, Coraline rebute Arlequin qui veut l'embrasser, & ne lui cache point le motif du bon accueil qu'elle vient de lui faire. Scapin qui a tout entendu, & qui s'est caché pendant cette scène, se met entre eux deux, & dit à Coraline: *Tu l'épouseras malgré toi.* Coraline qui le croit mort, est fort effrayée; Arlequin fait semblant d'avoir aussi grande peur, & dit à Coraline qu'il n'y a pas un moment à perdre; elle ne peut se résoudre à obéïr; Scapin la menace de la poursuivre jusqu'au dernier soupir, si elle persiste dans ses refus; l'épouvante de Coraline redouble; enfin Scapin veut la saisir, en lui disant: *épouse-le tout-à-l'heure,* & elle se sauve en faisant un grand cri. Arlequin & Scapin demeurent seuls, & Scapin explique à son ami le secret dont le fantôme leur a fait part, & lui fait répéter les paroles dans lesquelles il consiste; ensuite ils se retirent. Le Docteur & Célio paroissent; ce dernier fait de vifs reproches à l'autre sur son manque de parole, jure de s'en venger, & le quitte avec colère; Mario qui survient ne le traite pas mieux; il l'accuse d'avoir enlevé le trésor qu'il lui a fait voir, & le quitte aussi tout furieux, après l'avoir menacé de le tuer, s'il ne le lui restitue. Le Docteur demeure fort ému; Pantalon qui arrive lui en demande la cause; le Docteur lui rend compte des soupçons de Mario, & Pantalon lui fait part des siens, au sujet d'Arlequin, en les rendant les plus vrai-semblables qu'il lui est possible ; le Docteur prie Pantalon de le secourir, & ils conviennent ensemble d'assembler du monde & de se saisir d'Arlequin, pour lui faire avouer son vol ; en même temps ils sortent pour mettre la main à l'œuvre. Scapin paroît avec Célio, qu'il tâche d'adoucir sur le compte du Docteur, à qui celui ci veut absolument demander raison de l'insulte qu'il lui a faite. Scapin l'assure qu'il ne sera pas nécessaire qu'il en vienne à ces extrémités ; que Flaminia l'aime, & l'a prié lui Scapin de servir son Amant ; qu'il lui a promis de le faire, & qu'il sçaura tenir sa promesse ; il l'emméne ; les deux vieillards entrent ensemble, suivis de plusieurs paysans, & paroissent chercher Arlequin. Coraline paroît ; elle n'est point revenue de sa peur, & raconte tout haut qu'Arlequin a tué Scapin pour lui plaire, & dans l'espérance de l'épouser, & qu'à présent elle n'a pas un moment de repos, & est sans cesse persécutée du meurtrier, ou de l'ombre du mort. Le Docteur à ces mots, se promet de faire punir bientôt Arlequin de tous ses crimes, & Pantalon s'avance vers Coraline, en la priant de leur expliquer ce qu'elle vient de dire au sujet de Scapin ; au nom de Scapin & à l'aspect imprévu de Pantalon, Coraline jette un grand cri, & s'enfuit. Le Docteur & Pantalon demeurent & disent qu'il ne faut rien négliger pour trouver Arlequin ; dans ce moment on entend la voix de celui qu'ils cherchent ; on le voit paroître l'instant d'après ; le Docteur, Pantalon & leur séquelle le poursuivent & le félicitent ironiquement, sur l'acquisition d'un trésor qu'il vient

E ij

de faire ; il en convient après plusieurs *lazzis*; on veut l'obliger à le rendre ; il se sauve derriere un rocher, & ses ennemis qui ne veulent pas quitter prise, sont fort surpris de ne trouver à la place qu'un singe qui s'élance sur eux, & les met en fuite ; c'est apparemment un des effets du secret que le fantôme leur a enseigné à Scapin & à lui. Ce singe termine le second acte comme le premier acte a été terminé par un cochon.

Acte III.

Le Théatre redevient comme au commencement du premier acte.

Pantalon & le Docteur commencent le troisiéme acte ; ils sont encore tout effrayés, & disent qu'assurément Arlequin est un sorcier. Scapin vient se mettre sans dire mot entre les deux vieillards, qui en ont grand peur, parce qu'ils le croient mort sur la parole de Coraline. Scapin les désabuse, & sur ce qu'ils accusent Arlequin de l'enlévement du trésor, il promet de le faire retrouver, à condition que le Docteur ne songera plus à donner sa fille à Mario, qui d'ailleurs va avoir plus d'une affaire sur les bras, d'autant que beaucoup de personnes ont porté plainte contre lui en justice, au sujet d'un grand nombre de promesses de mariage, par lesquelles il s'est engagé avec plusieurs de ses Maîtresses ; Scapin assure qu'il a parlé lui-même aux témoins qui déposent contre Mario, & offre de les faire venir chez le Docteur, si celui-ci le souhaite. Le Docteur le prend au mot, & rentre chez lui avec Pantalon, & Scapin demeure sur la scéne. Célio entre ; Scapin l'avertit qu'il sera bon qu'il se trouve dans un moment chez le Docteur, parce qu'Arlequin, selon ce qu'ils viennent de concerter ensemble, se dispose à venir y porter différents témoignages contre Mario, sous plusieurs différentes figures qu'il est convenu d'emprunter. Scapin parle ensuite à l'oreille de Célio, & ils entrent ensemble chez le Docteur. Le Théatre change, & représente un appartement de la maison de ce dernier ; on y voit entrer le maître du logis, suivi de Pantalon & de Scapin, qui lui donne la liste des témoins, & sort pour les introduire, & à mesure que Pantalon, la liste à la main, les appelle : ils entrent les uns après les autres, ou plutôt Arlequin rentre à plusieurs reprises sous différents travestissements. (*) L'interrogatoire est interrompu par Mario, qui dans le temps que Scapin vient de sortir pour ramener Arlequin sous quelque nouvelle forme, entre avec Coraline, & veut absolument tuer le Docteur, malgré les efforts que fait cette fille pour le retenir. Célio paroît, & prend la défense du Docteur, qui reprenant courage, accuse Mario d'avoir contracté des engagements pour le mariage avec plusieurs personnes. Mario le dément. Pantalon dit qu'il est aisé de le convaincre, en lui opposant les témoins que Scapin vient d'in-

---

(*) Ce jeu de Théatre s'exécute comme celui de la *Vengeance de Scaramouche*, acte quatrième, au moyen d'une armoire qui est sur la scéne. Voyez *Vengeance (la) de Scaramouche*, note au bas de la page, relative à la fin du quatrième acte ; ces travestissements sont censés de véritables *métamorphoses*, & sont un nouvel effet du secret communiqué par le fantôme.

troduire. Coraline soutient que cela ne se peut, puisque Scapin est mort; on la détrompe, & le Docteur appelle le mort prétendu, pour le confronter à Mario. D'abord Scapin se trouble, mais il se remet bientôt, & accuse Mario qui veut l'assommer; Arlequin survient à propos pour tirer son ami d'affaire; il enchante Mario, & le rend immobile; c'est encore un effet de la protection du fantôme. Enfin, Arlequin promet de rendre la moitié du trésor, dont la perte a si fort irrité Mario, à condition que l'autre moitié lui demeurera à partager entre Scapin & lui, que Coraline consentira à l'épouser, & que Flaminia épousera Célio. Il les menace tous de faire enlever dans les airs par les esprits qui sont soumis à ses ordres, celui d'entre eux qui ne se conformera point promptement à ses intentions. On juge bien que personne n'est d'humeur à s'exposer au danger de lui déplaire, ainsi l'on convient de tout; le Docteur remplit ses premiers engagements avec Célio, en lui accordant Flaminia sa fille; Coraline renonce à Scapin, & se marie avec Arlequin; & la Comédie finit. *Extrait manuscrit.*

VENGEANCE (la) D'ARLEQUIN, petite piéce Italienne représentée pour la premiere fois à la suite du *Faucon*, le Vendredi 9 Janvier 1750. *Sans Extrait.*

Ce Canevas ne nous est connu que par les *Affiches de Boudet*, & nous n'avons pû même découvrir en combien d'actes précisément il a été joué, ni s'il l'a été plus d'une fois. Ce qu'il y a de sûr, c'est que ce n'est pas la même piéce que la précédente, qui n'a jamais été reprise,

& qui d'ailleurs est trop longue pour avoir été précédée du *Faucon*, à moins qu'on ne l'eut réduite en un ou deux actes, & donnée en cet état à l'insçu du Sieur *Gandini* qui désavoue cette seconde *Vengeance d'Arlequin*, quoique sous ses yeux, ce qui n'est pas vraisemblable. Nous pencherions plutôt à croire qu'il s'agit ici de quelqu'une des piéces dont il est fait mention dans ce *Dictionnaire* sous un autre titre, ce qui est toujours fort difficile à vérifier au Théatre Italien. (*)

VENGEANCE (la) DE L'AMOUR, Comédie en cinq actes & en vers, de M. *Jolly*, représentée le Jeudi 14 Décembre 1721. non imp. *Hist. du Théatre Franç.* année 1721.

VENGEANCE (la) DE L'AMOUR, Tragédie lyrique. Voyez *Aréthuse*.

VENGEANCE (la) DE MELPOMÉNE, Opéra Comique en un acte, de M. *Fleury*, représenté le Jeudi 12 Juillet 1753. suivi du *Suffisant*, du *Mariage*, du *Caprice & de la Folie*, & de la *Mort de Goret*, non imp.

VENGEANCE (la) DE SCARAMOUCHE, Canevas Italien en cinq actes, de la composition du Sieur *Gandini*, qui a débuté dans cette Comédie le Lundi 13 Septembre 1745. jour de

_____

(*) Après bien des recherches, nous avons eu lieu de soupçonner qu'il s'agissoit en effet des *Métamorphoses d'Arlequin*, Piéce jouée en 3 actes, pour le début du Sieur *Constantini*. (Voyez *le premier article des Métamorphoses d'Arlequin*,) & que nous supposions avoir été depuis réduites en un ou deux actes ; mais M. *Sticoti* (*Fabio*) nous a donné des preuves tellement circonstanciées du contraire, que nous nous sommes trouvés réduits à en revenir à notre première incertitude.

E iv

la première représentation de la piéce, par le role de *Scaramouche*, (Voyez *Métamorphoses* (*les*) *de Scaramouche*,) Elle fut aussi représentée sous ce titre, qui est à peu près celui que porte le Canevas en Italien (*Perſonaggi di Scaramuccia;*) mais outre qu'on a obmis dans l'article *Métamorphoses* (*les*) *de Scaramouche*, celui des deux titres de cette piéce ſous lequel nous l'annonçons ici, c'eſt qu'il s'y eſt gliſſé deux erreurs; la premiere touchant la date de la premiere repréſentation; on y lit qu'elle eſt du Jeudi 23 Septembre, au lieu qu'elle eſt en effet du Lundi 13. L'autre erreur regarde le nombre des actes de la piéce. Elle eſt partagée en cinq, & non en trois, comme on l'a avancé, ſur la foi d'une note peu exacte. Voyez aussi l'article *Gandini* (*N.....*) où il eſt parlé de la *Vengeance de Scaramouche*, à l'occaſion du début de ſon Auteur, mais le titre de *Métamorphoses de Scaramouche* eſt obmis; il s'eſt encore gliſſé deux erreurs dans l'article *Gandini*, (*N.....*) L'une eſt la même que nous venons de réformer dans l'article *Métamorphoses* (*les*) *de Scaramouche*, à l'égard du nombre des actes dont ce Canevas eſt compoſé; l'autre a rapport à la perſonne même du Sieur *Gandini*, qui n'eſt point reçu dans la Troupe, comme il eſt dit dans ſon article, & comme ſon talent l'avoit fait préſumer, joint au longtemps qu'il y avoit déja qu'il s'y diſtinguoit, quand cet article a été imprimé, mais ſeulement reçu à penſion. Le Canevas Italien dont il eſt ici queſtion, nous ayant été depuis peu confié par l'Auteur, nous profitons de l'occaſion d'en faire uſage.

ACTEURS.

LE MARQUIS.
LE DOCTEUR, pere de Flaminia.
FLAMINIA, promise au Marquis.
SILVIA.
LÉLIO, cousin de Silvia, amant de Flaminia.
PANTALON, Intendant du Marquis, amoureux de Coraline.
CORALINE. ⎱ Domestiques du Marquis.
ARLEQUIN. ⎰
SCARAMOUCHE, autre Domestique du Marquis, amant de Coraline.
PLUSIEURS AUTRES DOMESTIQUES.
UN GÉNIE.
DEUX LUTINS.

La scéne est dans une ville d'Italie, & dans un bois voisin.

ACTE I.

Le Théatre représente un Appartement de l'Hôtel du Marquis.

Pantalon ouvre le premier acte avec Arlequin & Scaramouche ; il commande à ce dernier de hâter les préparatifs des nôces, parce que le Marquis est arrivé avec la personne qu'il doit épouser. Scaramouche sort, & Pantalon ordonne à Arlequin d'avertir les Gardes-chasse du Marquis d'apporter promptement à l'Hôtel la provision de gibier. Ils sortent ensemble, & font place à Coraline & à Scaramouche son

Amant. Coraline raconte à celui ci qu'on lui a remis entre les mains Flaminia, fille du Docteur, & future épouse du Marquis, & qu'elle est chargée de remplir auprès d'elle l'office de surveillante. Scaramouche lui témoigne de la jalousie sur le compte d'Arlequin, & de Pantalon l'Intendant du Marquis ; elle trouve moyen de le tranquilliser ; il la quitte, & Arlequin lui succéde; il conte fleurette à Coraline qui se moque de lui; l'Intendant survient, & feignant d'avoir des ordres à donner à Coraline, il commande à son rival de sortir, & est obéi; Coraline fait semblant de le trouver fort aimable, & en reçoit un coffre rempli d'argent. Arlequin qui les a observés rentre, & les menace de tout dire au Maître de la maison ; mais Pantalon le condamne au pain & à l'eau, & il s'en va en pleurant; dès qu'il est sorti, Pantalon embrasse Coraline, & est encore surpris par Scaramouche qui leur fait de grands reproches; Scaramouche & l'Intendant en viennent aux mains, & Coraline s'enfuit. Le Marquis arrive au bruit, se fait instruire de la cause de tout ce désordre, donne le tort à Scaramouche, & lui ordonne de se retirer. Scaramouche sort, en faisant des menaces à Pantalon, avec lequel le Marquis sort aussi un moment après, en lui recommandant de ne rien négliger, pour rendre somptueuse la fête de son mariage. Arlequin & Scaramouche reparoissent sur la scéne ; le premier pleure, & dit qu'il meurt déja de faim, l'autre pleure de son côté l'infidélité de sa Maîtresse, & maudit son rival & son maître. Ils se promettent de se servir mutuellement ; s'en vont ensemble, & le premier acte finit.

Acte II.

Le Théatre représente un bois, dans lequel on apperçoit un tombeau.

Scaramouche, pour se venger de Pantalon son rival, & du Marquis qui le protége, vient consulter un génie qu'on lui a dit avoir établi sa demeure dans un tombeau, au fond d'un bois voisin de la ville que le Marquis son maître a choisi pour la sienne. Le Génie se montre à lui, promet de le secourir, lui fait présent de deux Talismans, ou bagues enchantées dont il lui explique la vertu, & disparoît. Le Théatre change, & représente l'intérieur de la ville. On y voit Silvia avec Lélio son cousin. Silvia, quoiqu'habillée en homme, paroît craindre beaucoup d'être reconnue du Marquis avant que d'avoir réussi dans le projet qu'elle médite; elle prétend avoir des droits sur son cœur & sur sa main, & vient mettre obstacle à son mariage; de son côté, Lélio qui est amoureux de Flaminia, n'a pas envie de le laisser terminer tranquillement. Les deux nouveaux venus rencontrent en leur chemin Scaramouche qui reconnoit Lélio, l'aborde, & lui demande qui est son compagnon de voyage. Lélio lui dit que c'est un Brodeur qu'il veut mettre au service du Marquis. Scaramouche, que l'un de ses deux talismans qui lui sert de bague instruit de la vérité, fait connoître à Lélio qu'il n'est point la dupe de sa finesse, mais il lui donne parole de les servir Silvia & lui, & met au doigt de la voyageuse son autre talisman, qui doit empê-

E vj

cher le Marquis de la reconnoître ; ensuite il les emméne pour les présenter à son Maître, comme d'habiles Brodeurs qui viennent lui offrir leur sçavoir faire. Le Docteur entre avec Pantalon qui le félicite sur le prochain mariage de sa fille. Le Docteur lui montre les bijoux qu'il destine à la mariée, & qu'il vient de faire monter à la moderne. Scaramouche entre sous la figure d'un manchot, & leur demande l'aumone ; il les quitte après plusieurs *lazzis*, & le Docteur & Pantalon prennent ensemble le chemin de l'Hôtel du Marquis. Le Théatre change, & représente comme au premier acte un appartement de cet Hôtel, dans lequel le Maître du logis est en conversation avec sa prétendue, & lui demande le sujet de sa mélancolie ; elle répond qu'elle en ignore elle même la cause, & le quitte. Scaramouche entre, & annonce au Marquis de fameux Brodeurs, que le bruit de sa magnificence & de son mariage prochain attire auprès de lui ; le Marquis ordonne qu'on les fasse entrer. Scaramouche sort pour les introduire, & revient avec eux. Le Marquis les reçoit à son service, & ordonne à Scaramouche de leur faire donner un appartement ; Scaramouche les emmene. Le Docteur arrive, & veut montrer au Marquis les bijoux qu'il destine à sa fille, mais il ne les trouve plus ; Pantalon qui est arrivé avec lui, ne trouve plus sa bourse, & se rappellant l'aventure du manchot, ils le soupçonnent, avec raison, d'avoir dérobé la bourse & les bijoux ; le Marquis se console aisément de ce dernier accident, & dit que sa femme ne manquera pas de bijoux. Arlequin entre, & annonce en pleurant que le Tailleur est à l'appartement de Flaminia; le Marquis lui demande ce qu'il a à pleurer; il conte son aventure; Pantalon dit au Marquis que c'est un coquin qui est toujours yvre, & qu'il faut corriger; enfin, Arlequin par différens *lazzis* propres à exprimer la faim qu'il endure, touche de compassion son Maître, qui ordonne qu'on lui donne à manger. Arlequin continue ses *lazzis*, mais ils changent d'objet, & n'expriment plus que sa joie; il saute sur les épaules du Marquis pour l'embrasser. Le Marquis quitte la place pour se débarrasser de ses incommodes caresses; Arlequin le suit en les redoublant; le Docteur & Pantalon suivent aussi le Marquis. Coraline paroit, & cherche à éviter les reproches & la persécution de Scaramouche; il entre après elle, & comme elle, voit qu'elle ne peut l'empêcher de l'aborder, elle prend le parti de parler plus haut que lui pour le faire taire; le Génie qui a promis sa protection à Scaramouche, paroît tout d'un coup au milieu d'eux, & la menace de la punir de sa coquetterie & de sa hardiesse. Coraline & Scaramouche lui même se sauvent saisis de frayeur à cette apparition imprévue. C'est ainsi que finit le second acte.

Acte III.

Le Marquis entre avec Pantalon, & lui dit que ses noces devant se faire le soir même, il est temps de payer les ouvriers qu'on a employés aux préparatifs, & qu'ainsi il ait à les faire appeller les uns après les autres, & à leur donner le prix convenu; il lui recommande même d'ajoûter à leur salaire ce qu'il jugera à propos pour leur faire partager sa joie; il sort & Coraline entre en querellant Arlequin qui vient d'emporter un chapon; Pantalon ordonne à ce gourmand d'aller avertir les ouvriers de venir chercher leur salaire; il lui ordonne aussi de tout disposer dans la chambre où ils doivent le recevoir. Arlequin sort, & laisse l'Intendant & sa favorite en liberté de se dire des douceurs; ils en profitent, & sortent comme lui un moment après. Le Théatre change, & représente une chambre avec une armoire; on y voit Arlequin occupé à tout mettre en ordre; l'Intendant paroît, & ordonne à Arlequin de faire entrer les ouvriers; Arlequin introduit Scaramouche, qui a diverses reprises, & sous différentes formes, vient lui seul recevoir en chantant & en dansant, ce que Pantalon croit donner à un grand nombre de gens de journée, (*) & termine ainsi le troisiéme acte.

Acte IV.

Le Théatre redevient comme au commencement du premier acte.

Pantalon propose à Coraline de lui faire quitter le service du Marquis, & de l'épouser;

(*) Scaramouche ne fait que passer derriere l'armoire qui est sur la scène, & se remontre sous une autre figure, & travesti depuis la tête jusqu'aux pieds, avec une promptitude incompréhensible, & qui paroît moins un travestissement qu'une *métamorphose* réelle opérée par un talisman; il en est de même des *Métamorphoses d'Arlequin*, qui semblent opérées par le secret qu'il tient du Fantôme. Voyez *Métamorphoses (les) d'Arlequin.*

elle y consent, & Pantalon sort; Scaramouche qui a tout entendu entre, & lui demande la préférence, en lui disant qu'il sera bientôt aussi riche que son rival; il fait sa paix avec elle & l'embrasse, & ils sortent ensemble. Le Docteur & le Marquis paroissent; le beau pere apprend à son gendre prétendu que Flaminia a juré de ne point l'épouser qu'elle n'ait obtenue une grace de lui; le Marquis se montre disposé à tout accorder, & le Docteur appelle sa fille. Flaminia entre, & dit au Marquis qu'une fille de qualité a eu recours à elle pour obtenir qu'il la serve de son crédit contre un homme qu'elle veut poursuivre en justice, & qui lui manque de parole, après avoir fait serment de l'épouser; elle ajoute que la grace qu'elle lui demande est de rendre service à cette infortunée. Le Marquis promet tout ce qu'on exige de lui, & sort avec Flaminia & le Docteur. Le Théatre change & représente la chambre de Coraline; elle y est assise devant une table, à côté de laquelle on voit un grand coffre, & s'entretient avec Scaramouche. Pantalon se fait entendre à la porte, & demande qu'on lui ouvre; Scaramouche se cache dans le coffre; Coraline ouvre la porte à Pantalon qui paroît fort content de se voir si bien avec elle. Scaramouche se montre; Pantalon effrayé fait un grand cri; Scaramouche sort tout-à-fait du coffre. *Lazzis* menaçans d'une part; terreur de celle de l'Intendant; deux lutins paroissent au commandement de Scaramouche, & ne rassurent pas son rival qui s'enfuit de toutes ses forces; Scaramouche le poursuit, & met fin au quatriéme acte.

ACTE V.

Le Théatre redevient encore comme au commencement du premier acte.

Scaramouche commence le cinquiéme acte avec Coraline, & lui dit que le moment de leur bonheur approche, & que les services qu'il rend à Silvia & à Lélio seront assez bien récompensés, pour qu'elle n'ait pas lieu de regretter la fortune de Pantalon qu'elle lui sacrifie ; il ajoûte que Flaminia a promis de le seconder, & est instruite de ce qu'elle doit faire. Pantalon entre en criant *Haro* sur Scaramouche qui veut se sauver ; le Marquis arrive ; Pantalon accuse Scaramouche de sorcellerie ; Scaramouche prend son parti, & convient hardiment du fait. Le Docteur & Flaminia paroissent, conduisant Silvia couverte d'un voile. Elle somme le Marquis de la parole qu'il a donnée pour elle à Flaminia, & le prie de la conduire chez ses Juges qu'elle va solliciter contre son infidéle ; il lui promet de nouveau avec serment de ne rien négliger pour lui faire obtenir une prompte justice ; alors elle se découvre ; il la reconnoît & demeure confus. Cependant tout se concilie ; il consent à l'épouser, & Lélio épouse Flaminia. On entend du bruit derriere le Théatre ; un grand nombre de domestiques, effrayés par les lutins qui sont aux ordres de Scaramouche, viennent chercher un asile auprès de leurs Maîtres ; enfin Scaramouche consent à leur accorder la paix, après avoir obtenu la main de Coraline, & la Comédie finit. *Extrait Manuscrit.*

VENGEANCE (la) INUTILE. Voyez *Raton & Rosette.*

VENGEANCE (la) DES MARQUIS, Comédie. Voyez *Réponse à l'Impromptu de Versailles.*

VENGEANCE, (la juste) Tragédie. Voyez *Timothée d'Alexandre Hardy.*

VENISE SAUVÉE, Tragédie de M. de *La Place*, représentée le Lundi 5 Décembre 1746. suivie de l'*Esprit de Contradiction*, imprimée la même année, in 8°. Paris, Clousier. *Histoire du Théatre Franç.* année 1746.

VÉNITIENNE, (la) Comédie Ballet, en trois actes, avec un Prologue, de M. de *La Motte*, Musique de M. de *La Barre*, représentée par l'Académie Royale de Musique, le Mardi 26 Mai 1705. in-4°. Paris, Ballard, & tome VIII. du Recueil général des Opéra, in-12.

ACTEURS DU PROLOGUE.

M. mus.	Le Sieur Hardouin.
Euterpe.	Mlle Du Percy.
Un Plaisir.	Le Sieur Boutelou.

BALLET.

Arlequin.	Le Sieur Dumoulin C.
Pantalon.	Le Sieur Blondy.
Le Docteur.	Le Sieur Ferrand.
Spezzafer.	Le Sieur Du Mirail.
Scaramouche.	Le Sieur Javillier.
Polichinelle.	Le Sieur Dangeville C.
Pierrot.	Le Sieur Marcel.

Plaisirs.
Les Sieurs Germain, Dumoulin L.
Dangeville L. Dumoulin le J.
Suivantes d'Euterpé.
Mlles Dangeville, Ballecourt, Morancourt
& Le Comte.

ACTEURS DE LA COMÉDIE BALLET.

Léonore.	Mlle Desmatins.
Octave.	Le Sieur Chopelet.
Isabelle, Amante d'Octave.	Mlle Maupin.
Spinette, Suivante d'Isabelle.	Mlle Vincent.
Isménide, Devineresse.	Mlle Duperey.
Isménor, Devin.	Le Sieur Hardouin.
Zerbin.	Le Sieur Dun.
Un Barquerol.	Le Sieur Bourelou fils.
Une Barquerolle.	Mlle Loignon.
Un Masque.	Le Sieur Cochereau.

BALLET. ACTE I.

Fête Marine.

Chef de la Fête.   Le Sieur Balon.

Barquerolles.

Les Sieurs Blondy, Ferrand, Dangeville L.
& Dangeville C.
Mlles Prevost, Bassecourt, Saligny & le Comte.
Barquerolles jouans du tambour de Basque.
Les Sieurs Du Mirail, Javillier & Marcel.

ACTE II. Sorciers.

Les Sieurs Dumoulin C. & Dumoulin le J.
Vieux Sorciers & vieilles Sorcieres.
Les Sieurs Germain & Dumoulin L.
Mlles Dangeville L. & C.

ACTE III. Le Bal.

François.	Le Sieur Dumoulin L. & Mlle Dangeville.
Espagnols.	Le Sieur Dumoulin le J. & Mlle Morancourt.
Arlequins.	Le Sieur Dumoulin C. & Mlle Prevost.
Spezzafer.	Le Sieur Du Mirail.
Scaramouchette.	Mlle Carré.
Bohémiens.	Le Sieur Dangeville L. & Mlle Le Comte.
Polichinelle.	Le Sieur Dangeville C.
Une Allemande.	Mlle Saligny.

Cet Opéra n'a jamais été remis au Théatre.

l'Académie Royale en a seulement fait reparoître quelques fragmens qui composoient la derniere Entrée des *Fragmens* donnés en 1711. Voyez *Fragmens de 1711.*

VÉNITIENNES, (les Fêtes) Ballet en trois actes, avec un Prologue, de M. *Danchet*, Musique de M. *Campra*, représenté par l'Académie Royale de Musique, le Mardi 17 Juin 1710. in-4°. Paris, Ballard, & in-12. tome X. du Recueil général des Opéra, avec les Entrées qui y ont été ajoûtées, par les mêmes Auteurs.

ACTEURS DU PROLOGUE.

Le Triomphe de la Folie sur la Raison dans le tems du Carnaval.

Le Carnaval.	Le Sieur Thévenard.
La Folie.	Mlle Poussin.
La Raison.	Mlle Desmatins.
Héraclite.	Le Sieur Hardouin.
Démocrite.	Le Sieur Mantienne.

BALLET.

Un Fol & une Folle.	Le Sieur D. Dumoulin & Mlle Rochecour.
Masques comiques.	Les Sieurs F. Dumoulin & P. Dumoulin.
Alain & sa femme.	Le Sieur Marcel & Mlle Chaillou.
Un Fermier & sa femme.	Le Sieur Ferrand & Mlle Millot.
Allemand & Allemande.	Le Sieur Javillier & Mlle Le Maire.
Diogene.	Le Sieur Gautro.

I. ENTRÉE. *La Fête des Barquerolles.*

Le Docteur Vénitien.	Le Sieur Dun.
Lilla, jeune Gondoliere.	Mlle Dun.
Damiro, Amant de Lilla.	Le Sieur Cochereau.
Une Gondoliere représentant la Victoire.	Mlle Hucqueville.
Un Gondolier.	Le Sieur Gueldon.

BALLET.

Gondoliers & Gondolieres.

Le Sieur Balon & Mlle Prevost.
Le Sieur P. Dumoulin & Mlle Le Maire.
Le Sieur D. Dumoulin & Mlle Menés.
Le Sieur Pierret & Mlle Maugis.
Le Sieur Gaudro & Mlle Rochecour.

II. ENTRÉE. *Les Sérénades & les Joueurs.*

Léandre, François, Amant d'Irène.	Le Sieur Thévenard.
Isabelle. ⎱ amoureuses de ⎰	Mlle Journet.
Lucile. ⎰ Léandre. ⎱	Mlle Pestel.
Irene, Amante de Léandre.	Mlle Dun.
La Fortune.	Mlle Desjardins.
Suivant de la Fortune.	Le Sieur Buseau.

BALLET.

Espagnols & Espagnolettes.

Le Sieur Blondy & Mlle Chaillou.
Le Sieur Dumoulin L. & Mlle Le Maire.
Le Sieur Marcel & Mlle Menés.

Biscayens & Biscayennes.

Le Sieur F. Dumoulin & Mlle Haran.
Le Sieur P. Dumoulin & Mlle Du Freine.
Le Sieur Gaudro & Mlle Maugis.

III. ENTRÉE. *L'Amour Saltinbanque.*

Filindo, Chef des Saltinbanques.	Le Sieur Hardouin.
Eraste, François, Amant de Léonore.	Le Sieur Cochereau.
Léonore, jeune Vénitienne.	Mlle Poussin.
Nérine, suivante de Léonore.	Le Sieur Mantienne.
L'Amour Saltinbanque.	Mlle Dun.

BALLET.

Arlequin.	Le Sieur F. Dumoulin.
Espagnolette.	Mlle Prevost.
Polichinelle.	Le Sieur P. Dumoulin.
Espagnolette.	Mlle Guyot.
Spezzafer.	Le Sieur Germain.
Scaramouchette.	Mlle Maugis.

V. E. 117

Vieillard & Vieille.	Le Sieur Duval & Mlle Mangot.
Paysan & Paysanne.	Le Sieur Pierret & Mlle Haran.
Pantalon, Pantalonne.	Le Sieur Marcel & Mlle Menès.
Masque galant.	Le Sieur D. Dumoulin.

Le Mardi 8 Juillet suivant, jour de la dixiéme représentation du Ballet, l'Académie Royale de Musique donna à la suite du Prologue ci-dessus, en supprimant la *Fête des Barquerolles*.

LA FESTE MARINE.

Acteurs.

Astolphe, Vénitien.	Le Sieur Dun.
Céphise, Vénitienne.	Mlle Journet.
Dorante, Amant de Céphise, déguisé en Matelot.	Le Sieur Cochereau.
Doris, suivante de Céphise.	Mlle Dun.
Un Matelot.	Le Sieur Gueidon.

Ballet.

Matelots & Matelottes,
Le Sieur Balon & Mlle Provost.
Les Sieurs P. Dumoulin, D. Dumoulin,
Pierret & Gaudre.
Mlles Le Maire, Menès, Maugis & Rochecour.

Cette Entrée étoit suivie
Des Sérénades, ou les Joueurs,
& de *l'Amour Saltinbanque*.

Le Vendredi 8 Août, jour de la 23e représentation du Ballet des *Fêtes Vénitiennes*, l'Académie Royale de Musique supprima le Prologue, & donna le Ballet dans l'ordre qui suit.

La Fête Marine.
Le Bal, Entrée ajoûtée.

Les Sérénades, ou les Joueurs.
L'Amour Saltinbanque.

ACTEURS DU BAL.

Alamir, Prince Polonois.	Le Sieur Thévenard.
Thémir, Gentilhomme de la suite d'Alamir.	Le Sieur Buseau.
Iphise, Vénitienne.	Mlle Journet.
Un Maître de Musique.	Le Sieur Mantienne.
Un Maître de Danse.	Le Sieur Marcel.

LE BAL.

Le Sieur Marcel & Mlle Journet.
Le Sieur Dumoulin L. & Mlle Chaillou.
Le Sieur F. Dumoulin & Mlle Guyot.
Le Sieur Ferrand & Mlle Menès.
Le Sieur Germain & Mlle Le Maire.
Le Sieur F. Dumoulin & Mlle Maugis.
Le Sieur Gaudro & Mlle Haran.

Le Vendredi 5 Septembre 1710. jour de la 34ᵉ représentation, le Ballet des *Fêtes Vénitiennes* donné en cet ordre.

La Fête Marine.

Le Bal.

Les Devins de la Place S. Marc. Entrée nouvelle.

L'Amour Saltinbanque.

LES DEVINS DE LA PLACE SAINT MARC.

ACTEURS.

Léandre, Cavalier François.	Le Sieur Thévenard.
Zélie, Vénitienne, déguisée en Bohémienne.	Mlle Poussin.
Une Bohémienne.	Mlle Dun.

BALLET.

Bohémiens & Bohémiennes.
Le Sieur Balon & Mlle Prévost.
Les Sieurs Germain, Dumoulin L. Gaudro & Pierret.

Mlles Chaillou, Menès, Le Maire, Maugis, de Rochecour & Haran.

Le Mardi 14 Octobre 1710. jour de la 51ᵉ repréſentation, l'Académie Royale de Muſique changea l'ordre des Entrées des *Fêtes Vénitiennes*, & les fit paroître de cette maniere.

Le Carnaval dans Veniſe.

PROLOGUE.

C'eſt le même Prologue que ci-deſſus, à l'exception des retranchements aſſez conſidérables que les Auteurs jugerent à propos d'y faire, en ſubſtituant un nouveau titre, & c'eſt ainſi qu'on le trouve imprimé dans le Recueil des Opéra in-12.

ACTEURS.

Le Carnaval.	Le Sieur Thévenard.
La Folie.	Mlle Pouſſin.

BALLET.

Comme ci-deſſus 17 Juin 1710.

Les Devins de la Place S. Marc,
L'Amour Saltinbanque.
L'Opéra, Entrée nouvelle.
Le Bal.

L'OPÉRA.

Damire.	Le Sieur Hardouin.
Léontine.	Mlle Journet.
Lucie.	Mlle Dun.
Un Acteur de l'Opéra en	
Zéphyre.	Le Sieur Buſeau.
Aſtolphe.	Le Sieur Buſeau.
Rodolphe.	Le Sieur Courteil.

Au mois de Décembre de la même année,

l'Académie Royale de Musique ajouta une nouvelle Entrée intitulée :

LE TRIUMPHE DE LA FOLIE, Comédi[e]

ACTEURS.

Arlequin.	Le Sieur F. Dumouli[n]
La Folie.	Mlle Poussin.
Un Docteur.	Le Sieur Dun.
Un Espagnol.	Le Sieur Cochereau.
Un François.	Le Sieur Thévenard.
Colombine.	Mlle Dun.

BALLET.

Un Espagnol.	Le Sieur Marcel.
Une Espagnolette.	Mlle Le Maire.
Allemands.	Le Sieur Javillier & Mlle Mangot.
Pierrot, Perrette.	Le Sieur Gaudro & Mlle Menés.
La Folie.	Mlle Maugis.

IIᵉ REPRISE du Ballet des *Fêtes Vénitienne[s]* le Mardi 11 Octobre 1712. 2ᵉ édition in-4 Ballard.

PROLOGUE DU BALLET DES AMOURS DE MARS ET DE VÉNUS.

ACTEURS.

Hébé.	Mlle Heusé.
Suivante d'Hébé.	Mlle Poussin.
La Victoire.	Mlle Antier.

BALLET.

La Jeunesse.   Mlle Guyot.
Suite de la Jeunesse.
Les Sieurs P. Dumoulin & Dangeville.
Mlles Isecq & Haran.
Jeunes Bergers & Bergères.
Les Sieurs De Lisle & Laval.
Mlles Briere, Mion, Rose & De Lisle.

I. ENTRÉE. *Les Devins de la Place S. Marc.*

Léandre.	Le Sieur Hardouin.
Zélie.	Mlle Poussin.
Une Bohémienne.	Mlle Pestel.

Chefs des Bohémiennes.
Le Sieur D. Dumoulin & Mlle Prevost.
Bohémiens & Bohémiennes
Les Sieurs Germain, Dumoulin L. Gaudro
& Prevost.
Mlles Chaillou, Menès, Le Maire, Haran
& Ilecq.

II. ENTRÉE. Les Saltinbanques de la Place S. Marc,
ou l'Amour Saltinbanque.

Filindo.	Le Sieur Hardouin.
Eraste.	Le Sieur Cochereau.
Léonore.	Mlle Pestel.
Nérine.	Le Sieur Mantienne.
L'Amour Saltinbanque.	Mlle Poussin.

BALLET.

Arlequin.	Le Sieur F. Dumoulin.
Polichinelle.	Le Sieur P. Dumoulin.
Espagnolettes. {	Mlle Prevost.
	Mlle Guyot.
Spezzafer.	Le Sieur Germain.
Scaramouchette.	Mlle.........
Vieux & Vieille.	Le Sieur Duval & Mlle Manger.
Paysans.	Le Sieur Pierret & Mlle Haran.
Pantalons.	Le Sieur Marcel & Mlle Menès.
Masque galant.	Le Sieur D. Dumoulin.

III. ENTRÉE. Le Bal.

Alamir.	Le Sieur Thévenard.
Thémir.	Le Sieur Buseau.
Iphise.	Mlle Heusé.
Le Maître de Musique.	Le Sieur Mantienne.
Le Maître de Danse.	Le Sieur Marcel.
Masques.	Le Sieur Marcel & Mlle Journet.

Le reste comme ci devant, 8 Août 1710.
IIIe REPRISE du Ballet des *Fêtes Vénitiennes*, le Vendredi 10 Mars 1713. même disposition d'Acteurs & de Ballet qu'à la reprise de 1712.
IVe REPRISE des *Fêtes Vénitiennes*, le Jeudi 10 Juillet 1721. 5e édition in-4°. Ribou.

ACTEURS DU PROLOGUE.

Le Carnaval.   Le Sieur Le Mire.
La Folie.   Mlle Souris.

BALLET.

Homme & Femme à deux visages.   Les Sieurs F. Dumoulin & P. Dumoulin.
Fols.   Le Sieur Laval & Mlle La Ferriere.

Vieux & Vieilles.
Le Sieur Duval & Mlle Mangot.
Le Sieur Dezais & Mlle De Lisle.
Le Sieur Pierret & Mlle Le Maire.

I. ENTRÉE. *Les Devins de la Place S. Marc.*

Léandre.   Le Sieur Thévenard.
Zélie.   Mlle Antier.
Une Bohémienne.   Mlle Lambert.

Bohémiens & Bohémiennes.
Le Sieur Blondy & Mlle Menès.
Les Sieurs Dangeville, Guyot, Laval, Maltaire, Pierret & Dezais.
Mlles Corail, De Lastre, Labatte, Dupré, Duval & La Ferriere.

II. ENTRÉE. *L'Amour Saltinbanque.*

Filinde.   Le Sieur Dubourg.
Eraste.   Le Sieur Muraire.
Léonore.   Mlle Tulou.
Nérine.   Le Sieur Mantienne.
L'Amour Saltinbanque.   Mlle Minier.

BALLET.

Suite du Saltinbanque.
Le Sieur F. Dumoulin & Mlle Guyot.
Arlequins.   Le Sieur D. Dumoulin & Mlle La Ferriere.
Scaramouchettes.   Mlles Corail & Labatte.
Mezzetins.   Le Sieur Mion & Mlle Duval.
Paysans.   Le Sieur Duval & Mlle Mangot.
Pierrots.   Le Sieur Pierret & Mlle Le Maire.
Pantalons.   Le Sieur Javillier & Mlle De Lisle.

Vendangeurs.	Le Sieur Marcel & Mlle Boyer.
Polichinelle.	Le Sieur Dumoulin L.

III. ENTRÉE. Le Bal.

Alamir.	Le Sieur Thevenard.
Thémir.	Le Sieur Arteau.
Iphise.	Mlle Antier.
Le Maître de Musique.	Le Sieur Mantienne.
Le Maître de Danse.	Le Sieur Marcel.
Un Masque.	Le Sieur Grenet.

BALLET. Masques.

	Le Sieur D. Dumoulin & Mlle Guyot.
Espagnols.	Les Sieurs Dupré & Mion, Mlles Dupré & De Lisle.
Vieux & Vieilles.	Le Sieur Dumoulin L. & Mlle Labatte.
Allemands.	Le Sieur Dangeville & Mlle Duval.
Egyptiens.	Le Sieur Malcaire & Mlle Corail.
Masques.	Les Sieurs Dumoulin & Pierret, Mlles Le Maire & Boyer.

L'OPÉRA, Entrée ajoutée au mois de Septembre 1721.

Damire.	Le Sieur Du Bourg.
Léontine.	Mlle Antier.
Lucie.	Mlle Minier.
Un Acteur de l'Opéra.	Le Sieur Arteau.
Astolphe.	Le même.
Rodolfe.	Le Sieur Renard.

Vᵉ REPRISE du Ballet des *Fêtes Vénitiennes*, le Jeudi 14 Juin 1731. 4ᵉ édition in-4° Ballard.

PROLOGUE. LE CARNAVAL ET LA FOLIE.

Le Carnaval.	Le Sieur Dun.
La Folie.	Mlle Eremans.

BALLET. Suite du Carnaval.

Fou & Folle.	Le Sieur Bontems & Mlle Ferret.
Vieux & Vieille.	Le Sieur Dangeville & Mlle Rabon.
	Les Sieurs Dupré & Dumay.

Mlles Thibert & Du Rocher.
Masques Comiques. Les Sieurs F. & P. Dumoulin.

I. ENTRÉE. *Les Devins de la Place S. Marc.*

Léandre.	Le Sieur Chaffé.
Zélie.	Mlle Péliffier.
Une Bohémienne.	Mlle Julie.

BALLET.

Bohémiens & Bohémiennes.
Le Sieur D. Dumoulin & Mlle Camargo.
Les Sieurs Matignon, Bontems, Savar,
Renaud, Dupré & Dumay.
Mlles Rabon, Favre, Camille, Thibert,
La Martinière & Ferret.

II. ENTRÉE. *L'Amour Saltinbanque.*

Filinda.	Le Sieur Dun.
Erafte.	Le Sieur Tribou.
Léonore.	Mlle Le Maure.
Nérine.	Le Sieur Cuvillier.
L'Amour Saltinbanque.	Mlle Petitpas.

BALLET.

Espagnols, Espagnolette.	Les Sieurs Laval, Maltaire C. & Mlle Richalet.
Arlequins.	Le Sieur F. Dumoulin & Mlle Ferret.
Scaramouches.	Le Sieur Dumay & Mlle Thibert.
Mezzetins.	Le Sieur Savar & Mlle Rabon.
Vénitiens.	Le Sieur Dupré & Mlle Carville.
Polichinelle.	Le Sieur P. Dumoulin.
Colombine.	Mlle Du Rocher.

III. ENTRÉE. *Le Bal.*

Alamir.	Le Sieur Chaffé.
Thémir.	Le Sieur Dumaft.
Iphife.	Mlle Péliffier.
Le Maître de Musique.	Le Sieur Tribou.
Le Maître de Danse.	Le Sieur Dupré.

BAL. Troupe de Masques.

Le Sieur Laval & Mlle Mariette.

Espagnols.	Le Sieur Maltaire C. & Mlle Richalet.
Matelots.	Le Sieur Marignon & Mlle Thibert.
François.	Le Sieur Javillier & Mlle Du Rocher.
Paysans.	Le Sieur Hamoche & Mlle Ferret.

Autres Masques.
Le Sieur Dupré & Mlle La Martiniere.
Le Sieur Bontems & Mlle Rabon.

L'OPÉRA, *nouvelle Entrée ajoutée le Jeudi 15 Novembre 1731.*

Damire en Borée.	Le Sieur Dun.
Léontine en Flore.	Mlle Pélissier.
Lucie en Bergère.	Mlle Petitpas.
Un Atour de l'Opéra en Zéphyre.	Le Sieur Dumast.
Adolphe.	Le même.
Rodolfe.	Le Sieur Goujet.

BALLET.

Bergers & Bergères.
Les Sieurs Marignon, Dangeville, Dupré, Hamoche & Dumay.
Mlle Sallé.
Mlles Ferret, Du Rocher, Rabon, Thibert & Carville.

Ce Ballet a été repris le Mardi 12 Février 1732. par l'Académie Royale de Musique. Mademoiselle *Camargo* dansa un tambourin à la fin de l'acte du Bal.

On donna le même spectacle les Lundi 25 & Mardi 26 du même mois, suivi du Divertissement de *Pourceaugnac*, dans lequel le Sieur Tribou joua le principal role, & fut extrêmement applaudi.

VIe REPRISE des *Fêtes Vénitiennes*, le Mardi 19 Juillet 1740. 5e édition in-4°. Ballard.

VE

ACTEURS DU PROLOGUE

Le Carnaval.	Le Sieur Dun.
La Folie.	Mlle Eremans.

BALLET. Suite du Carnaval.

Fols. Le Sieur Marignon & Mlle Le Breton.
Vieux. Le Sieur Dangeville & Mlle Courcelle.
Masques Comiques. Les Sieurs Savar & La Croix,
Mlles Du Rocher & Thierry.

I. ENTRÉE. Les Devins de la Place S. Marc.

Léandre.	Le Sieur Le Page.
Zélie.	Mlle Pélissier.
Une Bohémienne.	Mlle Fel.

Chefs des Bohémiens & Bohémiennes.
Le Sieur D. Dumoulin & Mlle Mariette.
Bohémiens & Bohémiennes
Les Sieurs P. Dumoulin, Dangeville, Dumay
Javillier 3. Tessier & Hamoche.
Mlles Fremicourt, Du Rocher, Maltaire,
Thierry, Le Breton & Courcelle.

II. ENTRÉE. L'Amour Saltinbanque.

Filindo.	Le Sieur Dun.
Eraste.	Le Sieur Jélyote.
Léonore.	Mlle Julie.
Nérine.	Le Sieur Cuvillier.
L'Amour Saltinbanque.	Mlle Le Maure.

BALLET.

Espagnols.	Les Sieurs Dupré & Maltaire C. & Mlle Le Duc.
Arlequins.	Le Sieur F. Dumoulin & Mlle Mariette.
	Le Sieur Maltaire L. & Mlle Fremicourt.
Sciramouches.	Le Sieur Javillier & Mlle S. Germain.
Mezzetins.	Le Sieur Sauar & Mlle Thierry.
Pantalons.	Le Sieur Dumay & Mlle Erny.
Polichinelle.	Le Sieur La Croix.
Colombine.	Mlle Du Rocher.

III. ENTRÉE. Le Bal.

Alamir.	Le Sieur Albert.
Thémir.	Le Sieur Berard.

Iphise.	Mlle Exemans.
Un Maître de Musique.	Le Sieur Tribou.
Un Maître de Danse.	Le Sieur Javillier L.

BALLET. *Troupe de Masques.*

Mlle Dalmand L.
Mlle Mariette.

Espagnols.	Le Sieur Maltaire C. & Mlle Le Duc.
Matelots.	Le Sieur La Croix & Mlle S. Germain.
François.	Le Sieur Javillier 3. & Mlle Fremicourt.
Paysans.	Le Sieur Tessier & Mlle Thierry.

L'OPERA, *Entrée ajoutée le Mardi 27 Septembre 1740.*

Damire en Borée.	Le Sieur Dun.
Léontine en Flore.	Mlle Le Maure.
Lucie en Bergère.	Mlle Fel.
Acteur de l'Opéra en Zéphyre.	Le Sieur Jélyote.
Adolphe.	Le Sieur Berard.
Rodolfe.	Le Sieur Albert.

Le Dimanche 31 Juillet 1740. l'Académie Royale de Musique donna deux Pantomimes nouvelles, la première dans le Prologue, & l'autre à la fin de la 3e Entrée qui a pour titre le *Bal.* Ces deux Pantomimes étoient exécutées par le Sieur *Rinaldi Fauffan,* (qui avoit déjà paru sur le même Théatre au mois de Septembre 1739.) & par la Dlle son épouse, fille du Sieur *Constantini,* Arlequin Italien, qui a débuté à l'Hôtel de Bourgogne, & furent très-goûtées.

Le Dimanche 12 Février 1741. & le Mardi 14 du même mois, l'Académie donna le même spectacle, qui fut terminé par le divertissement du *Pourceaugnac.*

VIIe REPRISE du Ballet des *Fêtes Vénitiennes,*

le Mardi 16 Juin 1750. 6ᵉ édition in-4°. De Jormel.

ACTEURS DU PROLOGUE.

Le Carnaval.   Le Sieur Le Page.
La Folie.   Mlle Coupée.

BALLET. *Suivans de la Folie.*

Le Sieur Sody.
Le Sieur Tessier & Mlle Labatte.
Les Sieurs Le Lievre & Gobert.
Mlles Sauvage & Pachot.
Vieux & Vieilles.
Les Sieurs Caillez & Bourgeois.
Mlles Puvigné mere & Deschamps.
Masques Comiques.
Les Sieurs Saunier & Laval.
Mlles Bellenot & Julie.

I. ENTRÉE. *Les Devins.*

Léandre.   Le Sieur Chassé.
Zélie.   Mlle Chevalier.
Une Bohémienne.   Mlle Romainville.

Bohémiens & Bohémiennes.

Mlle Camargo.
Le Sieur Dupré.
Les Sieurs Laval, Hamoche, Feuillade,
Le Lievre, Laurent & Gobert.
Mlles S. Germain, Courcelle, Thierry,
Beaufort, Victoire & Desirée.

II. ENTRÉE. *L'Amour Saltinbanque.*

Filindo.   Le Sieur Le Page.
Eraste.   Le Sieur Jélyote.
Léonore.   Mlle Duperay.
Nérine.   Le Sieur La Tour.
L'Amour Saltinbanque.   Mlle Coupée.

BALLET. *Espagnols.*

Les Sieurs Lany & Tessier, & Mlle Catville.
Polichinelle.   Le Sieur Sody.
Colombine.   Mlle Victoire.
Mlle Dalmand.
Espagnols, Espagnolettes.
Les Sieurs Le Lievre & Laval.
Mlles Thierry & Beaufort.

Arlequins,	Le Sieur Beat & Mlle Courcelle.
Scaramouches,	Le Sieur Saunier & Mlle Defirée.
Mezzains,	Le Sieur Feuillade & Mlle Bellenot.
Vénitiens,	Le Sieur Gobert & Mlle Julie.
Polichinelle.	Le Sieur Laurent.
Colombine.	Mlle Parquet.

III. ENTRÉE. *Le Bal.*

Alamir.	Le Sieur Chaffé.
Themir.	Le Sieur Poirier.
Iphise.	Mlle Romainville.
Le Maître de Musique.	Le Sieur La Tour.
Le Maître de Danse. {	Le Sieur Lyonnois. Le Sieur Dévisse.

BALLET. *Masques Galans.*

Mlle Camargo.
Les Sieurs Bourgeois & Caillez.
Mlles Deschamps & Selle.
Le Sieur Vestris.
Mlle Puvigné.
Masques Comiques.
Le Sieur Lany & Mlle Dalmand.

Espagnols.	Le Sieur Le Lievre & Mlle Pachot.
Matelots.	Le Sieur Gobert & Mlle Julie.
François.	Le Sieur Hamoche & Mlle S. Germain.
Paysans.	Les Sieurs Laurent & Beat. Mlles Victoire & Briseval.

Le Ballet des *Fêtes Vénitiennes* a été encore repris le Jeudi 10 Décembre de la même année 1750. & continué les Mardis & Jeudis jusques & compris le 11 Février 1751.

VÉNITIENS, (les Gondoliers) Ballet de la composition du Sieur *Riccoboni* le fils, Musique de différens Auteurs, éxécuté à la Cour sur le Théatre de *Versailles*, par les Comédiens

Italiens, le Samedi 11 Mars 1747. précédé du *Double mariage d'Arlequin*, & de l'*Amant Auteur & valet*. Voyez le *Mercure de Mars 1747, page* 148.

Tous les éclaircissements que nous avons pu nous procurer sur ce Ballet, se réduisent à cette note, que nous avons tirée du *Mercure à l'endroit que nous venons de citer*, & à une autre qui nous vient du Sieur *Riccoboni* le fils lui-même; nous ne pouvons nous rappeller le jour auquel il a été donné pour la première fois à *Paris*.

VÉNUS, (la Naissance de) Opéra de M. l'*Abbé Pic*, Musique de M. *Collasse*. Voyez *Naissance* (la) *de Vénus*.

VÉNUS ET ADONIS, Tragédie de M. de *Vizé*. Voyez *Amours* (les) *de Vénus & d'Adonis*.

VÉNUS ET ADONIS, Tragédie en cinq actes avec un Prologue, par M. *Rousseau*, Musique de M. *Desmarets*, représentée par l'Académie Royale de Musique, au mois d'Avril 1697. in-4°. Paris, Ballard, & in-12. tome VI. du Recueil général des Opéra, & dans celui des Œuvres de M. *Rousseau*.

ACTEURS.

Adonis.	Le Sieur Du Mesny.
Cydippe.	Mlle Desmarins.
Vénus.	Mlle Rochois.
Mars.	Le Sieur Hardouin.

IIe REPRISE de la Tragédie de *Vénus & Adonis*, le Mardi 17 Août 1717. 2e édition in-4°. Paris, Ribou.

ACTEURS DU PROLOGUE.

Parthenope, Nymphe.   Mlle Jonbert.
Méliterte, Nymphe.   Mlle Poussin.
Palémon, Pasteur.   Le Sieur Le Mire.
Vénus.   Mlle Milon.
Deux Bergéres.   Mlles Pasquier & Limbourg.

BALLET. Peuples.

Le Sieur Marcel & Mlle Menès.
Les Sieurs P. Dumoulin & Dangeville.
Mlles Haran & Brunel.

Bergers, Bergéres.

Les Sieurs Dumoulin L. Pierret & Dupré.
Mlles Isecq, Dupré & Le Maire.
Un Pastre. Le Sieur F. Dumoulin.

ACTEURS DE LA TRAGÉDIE.

Adonis.   Le Sieur Cochereau.
Cydippé.   Mlle Antier.
Vénus.   Mlle Journet.
Mars.   Le Sieur Thevenard.
Suivant de Mars. Le Sieur Murayre.
La Jalousie.   Le Sieur Dun.
Bellonne.   Mlle Poussin.
Un Habitant.   Le Sieur Gueidon.
Un Plaisir.   Le Sieur Muraire.
Habitantes.   Mlles Pasquier & Limbourg.
Habitant.   Le Sieur Boulay.
Habitante.   Mlle Constance.

ACTEURS DU BALLET.

ACTE I. *Habitans de l'Isle de Cythere.*
Les Sieurs P. Dumoulin, Dangeville, Javillier & Pierret.
Mlle Guyot.
Mlles Haran, Brunel, Dupré & Duval.

ACTE II. *Suite de la Jalousie.*
Le Sieur Blondy.
Les Sieurs Ferrand, Marcel, P. Dumoulin, Pecourt, F. Dumoulin, Dangeville, Guyot & Mahaire.

ACTE III. *Fête de Vénus.*
Les Graces.   Mlle Prevost.
Mlles Menès, Isecq & Dupré.

	Les Sieurs P. Dumoulin, Pecourt, Guyot & Maltaire.
Acte IV.	Mlles La Ferriere, Haran, Duval & Brunel.
	Guerriers.
	Les Sieurs Ferrand, Blondy, Marcel, Javillier, Pierret & Dupré.
	Peuples.
	Les Sieurs F. Dumoulin, D. Dumoulin, Pecourt, Dangeville, Maltaire & Guyot.
Acte V.	*Peuples d'Amathonte.* Le Sieur D. Dumoulin.
	Les Sieurs Dangeville, Pecourt, Pierret, Dupré, Guyot & Maltaire.

VÉNUS ET ADONIS, c'est le titre & le sujet de la premiere Entrée du Ballet héroïque des *Amours des Déesses*, de M. *Fuselier*, Musique de M. *Quinault*, représenté en 1729. Voyez *Amours* (les) *des Déesses*.

Ce sujet traité différemment, forme encore une épisode dans la II.e Entrée du Ballet de l'*Empire de l'Amour*, de M. de *Moncrif*, Musique de M. le Comte de *Brassac*. Voyez encore *Adonis*, Tragédie de *Le Breton*, &c.

VÉRITÉ (la) FABULISTE. Comédie Françoise au Théatre Italien, un acte mêlé de Fables en vers libres, par M. de *Launai*; premiere représentation du Dimanche (*) deux Décembre 1731. Voyez le *Mercure de Décembre* 1731. *premier volume, page* 2871. Voyez aussi le *Mercure de Juin* 1732. *premier volume, page* 1174. Il y est fait une nouvelle mention de la *Vérité fabuliste*, à l'occasion de l'impression qui en fut faite alors; mais au lieu d'extrait, on s'y est contenté de copier une fable de la

_____

(*) Cette date est copiée du *Mercure*, à l'endroit cité, immédiatement après.

Comédie, & trois du Recueil de Fables que M. de *Launai* a fait imprimer à la suite de sa piéce.

VÉRITÉS, (les Fausses) ou CROIRE CE QU'ON NE VOIT PAS, ET NE PAS CROIRE CE QU'ON VOIT, Comédie en cinq actes & en vers, de M. *d'Ouville*, représentée en 1642. in 4°. Paris, Quinet, 1643. *Hist. du Théatre Franç. année* 1642.

VERNEUIL, (Achille Varlet, Sieur de) Comédien François, étoit frere de Charles Varlet de la Grange, Comédien de la Troupe de M. *Moliere*. Verneuil, après avoir couru la Province, entra à Paris dans la Troupe du Marais, & en 1673. il passa dans celle de Guénégaud, & fut conservé à la réunion des Troupes en 1680. A quitté le Théatre le Lundi 19 Juin 1684. avec la pension de 1000 livres. Il se retira à Amiens sa patrie, où il est mort vers la fin de 1706. ou au commencement de 1707. *Hist. du Th. Fr. année* 1685.

VÉRONESE, (Carlo) (*) originaire de *Venise*, (**) Acteur vivant, & Auteur dramatique Italien, après avoir réussi dans l'emploi de *Pantalon*, sur différens Théatres *d'Italie*, vint débuter au Théatre Italien de *Paris*, à l'âge d'environ quarante-deux ans. Il y parut pour la premiere fois le Mercredi 6 Mai 1744. & y joua avec succès le role de *Pantalon*, dans la piéce intitulée : *Le double Mariage d'Arlequin* ; il a été reçu dans la Troupe l'année sui-

_____

(*) *Charles.*
(**) Voyez le *Mercure de France*, à l'endroit cité un peu plus bas.

vante, *à la rentrée de Pâques*, & continue d'y remplir au gré du Public, l'emploi dans lequel il a débuté. Voyez sur le début de cet Acteur, le *Mercure de Mai* 1744, page 2871. M. *Véronese* a donné au Théatre Italien un grand nombre de Canevas de sa composition, & en a mis beaucoup d'autres au même Théatre, dont plusieurs avoient déja paru à *Paris*, mais tous avec des changemens & additions qui leur ont donné une réussite qu'ils n'avoient jamais eu, ou n'auroient point eu probablement en *France*.

CANEVAS DE LA COMPOSITION DE M. *Véronese*, & qu'il a donnés au Théatre Italien. (*)

CORALINE MAGICIENNE, cinq actes, 1744.
CORALINE JARDINIERE, trois actes, avec un divertissement, 1744.
LES MARIAGES FORTUNÉS, un acte, 1745.
CORALINE PROTECTRICE DE L'INNOCENCE, trois actes, 1745.
LES FOLIES DE CORALINE, cinq actes, 1746.
CORALINE FÉE, trois actes, 1746.
LE PRINCE DE SALERNE, cinq actes, 1746.
LE FAUX MARQUIS, deux actes, (**) 1747.
LES HEUREUX ESCLAVES, trois actes, 1747.

―――――――――――――――――――

(*) Plusieurs des Canevas compris dans ce Catalogue, & même dans le suivant, n'ont point d'articles dans ce Dictionnaire, ou pour être venus trop tard à notre connoissance, ou pour les raisons qu'on peut voir *au tome cinquième*, page 405, note (**) *au bas de la page*. Les omissions seront réparées dans l'*errata*.

(**) Il faut qu'on se soit trompé en le mettant en trois actes à son article; voyez l'article *Faux* (*le*) *Marquis*.

Les deux Sœurs Rivalles, 5 actes, 1747.

L'Arcadie enchantée, (*a*) quatre actes, précédés d'un Prologue, en vers François, & lié au sujet par M***. 1747.

Les Fées Rivalles, quatre actes, précédés d'un Prologue, en vers François, & lié au sujet par M***. 1748.

La fausse Noblesse, (*b*) un acte, 1750.

Les doubles Engagements, quatre actes, 1750.

Coraline intriguante, 4 actes, 1751.

Les deux Arlequines, (*c*) deux actes, 1751.

Arlequin jouet de l'Amour, un acte, 1751.

Les Philosophes militaires, deux actes, 1752.

Arlequin Génie, cinq actes, 1752.

Les Perdrix, ou Le Trompeur trompé, (*d*) un acte, 1752.

(*a*) Quoiqu'il y ait une piéce du même nom représentée au même Théatre en l'année 1717. il est aisé de se convaincre, en confrontant les deux Canevas qu'on trouvera dans ce Dictionnaire, qu'ils n'ont rien de commun que le titre. Voyez les deux articles Arcadie (*l'*) enchantée.

(*b*) Cette piéce dont le titre Italien est *Il Cabalista, le Chevalier d'industrie*, ressemble par ce titre à une autre jouée en trois actes en 1716. dont le titre François est *Lélio fourbe intriguant*; mais il y a apparence que c'est-là toute la ressemblance. Voyez *Lélio fourbe intriguant*, & *Fausse* (*la*) *Noblesse*.

(*c*) Cette piéce a encore été précédée au Théatre Italien, par une autre du même nom, de M. *Riccoboni* le pere, représentée en 1718. le Canevas de M. *Véronese* ne nous est point parvenu; mais il y a apparence qu'il n'a pas plus de rapport à celui de M. *Riccoboni* le pere, que la seconde *Arcadie enchantée* n'en a à la premiere. Voyez *Deux* (*les*) *Arlequines*.

(*d*) Cette piéce dont nous n'avons eu connoissance que depuis quelques jours, n'a rien de commun avec le *Trompeur*

ARLEQUIN GLOBE, deux actes, 1751.
LE RETOUR D'ARLEQUIN, un acte, 1752.
LES ÉPOUX RÉCONCILIÉS, trois actes, 1753.
LES INTRIGUES AMOUREUSES, quatre actes, 1753.
LES DÉGUISEMENTS AMOUREUX, trois actes, 1754.
LES FOURBERIES, un acte. (*a*)

CANEVAS MIS AU THÉATRE ITALIEN, AVEC des changements & additions, par Monsieur *Véronese*. (*b*)

CORALINE ESPRIT FOLLET, (*c*) trois actes, précédés d'un Prologue, lié au sujet qui est Italien comme la piéce, 1744.

LES ÉVÉNEMENTS NOCTURNES, cinq actes, 1745.

ARLEQUIN CABARETIER, 4 actes, 1747.

LA PRISON DESIRÉE, (*d*) quatre actes, 1747.

LA FORCE DE L'AMITIÉ, (*e*) quatre actes, 1748.

---

trompé, en quatre actes, dont il est fait mention dans ce Dictionnaire. Voyez *Trompeur* (*le*) *trompé*.

(*a*) Nous n'avons pû rien découvrir sur la date de cette piéce, qui est peut-être employée dans le Dictionnaire sous un autre titre.

(*b*) La plûpart de ces Canevas avoient été représentés à *Paris*, comme on va le voir ; mais nous n'oserions répondre des autres, qui ne l'ont peut-être été qu'en *Italie*.

(*c*) C'est peut-être le *Lutin amoureux*, ou *Spinette Lutin amoureux*, trois actes représentés à l'ancien Théatre Italien en 1697. au nouveau en 1722. Voyez *Lutin* (*le*) *amoureux*.

(*d*) *Arlequin au désespoir de ne point aller en prison*, trois actes, 1742. Voyez les deux articles *Arlequin au désespoir de ne point aller en prison*, & *Prison* (*la*) *desirée*.

(*e*) Ce Canevas est de M. *Riccoboni* le pere, & a été représenté en 1717. Voyez *Force* (*la*) *de l'amitié*.

ARLEQUIN ROI PAR HASARD, (*a*) trois actes, 1749.

LES NOMS CHANGÉS, quatre actes, 1750.

L'ORACLE ACCOMPLI, (*b*) cinq actes, 1750.

LA PRÉCAUTION INUTILE, (*c*) cinq actes, 1751.

L'ESCLAVE RETROUVÉE, (*d*) quatre actes, 1751.

LES VINGT-SIX IMPORTUNES D'ARLEQUIN, cinq actes, 1751.

LES VOYAGEURS, quatre actes, 1754. (*e*)

VÉRONÈSE, (Anna) (*f*) fille aînée du Sieur *Carlo Véronèse*, Actrice vivante, & connue au Théatre Italien sous le nom de *Coraline*, y débuta pour l'emploi de *Servante*, dans les piéces Italiennes, à l'âge d'environ quatorze ans,

(*a*) Ce Canevas est de l'ancien Théatre Italien, où il a été représenté sous le même titre en 1672. Voyez l'*Histoire de l'ancien Théatre Italien*, p. 465. *Paris*, *Lambert*. Il y a apparence que c'est le même qui a été joué au nouveau en 1741. sous le titre d'*Arlequin Prince, par hasard*. Voyez *Arlequin Prince, par hasard*.

(*b*) Cette piéce a été représentée en trois actes, sous le nom de l'*Adultere innocente*, en 1716. Voyez *Adultere* (l') *innocente*. La Demoiselle *Véronèse* cadette, (*Camille*) s'est surpassée dans le rôle de l'*Adultere innocente*, à la reprise de cette piéce, sous le titre de l'*Oracle accompli*. *Note du Sieur l'Affichard*.

(*c*) Cette piéce avoit déja paru à l'ancien Théatre Italien en 1692. & au nouveau en 1720. Elle étoit alors en trois actes, & presque entiérement écrite en François. Voyez le *Théatre de Gherardi*, tome I. p. 471. *Paris*, *Briasson*.

(*d*) *Les évènements de l'Esclave perdue & retrouvée*, trois actes, 1716. Voyez l'article *Evènements* (les) *de l'Esclave perdue & retrouvée*.

(*e*) Ce Catalogue & le précédent nous ont été communiqués par M. *Véronèse*.

(*f*) Anne.

par le role de *Colombine*, le même jour, & dans la même piéce que son pere. Voyez l'*article précédent*. Sa grande jeunesse ne lui avoit point permis de se former en *Italie*, où elle avoit à peine paru au Théatre, mais la nature avoit suppléé à l'expérience. Une figure charmante, beaucoup de vivacité, de gayeté & de volubilité, parties essentielles dans les roles de *Soubrettes*, lui procurerent un succès qui ne s'est point démenti, depuis qu'elle remplit cet emploi pour lequel elle a été reçue dans la Troupe, en même temps que le Sieur *Carlo Véronese*. Voyez encore l'*article précédent*. Le talent de la danse lui donna aussi beaucoup de partisans; elle y portoit le caractere qui la distingue dans ses roles, celui de la gayeté & de la vivacité; son premier début fut terminé par un *Pas de deux* comique, où elle partagea les applaudissements du Public avec le Sieur *Balletti* le fils, celui qui se distingue encore aujourd'hui par le même talent (a) au Théatre Italien. A l'égard de la Demoiselle *Coraline*, sans avoir absolument renoncé à ce moyen de plaire au Public, il semble qu'elle l'ait en quelque façon sacrifié à ceux que lui offre l'emploi considérable qu'elle occupe; du moins est-il sûr qu'elle se livre moins souvent à l'exercice de la danse qu'elle ne faisoit il y a quelques années. Nous parlerons dans l'article qui suivra celui-ci, des nouveaux applaudissements qu'elle obtint comme Danseuse, dans sa troisiéme piéce de début, (b)

(a) Voyez l'*article Balletti* (*N*....) où il est question du Sieur *Balletti* le fils, comme Acteur.

(b) Son second role de début fut celui de *Coraline Jardi-*

intitulée : *Coraline esprit follet.* Voyez l'article *Véronese,* (*Jacoma-Antonia Camilla*) & nous nous contenterons d'ajouter ici qu'elle en obtint encore davantage, s'il est possible, comme Comédienne, dans le role qui donne le nom à la piéce que nous venons de citer, que dans celui de la *Colombine* du *Double mariage d'Arlequin.* Voyez sur le début de la D^{lle} *Coraline,* le *Mercure de France,* à l'endroit cité dans l'article précédent. On y trouvera aussi des vers auxquels ce début donna occasion. En voici de M. *Panard,* faits pour mettre au bas du portrait de cette jeune Actrice, peint & gravé par le Sieur de *l'Ice pré.* Nous n'avons pû découvrir l'endroit où se vend cette estampe.

Cet objet enchanteur qu'on doit à l'Italie,
De trois Divinités réunit les attraits ;
Coraline offre, sous ces traits,
Hébé, Terpsicore & Thalie.

VÉRONESE, (Jacoma-Antonia (*a*) Camilla,) seconde fille du Sieur *Carlo Véronese,* Actrice vivante, & connue sous le nom de *Camille,* parut pour la premiere fois comme danseuse, au Théatre Italien, n'étant encore alors qu'une enfant, le Samedi 16 Mars 1744. & exécuta un *Pas de deux,* avec la Demoiselle *Coraline* sa sœur, dans un des divertissements de la Comédie intitulée : *Coraline Esprit follet ;* elle y mit des graces & une expression au-dessus

_____
niere, dans la piéce de ce nom ; elle y fut aussi fort applaudie ; voyez l'article *Coraline Jardiniere,* ou *la Comtesse par hasard,* & le *Mercure de France,* à l'endroit cité dans l'article précédent.
(*a*) *Jacqueline-Antoinette Camille.*

de son âge, & ajoûta beaucoup à la satisfaction que donnerent au Public la danse de sa sœur & celle du Sieur *Bertinazzi*, (*Carlin*) qui peu content de la réputation d'excellent *Arlequin*, acquit dans cette occasion & dans quelques autres celle d'un fort bon danseur ; pour la Dlle *Coraline*, elle y brilla beaucoup, changea d'habits plusieurs fois, & se fit admirer dans un grand nombre d'entrées de différens caracteres. Voyez le *Mercure de France à l'endroit cité dans l'article Véronese*. (*Carlo*)

Nous avons fait mention dans l'article des *Enfans Sabotiers*, de plusieurs enfans qui ont mérité les applaudissements du Public, par le talent de la danse. Voyez *Sabotiers* (*les enfans*) & l'on sera peut-être surpris de n'y point trouver le nom de la Dlle *Camille*, mais nous avons jugé qu'elle méritoit un article à part, & d'ailleurs nous lui avons rendu justice à cet égard, dans plusieurs endroits de ce Dictionnaire. Voyez les articles *Sodi*, (*Pierre*) *Tableaux*, (*les*) & *Vendangeurs*, (*les Enfans*) de façon qu'il nous reste seulement à ajouter ici qu'elle a soutenu & augmenté sa réputation de danseuse en grandissant, ce qu'on ne peut pas dire de tous les enfans dont la danse a été admirée, que le caractere de la sienne est à peu-près le même que celui qui faisoit tant d'honneur à la Dlle *Coraline*, lorsqu'elle vouloit bien se faire un objet de ce talent, & que c'est apparemment un bien de famille. Voyez *l'article précédent*.

La Dlle *Véronese* cadette, parut pour la premiere fois au Théatre Italien comme Comédienne, le Samedi premier Juillet 1747. & y joua le role de *Camille*, dans une Comédie nouvelle Italienne, en cinq actes, intitulée *Les deux Sœurs rivales*, de la composition du Sieur *Carlo Véronese* son pere, qui l'avoit donnée exprès pour son début. Voyez *Sœurs* (*les deux*) *Rivales*, & dans l'article *Véronese* (*Carlo*) le *Catalogue des Canevas de sa composition*. Elle y eut le plus grand succès ; ainsi que dans beaucoup d'autres, & ce succès va toujours en augmentant. Voyez dans l'article *Véronese*, (*Carlo*) au *Catalogue des Canevas qu'il a mis au Théatre Italien, avec des changements & additions*, la note (*b*) au bas de la page 137. La Dlle *Camille* est reçue dans la Troupe (*a*) pour la danse, & les roles d'*Amoureuses*, dans les piéces Italiennes.

VÉRONESE, (Pietro-Antonio) (*b*) Acteur vivant, & fils du Sieur *Carlo Véronese*, vient de débuter au Théatre Italien par le role du *Docteur*, dans la Comédie intitulée, *Le Double mariage d'Arlequin*, Le Mercredi 17 Juillet 1754. il a été fort bien reçu du Public, dans ce role de *Vieillard*, & quelques autres du même emploi qu'il a joués depuis, malgré sa jeunesse. Il n'est point encore reçu, & on prétend qu'il doit s'essayer dans différents emplois.

VÉRONESE, (Marine) troisiéme fille du Sieur *Carlo Véronese*, actuellement vivante & très jeune, est reçue à pension au Théatre Italien, pour danser dans les Ballets.

(*a*) A l'expectative de *demi-part*, & à pension, en attendant.

(*b*) *Pierre-Antoine*.

VERONNEAU, (.... N.) Blaisois, Auteur Dramatique, a composé

L'Impuissance, Tragi Comédie Pastorale, 1634. *Histoire du Th. Franç. année* 1634.

VERT, (...... N. le) Auteur Dramatique, a composé pour la scéne Françoise :

Le Docteur amoureux, Comédie en cinq actes & en vers, 1638.

Aristotime, Tragédie, 1642.

Arigidie, ou Le Mariage de Tite, Tragi-Comédie, 1646. *Hist. du Th. Fr. année* 1638.

Vert (le) galant, Comédie en un acte & en prose, avec un divertissement, par M. *Dancourt*, représentée à la suite de la Tragédie d'*Agrippa*, ou *Le Faux Tibérinus*, le Mercredi 24 Octobre 1714. imp. la même année, in-12. Paris, Ribou, & dans le Recueil des Œuvres de l'Auteur. *Histoire du Th. Franç. année* 1714.

VERTU (la) MIEUX ÉPROUVÉE. Voyez *Pamela en France*.

VEUVAGE, (le Double) Comédie en trois actes & en prose, de M. *Du Fresny*, représentée le Mercredi 8 Mars 1702. imp. in-12. la même année, Paris, Ribou, & dans le Recueil des Œuvres de l'Auteur. Cette piéce est restée au Théatre. *Hist. du Th. Fr. année* 1702.

Veuvage (le) Fâcheux, Opéra Comique en trois actes, par M. *Piron*, représenté au mois d'Août 1725. non imp.

Le sujet de cette piéce est tiré du cinquiéme voyage de Sinbad le marin, qui se trouve tome III. des Contes Arabes. M. de *La Font* l'avoit employé dans la Comédie en un acte qu'il donna au Théatre François sous le titre du *Naufrage*, ou la *Pompe funébre de Crispin*.

Acte I.

Aboulifar a promis Balkis sa fille au Cady, qui après de sérieuses réflexions, prie son futur beau-pere de le dispenser de cet engagement: Je suis dit-il trop vieux pour songer à épouser une fille de quatorze ans, & d'ailleurs vous sçavez la loi de notre Isle, qui oblige le survivant à suivre sa moitié au tombeau; je me sens prêt à y descendre, & ne veux pas avoir à me reprocher d'y avoir entraîné prématurément la jeune Balkis. Oh! pour un vieillard amoureux, répond Aboulifar, vous êtes trop raisonnable; je veux que vous soyez mon gendre, & vous le serez.

Balkis interrogée par son pere, ne lui cache pas l'aversion extrême qu'elle a pour le Cady, mais pressée de lui donner la main, elle déclare respectueusement qu'elle mourra plutôt que de désobéïr à l'auteur de ses jours. Quoi, lui dit Pirouzé sa suivante, vous consentez aux volontés de votre barbare pere?

BALKIS. (Air. *Ma pinte & ma mie, ô gué.*)

Je ne désobéïs pas,
Pourvû que je meure;
Pour me tirer d'embarras,
Je veux qu'il me pleure;
Il me remet à demain;
Et je vais d'un coup soudain,
Mourir tout-à-l'heure,
O gué;
Mourir tout-à-l'heure.

Je vais ajoûte-t-elle te mettre au fait ; je prendrai une prise de cette poudre, qui me fera passer pour morte ; on m'entertera sous la montagne qui sert de sépulture commune : les gardes que j'ai gagnés doivent me tirer de-là, & tu me nourriras jusqu'au retour de Léandre, cet aimable Cavalier François que j'attens depuis un mois ; elle charge en même temps Pirouzé de remettre à Arlequin, valet de Léandre, une lettre pour instruire son Maître.

Vous devriez, dit Pirouzé, épouser auparavant le vieux Cady, on l'enterreroit avec vous, & par ce moyen vous seriez délivrée de ses persécutions. Non, répond Balkis, je m'en ferois scrupule, & d'ailleurs il pourroit nuire à mon projet. Fais seulement ce que je te dis. Pirouzé résolue à suivre sa chere Maîtresse au monument, va chercher Arlequin qui est resté dans l'Isle, & s'y est marié à une vieille très-riche, dont il espére bientôt hériter. Elle a été surprise depuis quelques jours d'une violente apoplexie ; Arlequin pour la dépêcher plus promptement, est allé fort loin chercher deux Médecins, qu'il améne avec lui : Messieurs, leur dit-il, je vous avertis que ma femme a le tempérament le plus robuste ; ainsi saignez, purgez, n'épargnez rien.

LE I. MÉDECIN.

(Air. *Quand je bois de ce jus d'Octobre.*)

Laissez-nous faire, je vous prie,
Et de nos soins espérez tout ;
S'il lui reste un souffle de vie,
Nous en viendrons bientôt à bout.

Ne trompez pas ma confiance, leur dit Arlequin,

Arlequin, & traitez-la selon les régles. Ma chere Pirouzé, ajoûte t-il, en s'adressant à cette fille, réjouissons-nous, notre hymen ne tardera pas, ma pauvre femme se meurt, & je lui envoye deux Médecins. Laisse les faire, si par malheur le mal ne valoit rien, les remedes seroient bons. Pirouzé n'osant effrayer Arlequin, se contente de lui remettre la lettre de Balkis, en lui recommandant de la faire tenir à Léandre le plutôt qu'il sera possible. Arlequin prend la lettre, & voit dans ce moment entrer son compere Alibajou. Qu'avez-vous donc qui vous rend si affligé, lui dit-il?

ALIBAJOU.

» Hélas! mon cher Arlequin, me voila veuf, je suis un
» homme mort.

ARLEQUIN. (AIR. *Des Fraises.*)
Vous extravaguez, je crois,
Sa perte vous accable,
Et selon vous, toutefois,
Elle étoit pire cent fois,
Qu'un diable.... 3 *fois.*

Quoi, ajoûte Alibajou, vous ignorez la loi qui nous oblige à nous enterrer vifs avec nos femmes? miséricorde, s'écrie Arlequin, deux Médecins chez moi! deux Médecins! au meurtre! au meurtre! on m'assassine! Eh bien Messieurs, leur dit-il, ma femme? Elle est morte, répond le premier Médecin, & va être enterrée, ajoûte le second. Voici continue t-il, le vénérable Iman de la montagne qui vous cherche, nous ne sçaurions vous laisser en meilleure compagnie.

Malgré les différens *lazzis* d'Arlequin, les

Gardes qui accompagnent l'Iman le saisissent, & l'un d'eux le sabre levé, l'empêche d'interrompre la chanson de leur Maître, sur l'air de l'ouverture de l'Opéra de *Bellerophon*, & dont voici la fin.

Allons donc sous la montagne, allons ;
Nous y descendrons ;
Nos chants vous éterniseront :
Nos peuples y répondront ;
Hommes & femmes crieront :
Miracle.
Cet homme eut pû,
S'il eut voulu,
Eluder nos loix sans obstacle.
Mais il veut bon gré malgré,
Près de sa chere epouse être vif enterré.

Arlequin s'échappe & tombe en voulant s'enfuir, les Gardes le reprennent, & l'Iman attribuant cette précipitation à une généreuse envie d'obéir aux loix, ajoute sur l'air : *J'entends déja le bruit des armes.*

D'une héroïque impatience,
Modérez le noble transport.
Mourez en toute bienséance ;
Quiconque de ce monde sort,
A quelque affaire d'importance :
Terminez les vôtres d'abord.

ARLEQUIN.

» Voilà une lettre qu'il faut que je rende.

L'IMAN.

» Ces gardes vous accompagneront. Vous avez deux heu-
» res pour mettre ordre à tout, & puis nous marcherons.
» Pour ne point perdre de tems, nous vous dispensons d'as-
» sister aux danses de ces jeunes mariés, qui viennent célé-
» brer votre généreuse résolution.

ACTE II.

Le Théatre représente le dessous de la montagne, & plusieurs grottes obscures dans l'éloignement. Léandre paroît avec deux Esclaves, & par sa conversation avec eux, il apprend aux Spectateurs qu'après avoir perdu tous ses biens par un triste naufrage, il a eu le bonheur de trouver une entrée dans ce souterrain, dont il a enlevé toutes les richesses qui font la charge de deux vaisseaux prêts à mettre à la voile.

LÉANDRE. (AIR. *Où êtes-vous Birène ?*)

Comblé de biens, je m'apprêtois, hélas !
A demander Balkis en mariage,
Lorsque j'ai sçu tout-a-coup son trépas.
Figure-toi ma douleur & ma rage.

» Je sortois comme un furieux, & je courois me poignar-
» der auprès de Balkis, quand j'ai reçu d'elle une lettre, où
» j'apprens que ce n'est qu'une fausse mort, & qu'un artifice
» où elle a été réduite, pour se conserver à moi.

C'est Arlequin qui a remis cette lettre à Léandre, & ce Maître, peu charitable en cette occasion, veut joüir un moment du plaisir de voir les frayeurs d'Arlequin que l'on va mettre au tombeau, & se retire à l'écart. Arlequin que l'on descend sous la montagne, pleure comiquement ; il est prêt à s'abandonner au désespoir, lorsque jettant les yeux sur un pain & une bouteille qu'on a posés à côté de lui, il boit un coup. Un verre de vin avise son homme, dit il, il me vient une pensée, j'assommerai les survivans qui descendront ici, & je profiterai des provisions qu'ils apporteront : Plut au ciel qu'une colonie de Médecins François, ou tout au moins une bonne peste arrivât dans l'Isle. Pendant qu'il se parle ainsi à lui-même, on lui escamotte la bouteille, & peu de temps après

G ij

on lui en remet une plus grande de moitié.

ARLEQUIN. (Air, *Des fraises.*)

Je me doute du voleur,
Et c'est sur ma parole,
Autour de moi, par malheur,
Quelqu'ame de Procureur,
Qui vole, qui vole, qui vole.

» Ah ! diable, je, me trompe, on restitue, on restitue
» au double encore ; emportez, Messieurs, emportez.

Les Esclaves de Léandre sous la figure de Démons, épouvantent Arlequin ; de frayeur il tombe sur le ventre : Léandre paroît, se fait connoître, & après avoir assuré Arlequin qu'il va tout préparer pour sa délivrance, & celle de sa Maîtresse, il s'en va. Arlequin voit arriver Balkis & Pirouzé que l'on a descendues. La Soubrette veut d'abord badiner, puis changeant de style, elle dit à Arlequin de la suivre. Arlequin tranquille sur la promesse de Léandre, veut à son tour feindre le ton d'un Philosophe, qui est dégoûté de la vie.

ARLEQUIN *déclamant*.

Du vénérable Iman la sagesse profonde,
M'a fait examiner les vanités du monde ;
La terre est un Théâtre, & l'homme est un vaut rien
Qui fait là le métier d'un vil Comédien,
Joueur impertinent d'un tas de fariboles ;
Encor si tour à tour on jouoit les grands rôles :
Mais l'Acteur qui les tient ne les lache jamais,
Et pour moi je suis las de jouer les valets.

PIROUZÉ.

» Viens ; viens ; tu m'épouseras ; je te pardonne.

ARLEQUIN *s'enfuyant*.

» Ah ! ruse de Satan !

Balkis & Pirouzé sont un peu surprises de

l'héroïsme d'Arlequin : Parlons d'autre chose, dit la derniere, ce lieu ajoûte-t-elle n'est pas trop riant : C'est un Palais pour moi, répond Balkis, c'est l'Isle du Dieu d'Amour, puisqu'il me soustrait à la tirannie de mon pere, & me conserve à Léandre que j'aime. L'entretien est interrompu par une entrée des Esclaves de Léandre & par Arlequin déguisés en vents : on apporte une armoire, Léandre en sort & se jette aux pieds de Balkis. La reconnoissance de ces Amans se fait brusquement ; ils se sauvent : Arlequin reste pour écouter les plaintes d'une veuve qui vient de perdre son mari. Un jeune homme de vingt-cinq ans, s'écrie-t-elle, & au bout d'un an de mariage. La tendresse qu'elle a pour le défunt, fait qu'elle bénit la coutume qui ne permet pas qu'elle en soit séparée : mais dès qu'elle voit qu'Arlequin a le moyen de s'évader de ce souterrain, elle profite de cet avantage, non pas dit-elle pour fuir la mort, ni la vue de son époux, mais pour avoir le loisir de le pleurer plus longtemps.

Arlequin prêt à sortir voit arriver son Maître.

LÉANDRE.

» Mon cher Arlequin, je suis au désespoir, la cruelle Bal-
» kis ne veut point fuir, ni s'embarquer avec moi, sans voir
» sa mere, & sans l'aveu de son pere. Aboulifar est un hom-
» me opiniâtre, un pere dénaturé, sçais-tu ce qu'il faut faire :
» je veux que tu reparoisse dans l'Isle.

ARLEQUIN.

» Moi Monsieur, Diablezot ! Pour qu'on me reconnoisse,
» qu'on me renterre, que l'on me réchappe, qu'on me ra-
» trappe, & que je passe comme cela ma vie à me faire enter-
» rer & déterrer. Votre valet,

LÉANDRE.

« Ne crains rien, nous te déguiserons si bien qu'on ne te
» reconnoîtra pas. J'ai obtenu de Balkis qu'elle se prêteroit
» pour aujourd'hui à mon stratagême. Tu passeras pour un
» sage Indien, qui rendra la vie aux morts. Aboulifar & le
» Cady, dans leur première douleur, auront sans doute
» recours à toi, & nous les rançonnerons : Viens, tu ren-
» dras la vie à ton maître, tu partageras ses trésors, & tu
» gagneras Pirouzé.

ACTE III.

Conformément à ce projet, Arlequin se revêt en espéce de Magicien, il a une robe brune, une barbe longue & blanche, une baguette, &c. Il ouvre le troisiéme acte : sa réputation est déja établie, & la veuve que l'on a vûe à la fin du précédent, achéve de le faire passer pour un sçavant qui a le secret de ressusciter les morts; Abok Poëte Persan, & Abak Musicien Iroquois, viennent lui proposer une cure de cette espéce, mais un peu singuliere.

ARLEQUIN.

» Messieurs Abok & Abak soyez les bien venus. O çà,
» vous Monsieur Abok, comment se nommoit votre fils ?

ABOK.

» Il se nommoit Opéra. (*)

ARLEQUIN à Abak.

» Et le vôtre ?

ABAK.

» C'est le même que celui de ce Poëte, nous l'avions fait
» ensemble.

ARLEQUIN.

» Un enfant qui ait deux peres, cela n'est pas rare, mais
» deux peres ayant le même enfant, voici du nouveau.

(*) *La Reine des Péris*, *Comédie Persane*, représentée le Mardi 10 Avril 1725.

Hélas ! j'en avois fait le corps, dit Abok, &
moi l'ame, ajoute Abak.

ABOK.

» La belle ame de violon ! la plaisante ame ; je lui avois
» fait un corps de fer à durer mille ans, si tu l'eusse animé
» comme il faut.

ABAK.

» Tais-toi ; tais-toi ; tu devrois bien parler !

(AIR. *Amis, sans regretter Paris.*)

Bourreau, c'est toi qui fais couler
Mes pleurs intarissables.
Ton maudit corps a fait aller,
Son ame à tous les diables.

ARLEQUIN.

» Voyons quel étoit le tempérament de cet enfant-là !

ABAK.

» Froid.

ARLEQUIN.

» A quel âge est-il mort ?

ABOK.

» Au berceau.

ARLEQUIN.

» De quelle mort ?

ABAK.

» De mort subite.

ARLEQUIN.

» Oui, mais encore, qui est-ce qui l'a fait mourir ?

ABOK.

» Le défaut d'ame, vous dis-je ; il n'en avoit pas le quart
» de ce qu'il lui en falloit.

ABAK.

» Dites, dites, que c'est qu'il avoit le corps mal conformé,
» puisque ceux qui l'ont ouvert après sa mort, ne lui ont
» point trouvé de parties nobles.

ARLEQUIN.

» Depuis quand l'enfant est-il mort ?

ABAK.

» Depuis trois ou quatre mois.

ARLEQUIN.

» Messieurs, je suis fâché de vous dire que mon secret n'est
» bon que dans les vingt-quatre heures. Votre enfant n'e
» reviendra jamais.

ABOK à Abak.

» Je ferai encore des enfans avec toi, tu n'as qu'à t'y at-
» tendre.

ABAK.

» Il appartient bien à des marmouzets de ta façon d'être
» animés de la mienne...... Va mon ami, crois-moi, fais
» des Polichinels.

Arlequin ne pouvant les accorder, & voyant
qu'ils en viennent aux invectives, les chasse à
coups de bâton, en chantant

Jean danse mieux que Pierre,
Pierre danse mieux que Jean, &c.

Léandre feignant d'ignorer le malheur de
Balkis, vient la demander en mariage à Aboulifar, qui répond froidement qu'elle est morte;
la dureté de ce pere étonne fort le Cavalier; le
Cady qui paroît ensuite, a des sentimens bien
plus humains, non seulement il est fâché d'être
cause du trépas de cette fille, mais par cet exemple, il refuse la cadette, qu'Aboulifar veut
l'obliger d'épouser. Dans ce moment arrive
Pirouzé, déguisée en Médecin, qui vient demander justice contre un monstre abominable
qui va désoler l'Isle, c'est ajoute-t-elle un homme qui se mêle de ressusciter les morts; cela
n'est-il pas odieux, continue le faux Médecin;
vous en sentez la conséquence. Oui, répond
le Cady, je conçois le préjudice que porteroient

à la Faculté les plaintes des morts qui reprendroient la vie, mais je ne vois point d'homme au monde plus utile au public que celui-là.

  PIROUZÉ avec véhémence.

» Quoi, Seigneur ! le Tribunal de la Faculté ne sera donc
» plus un Tribunal en dernier ressort, nos Arrêts définitifs
» ne s'éxécuteront plus que par provision. Et vous ne pré-
» voyez pas les terribles désordres qui naîtront de cet abus.
» Songez de quelle importance il est pour tous ceux qui vi-
» vent, que les morts restent où ils sont. Personne à présent
» ne voudroit plus rester en l'autre monde.... Les morts
» sont des colonies de vivans dangereux ou superflus, dont
» le Ciel par nos mains & les vôtres, purge continuel-
» lement la terre. Les rendre à la vie, c'est attenter à la vo-
» lonté du Ciel, à la nôtre, à la vôtre ; c'est être perturbateur
» du repos public ; c'est être un monstre, un..... le voici.
» Vous sçavez ses pernicieux talens : je vous en dis les suites.
» Jugez, voyez, approuvez, condamnez, tout comme il
» vous plaira ; je m'en lave les mains. *Dixi.* Adieu.

Ce discours n'est que trop capable de persuader le crédule Cady du sçavoir de l'accusé. Approchez rare & grand personnage, dit-il à Arlequin : est-ce à vous qu'il faut rendre la vie, répond celui-ci ? est-ce vous qui êtes mort ? non pas replique-t-il : il s'agit de restituer à la lumiere une jeune fille.

  ARLEQUIN.

» Son nom ?

  LE CADY.

» Balkis.

  ARLEQUIN.

» Quel âge ?

  LE CADY.

» Quinze ans.

  ARLEQUIN.

» Cela est bon. Etoit-elle brune ou blonde ?

  LE CADY.

» Brune.

  ARLEQUIN.

» Etoit-elle pucelle ?

LE CADY *embarrassé.*
« Tout est perdu, s'il faut sçavoir cela.
ARLEQUIN.
Non, non, passons à la cérémonie. J'entre en fureur;
« éloignez-vous.

Arlequin fait plusieurs contorsions, & forme des cercles avec sa baguette. Aboulifar arrive : Chut ! paix ! lui dit le Cady. Arlequin continue ses grimaces, il feuillette un livre, & après quelques gestes d'étonnement : Cady, dit-il, votre affaire n'est pas faisable : ce livre m'apprend que Balkis est morte volontairement : elle se trouve bien dans l'autre monde, & ne veut pas en sortir. Hélas ! s'écrie le Cady, la pauvre enfant a peur de moi, mais rassurez-là, je promets de renoncer à son mariage. Sur votre parole replique Arlequin, je vais entreprendre l'opération. Il sort. Aboulifar peu crédule veut détromper le Cady, mais ce dernier est si prévenu, qu'il ne veut rien écouter. Arlequin raméne Balkis, & elle à son tour prie le prétendu Magicien de rendre la vie à sa fidelle Pirouzé.

ARLEQUIN *recommence ses cérémonies.*
(AIR. *Bin, bin, brekok.*)

Kimperkorentik, azatek,
Bin bin berlok, bimbin brelobinek,
Uriko, chiku, chikusek,
Bimberlin, bimberlin, bimbelok,
Bimbrelok, bimbrelok,
Bimbinbrelobinek.

« Voilà qui est fait, vous la retrouverez chez vous.

Aboulifar reste avec Arlequin, Léandre survient : Je me flatte, dit ce dernier au pere, que connoissant mes biens vous m'accorderez votre fille : J'ai promis ma fille au Cady, répond Aboulifar, le Cady l'aura. Malgré les prieres de Léandre, les menaces & les injures d'Arlequin, Aboulifar demeure ferme & inébranlable dans sa résolution. Léandre est au désespoir lorsqu'on voit entrer Pirouzé en pleurant. Aboulifar veut plaisanter : Balkis, dit-il, est-elle encore morte, & vas-tu faire un second voyage en l'autre monde avec elle. Hélas ! Seigneur répond Pirouzé c'est à vous qu'il faut songer. A peine a-t-elle cessé de parler, que l'Iman de la montagne paroît.

L'IMAN. (Air. *Du haut-en-bas.*)

Aboulifar,
Entre mes mains la loi vous livre ;
Aboulifar,
Mettez ordre à votre départ.
Votre femme a cessé de vivre,
Sous la montagne il faut la suivre,
Aboulifar.

Aboulifar consterné, prie Arlequin de vouloir rendre la vie à sa femme : celui-ci persuadé qu'on lui demande une chose impossible, prend le parti de plaisanter, & lui rejette toutes les mêmes duretés qu'il a employées lorsqu'on lui parloit pour sa fille ; cette derniere, ainsi que Léandre, employent leurs prieres pour l'engager : Tenez, dit-il, je suis un grivois & un fourbe aposté pour vous duper.

ABOULIFAR.

» Vous ne cesserez point cette cruelle plaisanterie.

ARLEQUIN.

» Je ne suis qu'un fripon, vous dis-je, foi d'honnête

» homme. Eh! mais,... parbleu vous êtes le premier qui
» m'ayez chicanné là-dessus.

Lorsqu'Aboulifar a promis de donner sa fille à Léandre, Pirouzé & Balkis renouvellent leurs instances.

ARLEQUIN.

» En voici bien d'un autre ; est-ce pour rire, morbleu !
» vous me feriez tous enrager.

(AIR. *Je ne suis né ni Roi ni Prince.*)

Il faut pour parler de la sorte,
Qu'elle ne soit donc pas plus morte,
Que vous l'étiez vous deux......

PIROUZÉ.

Aussi,
Ne l'est-elle pas davantage ;
Monsieur, dites-nous grand-merci,
Tout ceci n'est qu'un badinage.

» Tenez, c'est que pour vous rendre plus traitable, Ma-
» dame a pris du même ingrédient dont ce matin votre fille
» s'est servie. L'Iman en a été la dupe. Venez la voir parta-
» ger la joye que nous avons d'avoir obtenu votre aveu pour
» l'union de Balkis & de Léandre. »

Aboulifar s'emporte, mais on lui représente sa promesse, & il y consent, puisque Léandre est riche. On annonce un divertissement & un Vaudeville, qui ne se trouve point dans le Manuscrit qui nous a été communiqué.
Extrait Manuscrit.

VEUVE, (la) seconde Comédie en cinq actes & en prose, de *Pierre de La Rivey*, représentée en 1578. Imp. dans le premier Recueil des Œuvres de l'Auteur. *Hist. du Théatre François*, année 1578.

VEUVE, (la) Comédie en un acte & en prose de M. de *Champmeslé*, représentée à la suite de la Tragédie de *Polyxene*, le Jeudi 30 Juillet 1699. non imp. *Hist. du Théatre Franç. année* 1699.

VEUVE, (la) ou LE TRAITRE TRAHI, Comédie en cinq actes & en vers, de M. *Corneille*, représentée en 1633. in-8°. Paris, Targa, 1634. & dans le Recueil des Œuvres de l'Auteur. *Hist. du Th. Fr. année* 1634.

VEUVE, (la Fausse) Comédie en un acte & en prose, de M. *Néricault Destouches*, non imp. & représentée le Samedi 20 Juillet 1715. à la suite de la Tragédie d'*Andronic*. *Histoire du Th. François, année* 1715.

VEUVE, (la) c'est le titre du deuxième acte du Ballet des *Fêtes de Thalie*, de M. de *La Font*. Musique de M. *Mouret*, représenté en 1714. Voyez *Thalie*. (les *Fêtes de*)

VEUVE (la) A LA MODE, Comédie en un acte & en vers, de M. de *Vizé*, représentée sur le Théatre du Palais Royal, le Dimanche 9 Mai 1667. in-12. Paris, Ribou, 1668. *Histoire du Th. Fr. année* 1667.

VEUVE (la) A LA MODE, (*a*) Comédie Françoise au Théatre Italien, suivie d'un divertissement, trois actes en prose, de M. de *Saint-foix*, première représentation du Mardi 26 Mars 1726. non imp.

Nous croyons ne pouvoir mieux faire que de remettre sous les yeux du public le compte que le Mercure de France rendit de cet ouvrage dans sa nouveauté, & l'extrait que l'Auteur de

---

(*a*) Il y a une piéce de M. de *Vizé*, sous le même titre ; c'est tout ce que celle-ci a de commun avec elle. Voyez l'article précédent.

ce Journal crut devoir joindre à son jugement, *Mercure d'Avril* 1726. *pag.* 784.

« Les Comédiens Italiens donnerent le 26
» Mars une Comédie en trois actes, intitulée:
» *La Veuve à la mode*; l'Auteur ne se nomme
» pas, quoique les applaudissements avec les-
» quels elle a été reçue du Public, dussent l'y
» exciter. Nous avons cru faire plaisir à nos
» Lecteurs de leur en donner un extrait.

ACTEURS.

DORANTE, Président, oncle de Damon & d'Eliante. *Le Sieur Paghetti.*

DAMON, Amant d'Eliante. *Le Sieur Lélio fils.*

ELIANTE, jeune veuve, Amante de Damon. *La Demoiselle Silvia.*

PASQUIN, valet de Damon. *Le Sieur Dominique.*

DORIMENE. *La Demoiselle La Lande.*

MARTHON, servante d'Eliante. *La Demoiselle Flaminia.*

LISETTE, servante de Dorimene. *La Demoiselle Thomassin.*

PLAN DE LA PIÉCE.

» Damon & Eliante, quoiqu'ils ayent de
» l'amour l'un pour l'autre, aiment encore
» mieux leur liberté que la chaîne qui les unit,
» toute légere qu'elle est. Ils sont également
» portés à fuir un engagement plus sérieux, tel
» que l'himen. Dorante, oncle de Damon,
» entreprend de le marier avec Eliante, qui est

» aussi sa niéce. Tous deux s'y opposent égale-
» ment ; voici comme ils développent leur
» caractere, en parlant à leur oncle.

ÉLIANTE.

» Nous marier ensemble ! vous ennuyez-vous de nous
» voir unis ?

PASQUIN.

» Pourquoi faire des tracasseries entre ses proches ?

DORANTE.

» Comment ? vous marier ensemble, c'est vous brouiller !
» ne vous aimez-vous pas ?

DAMON.

» Madame me plaît. Je me rappelle son idée avec plus de
» plaisir que celle d'une autre ; mais comme toutes les jolies
» femmes se ressemblent en quelque chose, j'amuse indiffé-
» remment, avec tout ce que je trouve d'aimable, le fond
» de tendresse que j'ai pour elle.

DORANTE.

» Hé bien ! voilà un amour commencé, dont les liens se
» resserreront encore par ceux du mariage.

ÉLIANTE.

» Au contraire ; ils gâteront tout. Nous nous aimons à
» présent, sans trop croire nous aimer ; nous nous cher-
» chons, sans presque y penser, sans y avoir peut-être ja-
» mais réfléchi ; nos petits intérêts, nos amis, nos plaisirs,
» nos visites sont les mêmes. Ha ! si nous étions mariés,
» nous nous appercevrions bientôt de cette ressemblance ré-
» ciproque qui se rencontre dans tout ce que nous faisons ;
» elle nous deviendroit peu à peu à charge ; chacun de son
» côté la traiteroit de jalousie, de défiance ; nous nous gêne-
» rions ; les inégalités, les inconstances qui ne sont rien
» entre les Amans, parce qu'ils n'y sont exposés qu'autant
» qu'ils le veulent bien, changeroient de nom ; elles devien-
» droient mauvaises humeurs, dégoûts, entre un mari & une
» femme, qu'un lien fatal assujettit à vivre ensemble.

DAMON.

» Que cela est bien dit, ma chere cousine ! je vous aime ;
» je vous adore. Non ; je ne vous épouserai jamais,

» Dorante poussé à bout par la résistance que
» son neveu & sa niéce apportent à ses desseins,
» leur dit enfin d'un ton absolu, qu'il veut qu'ils
» se marient dès ce jour, & les menace, s'ils lui
» désobéissent, de les priver de sa succession,
» en épousant lui même une jeune personne
» appellée Dorimene, à qui il fera une dona-
» tion de tous ses biens. Il ajoute que cette même
» Dorimene n'oseroit refuser sa main, puisque
» tout le bien qu'elle espére ne lui a été laissé
» par une de ses parentes, qu'à condition qu'il
» la mariera comme il jugera à propos, &
» qu'elle y consentira aveuglément ; ce coup
» paroit également terrible à Eliante & à Da-
» mon ; ils n'attendent rien que de lui, & sa suc-
» cession ne leur doit être ouverte que par l'hy-
» men qu'il leur propose ; cependant ils demeu-
» rent fermes dans la résolution qu'ils ont for-
» mée de ne se jamais marier. Ils imaginent tous
» deux des expédients pour empêcher que leur
» oncle ne fasse cette donation dont il vient de
» les menacer. Damon se flatte d'être assez aimé
» de Dorimene, pour l'empêcher d'accepter la
» main de Dorante ; il se promet de l'engager
» encore mieux à lui par de nouveaux soins qu'il
» affectera de lui rendre ; Eliante trouve cet
» expédient trop dangereux, & en conçoit
» même une pointe de jalousie ; elle défend à
» Damon de rien tenter auprès de Dorimene,
» & se charge de tout. Voici comme elle s'y
» prend. A peine Damon l'a-t il quitté, qu'elle
» fait part à Marthon sa suivante, d'un projet
» qu'elle vient de former : elle lui dit qu'elle a
» vû Dorimene pour la premiere fois le jour

» d'auparavant dans un bal, & qu'elle lui en a
» conté sous un habit de Cavalier, mais d'une
» maniere à avoir fait beaucoup de progrès sur
» son cœur en peu de temps; elle ajoûte qu'elle
» veut la voir chez elle sous ce même habit qui
» lui a déja été si favorable; elle ordonne à
» Marthon d'aller rendre une visite à cette mê-
» me Dorimene, sous le nom d'Eliante. La
» Servante consent à passer pour la Maîtresse;
» le premier acte finit là. Elles concertent dans
» l'entr'acte tout ce qui peut servir à donner un
» bon succès à ce stratagême.

» Dans l'acte second, Dorimene ouvre la
» scéne avec Lisette sa servante, c'est une scéne
» d'exposition. Dorimene apprend à Lisette que
» Dorante la doit épouser, si Damon & Eliante
» ne consentent à se marier ensemble dès ce
» jour. Lisette lui demande si elle pourra con-
» sentir à épouser Dorante, malgré les tendres
» promesses qu'elle a faites à Valere de n'être
» jamais qu'à lui. Dorimene lui répond d'une
» maniere à la faire douter de sa constance; elle
» lui avoue enfin qu'un jeune inconnu qu'elle
» a vû au bal le soir d'auparavant, & qui lui a
» parlé d'amour, est le plus fort obstacle que
» Dorante ait à surmonter dans son cœur.
» Cette scéne non seulement expose ce qui s'est
» passé, mais elle prépare encore ce qui doit
» suivre. Marthon est annoncée sous le nom
» d'Eliante. Dorimon ordonne qu'on la fasse
» entrer. Après quelques complimens tels qu'on
» en fait & qu'on en reçoit à une premiere en-
» trevue, la fausse Eliante prie Dorimene de lui
» permettre de donner quelques ordres secrets

» à un domestique, Dorimene y consent: la
» fausse Eliante & Dorimene s'asseyent; la pre-
» miere commence la conversation par une ou-
» verture de cœur; voici comment elle s'ex-
» prime:

MARTHON, ou la FAUSSE ÉLIANTE.

» Ce n'est point dans le tumulte du monde, où mille amu-
» semens nous dissipent, que nous avons le plus à craindre
» les surprises de l'amour. L'année de retraite que j'avois
» sacrifiée à la mort de mon époux n'étoit pas encore expi-
» rée, lorsqu'une de mes amies mena chez moi un de ses
» parens. Qu'il étoit aimable! quelle vue, pour un cœur que
» la bienséance forçoit depuis dix mois à ne s'entretenir que
» d'idées lugubres, & dont les desirs s'augmentoient, par
» le peu d'emploi que je leur donnois ; ce jeune homme me
» fit plusieurs visites ; enfin un jour, il me dit qu'il m'ai-
» moit ; je lui répondis que j'en étois ravie, & que je l'ai-
» mois bien aussi.

DORIMÈNE.

» Ce début promet.

MARTHON.

» Ma réponse le fâcha.

DORIMÈNE.

» Que vouloit-il donc?

MARTHON.

» Qu'à l'aveu de sa passion j'eusse pris un air sévere; que
» je l'eusse menacé, maltraité même ; enfin, il lui falloit
» des rigueurs ; mais j'avois trop de délicatesse pour le satis-
» faire sur cet article.

DORIMÈNE.

» Je ne comprens rien à cette délicatesse.

MARTHON.

» Elle est fort raisonnable, cependant; une femme qui
» craindroit que son Amant ne la vît à sa toilette, & qui
» ne lui inspireroit de l'amour que par des appas empruntés,
» devroit-elle tirer vanité de sa conquête?

DORIMÈNE.

» Non.

MARTHON.

» Par la même raison, il me semble que les petits refus,
» les obstacles & les difficultés dont s'irrite la passion d'un
» Amant, étant choses aussi étrangeres à notre personne que
» le blanc & le rouge, on ne peut se tenir fiere d'un cœur
» qu'elles nous conservent. Mais lorsque nous sçavons que
» notre facilité peut faire tomber un Amant dans l'indolence
» & l'assoupissement, vouloir lui prêter ce secours contre nos
» charmes, pour le vaincre encore avec plus d'honneur,
» voilà la délicatesse d'une héroïne fiere, sûre de son mérite,
» & qui ne veut devoir ses victoires qu'à elle-même. Enfin,
» il fallut bien qu'il s'accommodât à ma morale.

DORIMÉNE.

» Elle est assez commode.

MARTHON.

» Il vouloit aimer dans le goût des Romans qu'il avoit
» lûs; mais il n'est plus si neuf; vous m'en direz peut-être
» des nouvelles avant peu.

DORIMÉNE.

» Moi, Madame!

MARTHON.

» Il vous aime; vous me l'enlevez, &c.

» Cette scéne a paru toute neuve par l'air de
» paradoxe & de singularité qui y regne. Elle
» finit par de vifs reproches que la fausse Eliante
» fait à Dorimene de lui enlever ce captif qu'elle
» a pris de si bonne guerre. Dorimene se défend
» du larcin que Marthon lui reproche; mais la
» vraie Eliante, déguisée en Cavalier, vient
» achever de l'en convaincre; Marthon dit à
» Dorimene, avant que ce faux Cavalier pa-
» roisse, que c'est elle même qui lui a fait dire
» comme de sa part, de venir chez elle couvert
» d'un manteau, pour n'être pas reconnu;
» qu'elle veut qu'il s'explique entre elles deux,
» & la prie de souffrir qu'elle se cache pour un
» moment.

» Nous avons crû que nos lecteurs ne se-
» roient pas fâchés de voir ici quelques mor-
» ceaux de cette scéne, dont le fond & l'éxécu-
» tion ont fait un plaisir général aux spectateurs.

ÉLIANTE *d'un ton de petit-Maître.*

» Du moins personne ne m'a reconnu. Sans trop nous
» flatter, nous sommes un peu rompus à ces aventures.

DORIMÈNE.

» Monsieur. . . . . .

ÉLIANTE.

» Morbleu, Mademoiselle, que je suis heureux ! je viens
» ici par vos ordres, & j'y viens déguisé ; vous mêlez déja du
» mystere dans notre premiere visite. Du mystere, il en faut
» toujours ; mais en amour sur-tout, vive le mystere.

DORIMÈNE.

» Monsieur. . . . . .

ÉLIANTE.

» Dès que je vous ai dit que je vous aimois, vous l'avez
» crû ; c'est l'effet ordinaire de la vérité ; elle frappe & per-
» suade d'abord.

DORIMÈNE.

» Monsieur. . . . . .

ÉLIANTE.

» Oui, Mademoiselle ; quand même je ne vous l'aurois pas
» dit, vous l'auriez dû penser, belle & charmante comme
» vous l'êtes. Permettez-moi que je baise vos belles mains.

Elle se jette à ses genoux.

DORIMÈNE.

» Monsieur, tenez-vous donc.

» Cette scéne est suivie de quelques autres
» écrites avec le même feu & la même légéreté;
» mais nous passerions les bornes ordinaires que
» nous nous sommes prescrites dans nos ex-
» traits, si nous voulions mettre ici tout ce

»qu'il y a de joli dans cette piéce ; nous allons
»finir en peu de mots.

» Marthon, ou la fausse Eliante, qui s'étoit
» retirée pour laisser un champ libre au faux
» Cavalier auprès de Doriméne revient ; elle se
» retire une seconde fois, en tâchant de faire
» croire que l'amour a fait place dans son cœur
» au dépit de se voir sacrifiée. Dorimene ne
» peut résister au faux Cavalier ; elle capitule ;
» elle se rend ; la loi que le vainqueur lui im-
» pose, c'est qu'elle ne verra plus Damon, &
» sur-tout qu'elle n'acceptera pas la main de
» Dorante. Dorimene souscrit à tout : Damon
» arrive ; Eliante qui lui a fait un mystere du
» tour qu'elle joue à Dorimene, continue à le
» tromper sous son déguisement ; elle y ajoute
» l'accent Gascon, pour n'être pas reconnue à la
» voix. Dorimene les laisse ensemble, après
» avoir dit tendrement au faux Cavalier qu'elle
» l'attend le soir ; la scéne entre Damon &
» Eliante est tout-à-fait plaisante ; comme Da-
» mon ne reconnoît pas sa Maîtresse, il lui dit
» des choses dont elle est piquée jusqu'au vif,
» & qui la confirment de plus en plus dans le
» dessein de ne se marier jamais avec lui ; elle
» lui rend le change, & acheve de lui inspirer
» une aversion invincible pour ce mariage. (*)

_____

(*) Il est vrai que Damon parle un peu légérement d'Eliante dans cette scéne, mais comme il lui rend justice avec chaleur sur les choses essentielles, elle ne doit pas être trop mécontente de lui, d'autant moins que ne s'épargnant aucune-
ment elle-même, & se vantant sans façon qu'Eliante sera
bientôt sa conquête, dès qu'elle voudra entreprendre de le
réduire, elle met la vanité de son Amant à une terrible
épreuve. Il y a dans l'*Amante difficile* de M. *De la Motte*,

» Le faux Cavalier se retire ; Damon ordonne
» à Pasquin de le suivre ; Lisette qui a reçu le
» même ordre de Dorimene se joint à Pasquin,
» pour tâcher de le reconnoître ; dans l'entr'acte
» Lisette a reconnu que le faux Cavalier est
» Eliante même ; Pasquin n'a pas fait la même
» découverte ; il dit seulement à son Maître que
» le Cavalier qu'il a suivi par son ordre, est allé
» droit chez Eliante, & qu'il a pris chez elle
» des libertés qui n'appartiennent qu'à un
» Amant aimé, ou à un mari. Ce mot de mari
» n'est pas inutile au dénouement, l'Auteur l'a
» mis à profit ; voici comment. Dorimene pi-
» quée du tour qu'Eliante vient de lui jouer, jure
» de s'en venger, & sçachant l'aversion que
» Damon & elle ont pour le mariage, elle croit
» ne pouvoir mieux les punir qu'en les mariant
» ensemble, malgré qu'ils en aient. Elle per-
» suade à Damon qu'Eliante est mariée secret-

_____

une scéne qui ressemble à celle-ci, dans laquelle une Amante travestie veut éprouver si son Amant est capable de l'estimer, autant qu'elle croit le meriter, & joue auprès de lui le même personnage, mais outre que les deux scénes ne finissent pas de même, c'est que le dernier trait de ressemblance vient de l'accent gascon qu'affectoit la Demoiselle *Silvia*, dans les deux piéces ; or l'*Amante difficile* fut d'abord representée en Canevas, & la Demoiselle *Flaminia*, qui jouoit alors ce role, & en Italien, n'étoit point dans le cas de contrefaire l'accent Gascon, & ce ne fut que longtemps après les representations de la *Veuve à la mode*, de M. de *Saintfoix*, que M. De la Motte fit un Cavalier Gascon de la Demoiselle *Silvia*, qu'il chargea du role de l'*Amante difficile*, lorsqu'il redonna cette piéce en prose Françoise, & écrite d'un bout à l'autre. Voyez le *Canevas*, acte pour acte, & scéne pour scéne, de l'*Amante difficile*, *Mercure d'Octobre*, 1716. page 10-72. à la fin du Canevas ; voyez aussi dans la nouvelle édition des Œuvres de M. De la Motte, Paris, Prault fils, Quai de Conti, 1754. tome V. l'*Amante difficile*, en prose, acte 5. scéne 5. p. 340.

» tement depuis six mois ; elle fait croire la
» même chose à Eliante sur le compte de Da-
» mon ; ils donnent si bien dans le paneau,
» qu'ils témoignent à Dorante qu'ils sont prêts
» à former ce lien pour lequel ils ont marqué
» tant de répugnance; Dorante les prend au
» mot ; ils signent le contrat ; chacun d'eux
» croyant qu'il sera nul, par un premier enga-
» gement qu'ils supposent ; mais comme cet
» engagement n'a été qu'un artifice de Dori-
» mene, ils sont obligés de s'en tenir à leur
» signature. Dorante en est si reconnoissant
» envers Dorimene, qu'il consent qu'elle se ma-
» rie avec Valere son premier amant. Cette
» piéce est suivie d'une fête dont le sujet est les
» *Grands jours, ou les Arrêts de l'Amour*. En
» voici quelques chansons :

» Amants qui d'une belle essuyez le caprice,
   » Vous que pour prix d'un tendre sacrifice,
   » On immole à d'autres amours ;
» Venez ; accourez tous ; on vous rendra justice ;
   » L'Amour tient ici ses grands jours.

UN AVOCAT.
» Je parle pour Tircis.

UN SECOND AVOCAT.
         » Je suis pour Céliméne.

LE PREMIER AVOCAT.
» Un rendez-vous étoit concerté comme il faut ;
» Le fidéle Tircis attendoit l'inhumaine.
      » Hélas ! son attente fut vaine ;
      » Elle ne vint pas assez tôt.

LE SECOND AVOCAT.
      » Tircis est lui seul en défaut ;
» L'Amour au rendez-vous fit courir Céliméne.
      » Hélas ! son attente fut vaine ;
      » Tircis étoit parti trop tôt.

ARREST.

» Ordonné que sans perdre temps ;
» Un nouveau rendez-vous finisse
» Les plaintes de ces deux Amants ;
» L'Amour, en leur rendant justice,
» Veut leurs plaisirs pour toute épice,
» Et compense entr'eux les dépens.

VAUDEVILLE en Placet.

» L'air des Robins déplaît aux belles ;
» Plaise à l'amour de les éloigner d'elles ;
» Mais, si quelqu'un prenoit les airs exquis
» Du petit-Maître, ou du Marquis,
» Qu'il soit aimé des plus cruelles.

L'AMOUR.

» Soit fait ainsi qu'il est requis.

Extrait imprimé.

VEUVE (la) COQUETTE, Comédie Françoise au Théatre Italien, suivie d'un divertissement, un acte en prose, de M. *Des Portes*, première représentation du Dimanche (*) 19 Octobre 1721. Voyez pour un court extrait de cette piéce qui s'y trouve, le *Mercure d'Octobre 1721. pag. 129.* Voyez aussi pour le *Vaudeville le Mercure de Novembre, page 127. & immédiatement après la page 5. la Musique gravée de ce même Vaudeville.* Paris, Briasson.

VEUVE (la) FIDELLE, ou le SOLDAT PAR VENGEANCE. Voyez *Flaminia veuve fidelle & Soldat par vengeance* ; voyez aussi le *Soldat par vengeance*, ou *Arlequin soldat en Candie* ; *Histoire de l'ancien Théatre Italien*, pag. 361. Paris, Lambert.

VEUVES, (les) Opéra Comique en un

___

(*) Cette date est copiée du *Mercure d'Octobre* 1721. *page* 129.

acte, par M. de *Valois d'Orville*, représenté le Samedi 28 Juin 1738. précédé du *Compliment Prologue*, & suivi des *Vieillards rajeunis*, pièce en un acte, non imp.

Araminte & Dorimène sont sœurs, & toutes deux veuves, la premiere de son sixiéme mari, & l'autre du premier. Ces deux sœurs pensent d'une maniere bien différente ; Araminte peu contente de ses défunts époux, & que ces épreuves réitérées auroient dû dégouter du mariage, veut s'y engager encore. Je n'attribue, dit-elle mon malheur qu'à mon mauvais choix, & j'espére que celui que je prendrai me dédommagera des chagrins que m'ont causés les autres. A l'égard de Dorimène, comme elle se voit délivrée d'un mari, qui lui seul rassembloit tous les défauts de ceux de sa sœur, elle est résolue de conserver sa liberté le reste de sa vie, ce n'est pas qu'elle ne soit sollicitée de convoler en secondes nôces. Le Chevalier Quolibet qui affectant des airs de petit-Maître, est le fat le plus imbécille qu'on ait présenté sur la scéne, presse Dorimène avec importunité, & sa présomption ridicule lui fait interpréter favorablement toutes les réponses désobligeantes que la Dame lui fait pour s'en débarrasser.

LE CHEVALIER.

« Allons, ma Reine, faites-moi ce doux aveu, épanchez
» votre cœur, parlez.

DORIMÈNE.

» Hé bien ! Chevalier, puisque vous le desirez, je vous
» dirai que j'ai pour vous l'indifférence la mieux cimentée....

LE CHEVALIER.

» La mieux cimentée ! ah ! ah ! pas mal, pas mal........
» Vous m'aimez donc, adorable personne ?

DORIMÈNE.
» Je ne dis pas cela...... mais......
LE CHEVALIER.
» Vous capitulez, je n'en veux pas davantage...., adieu
» ma charmante ; voici l'heure de l'Opéra, j'y vole, & je
» reviens en diligence terminer notre hymen. A tantôt, à
» tantôt.

Damon, c'est le nom de l'autre prétendant, est un Amant transi, passablement bête. Rebuté des rigueurs de Dorimene, il rencontre Araminte, qui lui conseille de se pourvoir ailleurs, & lui fait entendre clairement qu'elle l'accepteroit volontiers pour son septiéme époux. Damon un peu ébranlé, semble se déterminer, lorsque le Chevalier Quolibet n'ayant pû trouver à l'Opéra une place propre à se faire regarder, revient chez Dorimene. J'enrage, dit-il, qu'un aimable homme comme moi soit dans un spectacle incognito, tandis que c'est nous qui donnons le ton au public.

LE CHEVALIER.

(AIR. *Que je regrette mon Amant.*)

Aussi-tôt que nous apprenons
Qu'une nouvelle débutante,
Doit paroître, nous accourrons,
Pour peu que sa beauté nous tente.
Nous l'animons si joliment,
Qu'elle réussit promptement:
Nous l'animons,
L'engageons,
La lorgnons,
La dressons,
La claquons
Si joliment,
Qu'elle réussit promptement.

Mais, ajoûte-t-il, parlons de Dorimene, qui est pour moi la plus passionnée, la plus sensible, la plus amoureuse....... Ce discours fanfaron est rejetté d'abord par Araminte & par Damon ; mais comme celle-là a intérêt qu'il soit vrai, dans l'espérance qu'elle pourra, au refus de sa sœur, obtenir le cœur de Damon, & que ce dernier n'a pas l'esprit trop pénétrant, ils y ajoûtent foi ; Dorimene donne avec plaisir ses soins pour cimenter la bonne intelligence & l'union de ces tendres Amans. On est surpris de l'arrivée d'un paysan, qui annonce un divertissement. Le Chevalier qui l'a ordonné pour ses nôces prétendues avec Dorimene, est un peu confus, lorsqu'il apprend de la bouche de cette belle qu'il s'est trompé volontairement, & qu'elle ne veut point se marier, mais il se console galamment. Araminte & Damon s'unissent dit-il ; pourvû que je danse je suis content ; allons que la fête commence.

Couplets du Vaudeville.

Tôt ou tard il faut qu'on s'engage,
Mais les pleurs, les maux, les dégoûts,
Sont le partage
D'un époux.
Les ris, les jeux, le badinage,
Les graces, avec l'enjouement,
Sont le partage
D'un Amant.

Revenu mince, femme sage,
Arrangement, austeres loix,
C'est le partage
D'un Bourgeois.
Spectacle, jeu, femme volage,
Aspect brillant, ami flatteur,
C'est le partage
D'un Seigneur.

Extrait Manuscrit.

Cette piéce fut jouée & annoncée sous le titre de l'*Ecole des Veuves*. Voyez *Ecole* (l') *des Veuves*.

VEUVES (les) RIVALES, Comédie Françoise au Théatre Italien, un acte en prose, de M. de *Saintfoix*, premiére représentation du Samedi 19 Août 1747. Paris, Prault fils.

« Cette piéce qui fut jouée sur le Théatre des
» Comédiens Italiens, le 19 Août 1747. avoit
» été éxécutée en société dans une maison par-
» ticuliere, en présence du dernier Ambassa-
» deur Turc; elle avoit même été imprimée,
» lui avoit été dédiée, & portoit le nom des
» veuves Turques. » *Note manuscrite de Monsieur Gueullette*. Voyez pour l'épître dédicatoire dont il est parlé dans cette note, pour la préface ajoûtée à une nouvelle édition de la piéce occasionnée par le succès des représentations, & pour une espéce d'extrait de la piéce même, le *Mercure d'Août* 1747. page 177. on y verra aussi que la note de M. *Gueullette* est en contradiction au sujet de la date de la premiere représentation des *Veuves Rivales*, avec le *Mercure*, qui la place au 21 du mois d'Août; mais nous nous en sommes tenus à la note de Monsieur *Gueullette*, dont nous avons éprouvé plus d'une fois que le Journal est plus exact que les Journaux imprimés.

VEUVES (les) TURQUES. Voyez *Veuves* (*les*) *Rivales*.

VICE-ROI (le) DE NAPLES, Comédie de M. *Rotrou*, voyez *Célie*.

VICENTINI, (Thomaso-Antonio) (*) né

―――――――――
(*) *Thomas-Antoine*.

à Vicense, Etat Vénitien, (*) étoit un des principaux Acteurs qui furent choisis par le Sieur *Riccoboni* le pere, pour former la Troupe Italienne qu'il amena en France en 1716. par ordre de Monseigneur le *Duc d'Orléans* Régent. Le Sieur *Vicentini* y jouoit les roles d'*Arlequin*, & continua jusqu'à sa mort de remplir cet emploi, sous le nom de *Thomassin*, (**) nom qu'il a rendu aussi célébre que celui des *Roscius* & des *Esopes*. Le moindre mérite de cet admirable modéle, qui a produit, jusqu'à l'arrivée du Sieur *Bertinazzi* (*Carlin*) autant de mauvaises copies, qu'en avoit produit le fameux *Dominique Biancolelli*, jusqu'à celle du Sieur *Thomassin*, lui même, fut celui d'un excellent *Arlequin*; sa souplesse, sa gayeté naturelle, & les graces de sa *balourdise* auroient suffi pour lui mériter cet éloge; mais la nature en avoit fait un excellent Acteur, à prendre ce terme dans sa signification la plus étendue. Vrai naïf, original, patétique, au milieu des ris qu'il excitoit par ses bouffonneries, un trait, une réflexion dont il faisoit un sentiment par sa maniere de la rendre, arrachoit des larmes, & surprenoit l'Auteur lui-même dans les piéces écrites, aussi bien que le public, & cela malgré l'obstacle d'un masque qui semble avoir été imaginé pour faire peur, autant que pour faire rire; souvent même, après avoir commencé par rire de la façon dont il exprimoit la douleur, on finissoit par éprouver l'attendrissement dont on le voyoit pénétré

(*) Note de M. *Riccoboni* le fils.
(**) *Thomassino*, diminutif de *Thomaso*.

L'Histoire Romaine nous a conservé les noms d'un ou deux Acteurs célébres ; ceux des *Barons*, & des *Le Couvreur* sont déjà consacrés dans la mémoire de nos *François*, aussi passionnés que l'étoient les *Romains* pour ce genre d'amusement, & le seront sans doute dans leur histoire ; mais nous avons droit de regarder comme nos compatriotes les *Italiens* qui ont abandonné leur patrie pour venir contribuer à nos plaisirs, & s'il est vrai que les talens puissent ajoûter à la gloire d'une nation, il manquera quelque chose à la nôtre & à celle de notre siécle, à moins que nos historiens ne prennent soin d'instruire la postérité des succès d'un Acteur qui a fait un honneur égal à la *France* & à l'*Italie*, & qu'on a eu raison de regarder comme véritablement digne d'occuper la scéne, avec la Demoiselle *Silvia*.

Le Sieur *Vicentini* débuta avec toute la Troupe nouvellement arrivée d'*Italie*, sur le Théatre du *Palais Royal*, le Lundi 18 Mai 1716. par une Comédie intitulée : l'*Heureuse surprise* ; voyez *Heureuse (l') surprise*. Nous ne devons point passer sous silence une anecdote qui a rapport à ce début, & que nous tenons de M. *Gueullette* ; elle caractérise mieux le génie & les ressources du Sieur *Riccoboni* le pere, & de l'Acteur qui fait le sujet de cet article, que tout ce que nous en pourrions dire. Le célébre *Dominique*, qui s'étoit fait une si grande réputation en *France*, sous le masque d'*Arlequin*, avoit un défaut dans la voix, auquel il avoit si bien accoutumé le Public, aussi bien que ses imitateurs, qu'on n'avoit point imaginé depuis sa mort, qu'un Arlequin pût être supportable sans parler de la gorge, & affecter un ton de perroquet. Le Sieur *Riccoboni* le pere & le Sieur *Thomassin*, instruits de ce préjugé, n'en furent pas médiocrement allarmés, sur-tout le dernier qui a parlé toute sa vie avec sa voix naturelle, ce que les jeunes Acteurs de ce temps-ci qui ne l'ont jamais entendu auront peine à croire. Il s'agissoit d'apprivoiser les Spectateurs qui s'effarouchent quelquefois à moins, & voici comme on s'y prit. Il y a plusieurs scénes de nuit dans l'*Heureuse surprise*; on en plaça une au commencement de la piéce. Lélio appelloit Arlequin son valet, qui d'abord ne répondoit point, & répondoit ensuite par intervalles, paroissant se rendormir à chaque fois, après avoir répondu. Lélio l'alloit chercher, l'amenoit sur la scéne, dormant tout debout; il l'éveilloit avec bien de la peine, & lui parloit; Arlequin en lui répondant se laissoit glisser à terre & se rendormoit; son Maître le relevoit, & Arlequin dormoit sur son bras, &c. Enfin le Public fut la dupe de cette scéne, & après avoir ri & applaudi un demi-quart d'heure, sans que le nouvel Arlequin eût prononcé un seul mot, il n'eut plus le courage de le chicaner sur sa voix, lorsqu'il vint à se faire entendre, & lui permit d'être naturel, sans tirer à conséquence. Nous doutons que le Public d'aujourd'hui voulut être aussi indulgent. Le Sieur *Thomassin* mourut le Mercredi 19 du mois d'Août 1739. à l'âge de 57 ans, après une longue maladie, pendant laquelle il avoit renoncé au Théatre, & fut enterré le lendemain à *Saint Laurent* sa

Paroisse. Voyez le *Mercure d'Août* 1739. page 1850.

VICENTINI, (Margarita Rusca femme du Sieur *Thomaso-Antonio.*) Voyez *Rusca.* (Marguerite.)

VICENTINI, (Francesco) (*) fils aîné du Sieur *Thomaso-Antonio Vicentini*, étoit né en *Italie*, & parut au Théatre Italien sous le masque d'Arlequin, à l'âge de cinq à six ans, au mois de Janvier 1719. dans quelques-unes des représentations qui suivirent la premiere d'une Comédie de M. *Gueullette*, intitulée: *Arlequin Pluton*. La scéne qu'il éxecuta avec la Démoiselle *Vicentini* sa sœur, aujourd'hui femme du Sieur *de Hesse*, qui étoit à peu près du même âge, avoit été composée exprès pour eux, par M. *Gueullette*. Cet Acteur encore enfant, donnoit d'assez belles espérances, pour que le Public ait lieu d'avoir regret à sa mort, arrivée quelques années après. Voyez les articles *Arlequin Pluton*, & *Vicentini* (*Catharina-Antonina.*)

VICENTINI, (Catharina - Antonina) (*b*) Actrice vivante, & fille aînée du Sieur *Thomaso-Antonio Vicentini*, autrefois connue à la Comédie Italienne sous le nom de *Catine*, (*c*) l'est à présent sous celui de Madame *de Hesse*, depuis son mariage avec le Sieur *de Hesse*, excellent Acteur, & fameux par la composition des Ballets au même Théatre. (Voyez *l'article*

―――――――――――

(*a*) *François*.
(*b*) *Catherine-Antoinette. Antonina* est le diminutif d'*Antonia*
(*c*) *Catina*, diminutif de *Catharina*.

Hesse (*de*) qu'elle épousa le Lundi 30 Juillet 1742. Elle est née en *Italie*, aussi bien que son frere *Francesco Vicentini*, & partagea avec lui, au mois de Janvier 1719. les applaudissemens du Public, sous l'habit d'Arlequine, à peu près au même âge que lui, & dans une scéne ajoûtée à la Comédie d'*Arlequin Pluton*, & faite exprès pour lui & pour elle. Voyez l'article *Vicentini*, (*Francesco*) ce fut la premiere fois qu'elle parut au Théatre Italien, où nous ne croyons pas qu'elle ait jamais eu de véritable début ; le Public s'accoutuma à l'y voir avec plaisir, dans différents roles qui devenoient plus considérables, à mesure qu'elle avançoit en âge, & fut fort content de la Justice qu'on lui rendit, en la recevant dans la Troupe au sortir de l'enfance. Elle fut chargée des roles d'*Amoureuses*, en double de la Demoiselle *Silvia*, mais depuis elle a changé d'emploi, & elle joue à présent les *Servantes*, dans les piéces *Françoises*.

VICENTINI, (Vincent-Jean) Acteur vivant, second fils du Sieur *Thomaso-Antonio Vicentini*, & l'aîné des enfans que celui-ci a eu en France, a débuté au Théatre Italien le Mercredi 19 Novembre 1732. par le role de *Bajocco* dans la Parodie du *Joueur*, interméde Italien ; il joua aussi le Vendredi 5 Décembre de la même année, le role du *Maître à chanter*, dans une Comédie de M. de *Boissi*, intitulée : *Le Je ne sçai quoi*. Il a été reçu très-jeune dans la Troupe, pour doubler son pere dans les roles d'*Arlequin*, mais nous ne sçavons s'il a jamais rempli cet emploi, ne lui ayant vû jouer que les rôles *rompus*. Il s'est aussi longtemps distingué dans la danse haute & de caractere, sur tout pour celui de *Polichinel* ; c'est un talent qu'il paroit négliger depuis quelques années. Voici le compte que rendit le *Mercure de France* du début de cet Acteur.

« Le 19 du mois de Novembre 1732. le » fils du Sieur *Thomassin*, de la Comédie Ita- » lienne, âgé de 15 ans, débuta pour la pre- » miere fois dans la Parodie du *Joueur* com- » posé de scénes Italiennes jouées autrefois sur » le Théatre du Palais Royal, par des Acteurs » Italiens ; il joua le role de *Bajocco*, qui en est » le principal, avec assez d'intelligence pour son » âge, & fut très-applaudi du Public ». *Merc. de Novembre* 1732. *page* 2470.

« Le 5 Décembre de la même année, le » Sieur *Thomassin* le fils reparut encore sur le » Théatre Italien, & joua dans la Comédie du » *Je ne sçai quoi*, le role du *Maître à chanter*, » qui est une Parodie d'un des actes des *Fêtes* » *Vénitiennes*. Ce jeune homme joua avec intel- » ligence, & paroit avoir du talent pour le » Théatre ; il peut le perfectionner, s'il s'ap- » plique à imiter ceux de son pere, qui est en » possession de plaire au Public dès qu'il paroît » sur la scéne. Ce nouvel Acteur a été reçu » depuis peu dans la Troupe ». *Mercure de Décembre* 1732. *premier volume, page* 2674.

VICENTINI, (Louise-Elisabeth-Charlotte) seconde fille du Sieur *Thomaso-Antonio Vicentini*, & connue à la Comédie Italienne sous le nom de *Babet*, étoit née en *France*. Elle débuta au Théatre Italien au mois de Juillet

1733. (*) & fut reçue dans la Troupe. Le peu de temps que cette jeune Actrice est demeurée au Théatre, a donné à peine aux Spectateurs celui de remarquer qu'elle étoit d'une figure très-gracieuse. Une mort prématurée l'enleva au Public, le Jeudi 18 Février 1740. Elle avoit renoncé au Théatre avant que de mourir.

VICENTINI, (Françoise Sidonie) troisiéme fille du Sieur *Thomaso-Antonio Vicentini*, & connue à la Comédie Italienne sous le nom de *Sidonie*, étoit née en *France*, aussi bien que sa sœur *Louise-Elisabeth-Charlotte Vicentini*. (Voyez l'article précédent.) Elle débuta au Théatre Italien par le role de la *Folle raisonnable*, dans la Comédie de ce nom, le Lundi 15 Octobre 1736. & fut reçue dans la Troupe au mois de Mai 1740. à la place de la Demoiselle *Babet* sa sœur, morte quelques mois auparavant. (Voyez encore *l'article précédent*.) mais le Public ne l'avoit point perdue de vue dans l'intervalle, & elle étoit demeurée à l'essay au Théatre Italien. Elle n'a survécu que peu d'années à sa sœur ; & est morte après avoir renoncé au Théatre, le Dimanche 5 Septembre 1745.

La nature avoit accordé plus d'un talent à la Demoiselle *Sidonie*, sans compter les agrémens d'une physionomie peut-être moins réguliere, mais plus vive & plus animée que celle de la Demoiselle *Babet*. Elle fut applaudie dans le role de la *Folle raisonnable*, à son dé-

―――――――――

(*) Nous n'avons pu rien découvrir de plus précis sur la date de son début, ni sur le role par lequel elle débuta.

but; elle dansa dans le divertissement, qui ce jour-là termina le spectacle, un *pas de deux* avec le Sieur *de Hesse*, & n'y réussit pas moins que dans la Comédie; mais sa principale réputation vint de ses succès dans les Parodies en *Vaudevilles*. Sa figure, une voix passable, beaucoup de feu & de gayeté la rendirent bientôt fameuse dans ce genre, & le role de *Phèdre*, dans la jolie Parodie de la Tragédie lirique intitulée *Hyppolite & Aricie*, mit le sceau à sa célébrité. Nous ne devons point oublier l'honneur que lui fit une ronde fort connue de la composition de M. *Favart*, aussi bien que la Parodie dont nous venons de parler, & dont le refrain est : *V'la c'que c'est qu'd'aller au bois*. Voyez au sujet de quelques uns des faits ou dates contenus dans cet article, le *Mercure d'Octobre* 1736. *page* 2347. *& celui de Mai* 1740. *page* 994.

VICENTINI, (Joachim) Acteur vivant, & dernier fils du Sieur *Thomaso-Antonio Vicentini*, a débuté au Théatre Italien à l'âge de 18 ans, pour les roles de son pere, par celui d'*Arlequin*, dans la Comédie intitulée, *Timon le Misantrope*, le Samedi 26 Août 1741. Cet Acteur n'a point été reçu, & remplit à présent (1754.) avec succès sur les Théatres de la Province, l'emploi pour lequel il a débuté à *Paris*.

Voici le compte que rendit le *Mercure du mois d'Août* 1741. *page* 1883. du début du Sieur *Joachim Vicentini*.

« Le 26 du mois d'Août 1741. les Comé-
» diens Italiens remirent au Théatre *Timon le*

« *Misantrope*, Comédie en trois actes précédés » d'un Prologue, avec des intermédes de chants » & de danses, dans laquelle le plus jeune des » enfans (*a*) de feu *Thomassin*, âgé de dix-huit » ans, & qui n'a jamais paru en public, joua le » role d'*Arlequin* avec beaucoup d'applaudisse- » ment, & toute l'intelligence convenable. On » lui trouve beaucoup de talent ».

VICENTINI, (Marie-Louise) étoit la derniere des enfans du Sieur *Thomaso-Antonio Vicentini*, & l'Auteur du Mercure s'est trompé, en annonçant le Sieur *Joachim Vicentini* comme le dernier. Voyez l'*article précédent*. Il est vrai que nous ne pouvons assurer que cette jeune personne ait jamais paru au Théatre, même pour la danse, & dans des roles d'enfant, & que nous sommes sûrs qu'elle n'y a jamais eu de vrai début. Nous n'en faisons ici mention que pour ne rien oublier de la famille d'un Acteur qui a été si cher au Public, & qui d'ailleurs a reçu à son occasion un honneur auquel il a dû être très-sensible. Elle a été tenue sur les fonds de Baptême au nom du Roi, par M. le Duc d'Aumont, l'un des quatre premiers Gentilshommes de la Chambre, & au nom de la Reine, par Madame N. . . . . . . (*b*) qui lui donnérent en conséquence le nom de *Marie-Louise*. Elle étoit née en *France*, aussi bien que tous les enfans du Sieur *Thomassin*, excepté les deux premiers, (*c*) & mourut à l'âge d'onze ou douze ans, six

---

(*a*) Voyez l'article *Vicentini*. (*Marie-Louise*)
(*b*) Nous avons inutilement consulté la famille du feu Sieur *Vicentini*, pour apprendre le nom de cette Dame.
(*c*) Voyez les articles *Vicentini* (*Francesco*) & *Vicentini* (*Catharina-Antonina*.)

jours après la Demoiselle *Sidonie* sa sœur, c'est-à-dire, le Samedi 11 Septembre 1745.

VICENTINI, (Marie-Agnès Siméon, femme du Sieur Vincent) est née à *Lille, en Flandres*, & devenue *Italienne* par son mariage, de *Flamande* qu'elle étoit auparavant, elle a débuté comme telle au Théatre Italien, pour les roles d'*Amoureuses*, par celui de la *Comtesse*, dans la Comédie intitulée l'*Heureux Stratagême*, le Jeudi 31 Août 1752, elle y a représenté depuis celui d'*Araminte*, dans les *Fausses Confidences*, & celui de la *Fausse Suivante*, dans la piéce de ce nom. Comme l'Actrice chargée de ce role doit être travestie en Cavalier, elle fut trouvée très-bien faite en homme, & le Public parut content de son jeu & de sa figure. Elle fut aussi applaudie dans ses autres roles de début ; cependant, comme elle n'est point reçue, qu'il y a longtemps que ce début est interrompu, & qu'elle n'a pris depuis aucun engagement en Province, il y a apparence qu'elle a renoncé à la Comédie. Elle n'avoit paru sur aucun Théatre, avant la tentative dont nous venons de rendre compte.

VICENTINI, (Guillaume Adrien) fils du Sieur *Vincent Vicentini*, & éléve du Sieur *de Hesse* son oncle, a dansé pour la premiére fois au Théatre Italien, à l'âge de cinq ans, à la suite du *Retour de la paix*, Comédie de M. *de Boissi*, le Samedi 22 Février 1749. Il éxécuta avec la Demoiselle *Foulquier* (*Catinon*) le *Pas de deux des Enfans Vendangeurs*, dans le Ballet de ce nom qui fut remis pour ce debut, & qui eut la même réussite que dans la nouveauté ; c'est tout dire. Nous avons si souvent rendu compte dans cet ouvrage des succès de ce jeune Danseur, qu'on est d'ailleurs à portée de voir tous les jours au Théatre Italien, qu'il ne nous reste ici qu'à renvoyer nos Lecteurs à ce que nous en avons déja dit. Voyez *les articles Saboriers*, (*les Enfans*) *Vendangeurs*, (*les Enfans*) & *la note* (*a*) *au bas de la page* 54. *du sixiéme volume de ce Dictionnaire, dans l'article Vendanges*, (*les*) *Ballet Pantomime*, &c.

VICOMTE (le) DE GÉNICOURT, Comédie. Voyez *Le Petit-Maître de Campagne*.

VICTIMES, (les deux) voyez *Cyminde*.

VIE (la) EST UN SONGE, *Tragi-Comédie* Italienne, écrite en cinq actes & en prose, tirée de l'Espagnol de *Calderon*, (*a*) l'Auteur Italien est inconnu. Cette piéce porte dans l'original Espagnol le titre de *La vida es sueño*, & dans l'imitation Italienne celui de *La vita e un sogno*, qui est la traduction de l'autre ; La premiére représentation au Théatre Italien de *Paris*, est du Mercredi 10 Février (*b*) 1717. La *Tragi-Comédie* qui fait le sujet de cet article a été traduite en François par M. *Gueullette*, & la traduction imprimée avec l'Italien à côté. Paris, Briasson. Voyez l'*Extrait*, *Mercure de Mars* 1717. *page* 98. Voyez aussi l'article suivant.

VIE (la) EST UN SONGE, *Tragi-Comédie* Françoise au Théatre Italien, trois actes en vers libres de M. *de Boissi*, premiere représentation du Mardi 11 Novembre 1732. Cette

---

(*a*) Tome 1. édition de Madrid, 10 volumes in-8. 1685.
(*b*) Jour des Cendres.

piéce est une imitation de la précédente, (*a*) dans laquelle M. *de Boissi* a rapproché son original de la sévérité des régles de notre Théatre; cependant il ne fut pas content du succès qu'elle eut dans la nouveauté, puisqu'il fit dire à *un Protecteur de la Comédie Italienne*, qu'il introduisoit dans une autre piéce de lui intitulée: *Les Etrennes*, ou *La Bagatelle*: (*b*)

Ce pauvre *Sigismond*! (*c*) son destin me fait peine.
Qu'a-t-il donc fait aux Dieux, pour être abandonné?

A quoi un autre interlocuteur répondoit:

Ils lui font expier le crime d'être né. (*d*)

Tout ce que cela prouve, c'est que M. *de Boissi* est difficile en succès, comme il a droit de l'être, car sa piéce est demeurée au Théatre, & avec justice, & l'on ne joue plus la *Tragi-Comédie* Italienne. Voyez le *Mercure de Novembre* 1732. *page* 2468. Voyez aussi le *Mercure de Décembre de la même année*, *page* 2850. où il est fait une nouvelle mention de *La Vie est un songe*, en vers François, à l'occasion de l'impression de la piéce, & ou au lieu d'extrait, on a employé un fragment de la scène quatriéme de l'acte second. Paris, Prault pere.

VIEILLARD (le) COURU, Comédie en cinq actes & en prose, de M. *de Visé*, représentée le Samedi 24 Mars 1696. non imprimée. *Histoire du Th. Fr. année* 1696.

VIEILLARD, (le jeune) Comédie Françoise

─────────

(*a*) Voyez l'article précédent.
(*b*) Au même Théatre. Voyez l'article *Etrennes*. (*les*)
(*c*) *Sigismond* est le nom du principal personnage de la *Tragi-Comédie*.
(*d*) Vers parodié de la piéce même.

représentée pour la première fois par les Comédiens Italiens, sur leur Théatre du *Fauxbourg S. Laurent*, le Samedi 25 Juillet 1722. trois actes en prose, coupés de trois divertissements, & précédés d'un Prologue non imp. aussi en prose, par Messieurs *Le Sage*, d'*Orneval & Fuselier*. Cette piéce dont le sujet est tiré des *Contes Persans*, n'eut pas un grand succès aux représentations, mais elle mérite d'être lûe. Voyez le *Mercure de Juillet* 1722. *page* 205. imp. dans le cinquième volume du *Théatre de la Foire*, Paris, Ganeau.

VIEILLARDS, (le Calendrier des) Opéra Comique en un acte, de M. *De la Chaussagne*, représenté le Samedi 7 Avril 1753. Paris, in-8° Duchesne.

VIEILLARDS (les) AMOUREUX, (*I Vecchi inamorati*.) Canevas Italien en trois actes, représenté pour la première fois sous ce titre, le Mercredi 23 Août 1747. Le Sieur *Gandini* y joua sous le masque d'Arlequin, en l'absence du Sieur *Bertinazzi* (*Carlin*) & la piéce fut bien reçue. Ce Canevas, quoi qu'assez ancien, est du nombre de ceux qu'on appelle modernes, pour les distinguer des anciens Canevas, qui se nomment en *Italie* piéces *de l'art*. Il a été composé par les *Académiciens de Rome*, & porte dans ce pays-là le nom de *La Colarara*, (*l'Ouvriere en rabats*,) c'est le même que la nouvelle Troupe Italienne représenta, aussi en trois actes, environ deux mois après son arrivée en *France*, c'est à-dire, le Mercredi 8 Juillet 1716. & qu'elle intitula *Le Docteur & Pantalon Amants invisibles*. Voyez *Docteur* (*le*) &

Pantalon Amants invisibles. Comme nous avons recouvré le Canevas de la *Colarara*, qui ne nous étoit point parvenu lors de l'impression de l'article auquel nous venons de renvoyer, nous en allons faire usage ici ; on y reconnoîtra quelque chose d'assez semblable à une idée employée dans la Comédie de M. de *Brecourt*, intitulée dans la nouveauté, *Le Jaloux invisible*, & depuis, à une reprise, *Le Bonnet enchanté.* Voyez les deux articles, *Jaloux* (le) *invisible*, & *Bonnet* (le) *enchanté*.

ACTEURS.

ARLEQUIN.
FLAMINIA, *Lingere, sa femme.*
CORALINE, *Ouvriere en Rabats, sa fille.*
PANTALON. } *amoureux de Coraline.*
LE DOCTEUR.
MARIO, *Amant de Coraline.*
CÉLIO, *son ami.*
SCAPIN, *Maître d'une Auberge, ami d'Arlequin.*

La scène est à Gênes.

ACTE I.

Le Théâtre représente une rue de la ville de Gênes, dans laquelle on remarque une Boutique de Lingere, & une Auberge.

Pantalon & le Docteur s'entretiennent ensemble, & le premier fait confidence à l'autre de son amour pour Coraline, *jeune ouvriere en rabats*, qui est arrivée depuis peu à Gênes, avec Arlequin son pere, & Flaminia sa mere. Le Docteur exprime *à parte*, qu'il n'est pas moins touché des charmes de Coraline, puis s'adressant à Pantalon, il le dissuade de cette passion ridicule à son âge, & ajoute que comme son ami, il veut être le *Médecin de sa raison*; Pantalon le remercie, & lui promet de profiter de ses conseils; il sort, & le Docteur se félicite aussi-tôt qu'il est parti, de l'adresse avec laquelle il s'est débarrassé d'un rival; il quitte aussi la scéne, & est remplacé par Arlequin, qui conte à Scapin son ancien ami qu'il s'est hâté de quitter Milan, à cause que Coraline sa fille y avoit trop d'Amants. Scapin promet de continuer à lui rendre service comme il vient de faire, en aidant sa femme à lever boutique, & à s'établir *Lingere*; Arlequin sort, & Scapin est abordé par le Docteur qui lui confie sa passion; Scapin lui conseille d'aller se parer & *se faire beau*; le Docteur goûte cet avis, & le quitte pour s'aller mettre à sa toilette. Scapin appelle Flaminia; il lui dit qu'un riche vieillard est devenu amoureux de sa fille, & qu'il s'agit de se moquer de lui, & de trouver moyen de marier Coraline à ses dépens. Flaminia trouve cela fort bien imaginé; Arlequin survient, & gronde sa femme de l'entretien mistérieux dans lequel il la surprend; Scapin l'appaise & l'emmene, & Flaminia appelle sa fille Coraline; elle lui recommande l'amour du travail & la modestie, & en effet la mere & la fille se mettent à travailler ensemble dans leur boutique. Le Docteur arrive mis en petit-maître, & faisant entendre qu'il espére bien l'emporter sur tous ses rivaux;

Il salue Flaminia & Coraline, & s'asseoit entre elles deux. Pantalon survient, en s'applaudissant de sa docilité aux bons conseils de son ami, puis tout à coup le voyant assis auprès de Coraline, sa jalousie réveille son amour. Il fait des railleries de la foiblesse du prétendu *Médecin de sa raison*; ensuite il prend querelle avec lui, & ils se jurent l'un à l'autre une haine mortelle; les Dames se retirent; le Docteur quitte la partie, & laisse Pantalon fort en colere; Scapin le vient joindre, & apprend de lui le sujet de sa mauvaise humeur; il lui conseille d'acheter à force de présents l'exclusion de son rival; Pantalon lui promet de ne rien épargner pour cela; il sort, & Scapin appelle Flaminia & sa fille & les instruit de tout; elles se préparent à profiter de l'occasion pour s'enrichir; Flaminia s'en va d'un côté & Scapin de l'autre, & Coraline demeurée seule, dit qu'elle veut prévenir un jeune Cavalier appellé Mario, qu'elle aime beaucoup, quoiqu'elle n'en ait fait la conquête que depuis quelques jours, de peur qu'il ne prenne de la jalousie des égards qu'on lui ordonne d'avoir pour Pantalon & le Docteur; Mario survient, avec Célio son ami, qu'il prie de faire le guet pendant qu'il s'entretiendra avec Coraline; elle lui rend compte de l'amour des deux vieillards, & des ordres de sa mere; Mario se prête à cette feinte, & la remercie de son attention; Arlequin rentre chez lui, & témoigne du mécontentement à sa fille de ce qu'elle cause avec un Cavalier; elle lui avance un siége, & il s'asseoir en grondant. Mario & son ami parlent pour l'adoucir d'une colation magnifique qu'ils ont fait préparer, & du chagrin qu'ils ont de ce que ceux qu'ils avoient invités leur ont manqué de parole, en sorte qu'ils sont fort embarrassés pour trouver quelqu'un qui veuille bien venir avec eux en manger sa part; Arlequin s'offre de bonne grace; ils le prennent au mot & l'emménent. Pantalon en homme du bel air, avec une perruque bien frisée, & portant un présent dans ses mains, passe devant la boutique de Flaminia; le Docteur toujours paré, suivant les conseils de Scapin, tourne ses pas du même côté; ils se voient l'un l'autre, font le *lazzi* de se cacher, puis s'appercevant qu'ils sont découverts, ils se parlent, se raillent mutuellement, & se cherchent noise. Coraline appelle Pantalon; le Docteur veut le prévenir; Pantalon le repousse; Flaminia paroit, & querelle sa fille; Pantalon lui ferme la bouche par un présent; le Docteur, quoique surpris, prend son parti sur le champ, & en fait un plus beau; Pantalon redouble; le Docteur ne veut pas lui céder; cette émulation dure longtemps, au grand plaisir de Flaminia & de Coraline. (*)

(*) Cette scéne, & ce que nous tenons à ce sujet de M. *Gandini*, nous donnent tout lieu de croire que *La Colarara* & un autre Canevas Italien intitulé *La Dorina*, (la Dorine) du nom de l'Actrice qui y jouoit en *Italie*, dans la nouveauté, le role que joue ici la Demoiselle *Coraline*, se ressemblent beaucoup, si ce n'est pas absolument la même chose. *La Dorina* a été jouée à Paris en un acte, sous le nom *des Deux Rivaux dupés*, le Jeudi 12 Janvier 1719. Voyez *les articles Dorine*, (la) & *Deux* (les) *Rivaux dupés*. Nous ajoutons que l'idée que nous avons d'un Canevas Italien, représenté à Paris, en trois actes, le Lundi 5 Juillet 1723. & intitulé *Les Amans dupés*, ne s'éloigne pas beaucoup de celle que présente celui que nous offrons ici à nos Lecteurs. Voyez *Amans* (les) *dupés*.

Arlequin qui revient yvre au logis, les surprend au fort du combat, & se met entre les deux rivaux; Coraline & sa mere se sauvent; Arlequin use des droits de *Patron de la Caze*; les vieillards lui font la cour, & le soutiennent, le voyant chanceler; il fait beaucoup de *lazzi* avec eux, leur arrache leurs perruques, & les oblige à le porter chez lui. C'est la fin du premier acte.

Acte II.

Pantalon se plaint à Scapin des mauvaises manieres d'Arlequin, qui n'a pas sitôt été revenu de son yvresse, qu'il s'est mis fort en colere, & a fermé la porte de la boutique, pour empêcher qu'on ne parle à sa fille; il recommande ses intérêts à Scapin qui lui promet son secours; Pantalon sort, & Mario survient; Scapin lui raconte tout ce qui s'est passé, & ils conviennent ensemble de se moquer des vieillards, & de leur attraper de l'argent, au moyen de deux anneaux auxquels on supposera la vertu de les rendre invisibles; ensuite Mario entre dans l'auberge de Scapin, pour s'aller travestir. Arlequin & le Docteur paroissent; le premier querelle vivement le second, & lui défend de mettre le pied chez lui. Scapin se met entre deux, & fait semblant d'essayer de faire entendre raison à Arlequin qui rentre: le Docteur se recommande à Scapin; celui-ci répond qu'il connoît un Magicien qui lui seroit d'un grand secours; que c'est un fort habile homme, mais qui malheureusement est aussi fort intéressé: le Docteur promet de le satisfaire, & Scapin appelle le prétendu Magicien ; c'est Mario qui se présente sous ce travestissement, & vend au Docteur, moyennant une bonne somme d'argent, un anneau qui le doit rendre invisible. Le Magicien rentre ; le Docteur & Scapin qui restent ensemble, mettent la vertu de l'anneau à l'épreuve. Tant que le Docteur l'a au doigt, Scapin fait semblant de ne le point voir, en sorte que le bon homme s'en va fort content. Scapin rit beaucoup de sa confiance en le voyant en aller. Flaminia sort de chez elle, avec un panier sous le bras, plein de marchandises de sa profession ; elle se plaint beaucoup d'être obligée d'aller chercher les chalands, depuis que son mari a fermé la boutique ; Scapin lui fait le récit du tour qu'il vient de jouer au Docteur ; il lui parle de l'anneau, de l'invisibilité de cette pauvre dupe, & du soin qu'il faut avoir de prévenir Coraline ; Flaminia le lui promet, & s'en va d'un côté pendant qu'il s'en va d'un autre, pour tâcher de se défaire en faveur de Pantalon d'un second anneau pareil à celui dont le Docteur vient de faire emplette. Mario & Célio entrent, & parlent ensemble de la sotise du Docteur, à qui ils se promettent de jouer un autre tour ; Coraline paroît sur sa porte, & fait une scène de tendresse avec son Amant, qui s'en va fort content, pendant qu'elle rentre chez elle. Scapin revient avec Pantalon, auquel il vante les vertus de l'anneau qu'il vient de lui remettre, & qu'il lui veut faire acheter. Pantalon promet de le bien payer, sitôt qu'il en aura fait l'essai ; Mario les observe de loin ; Scapin l'apperçoit & lui fait signe ; Mario s'avance vers eux ; Pantalon se met l'anneau au doigt ; Scapin fait semblant de ne le plus voir ; Mario supposant un sujet de mécontentement contre Scapin, heurte brusquement en passant Pantalon, (*) qu'il feint aussi de ne pas voir ; il met l'épée à la main, & veut tuer Scapin, qui se fait toujours un rempart du corps de l'invisible ; après plusieurs *lazzis*, Pantalon n'a pas de meilleur parti à prendre que celui d'ôter l'anneau ; alors Mario lui fait des excuses de ne l'avoir pas apperçu plutôt, & s'en va, paroissant toujours fort en colere contre Scapin. Pantalon plein de joie, remercie ce dernier, & le paye libéralement ; Scapin par reconnoissance lui conseille de profiter de son anneau pour s'introduire chez Coraline, au moyen d'une échelle qu'il promet de lui fournir. Pantalon sort pour se préparer à cette expédition, & est suivi de Scapin. Le Docteur arrive, & met son anneau pour aller chez sa Maîtresse ; Flaminia qui revient à la maison, paroit ne le point voir en passant à côté de lui ; il lui fait des malices ; elle feint de s'effrayer, & se sauve chez elle ; le Docteur la suit ; elle lui ferme la porte au nez, & le blesse à la tête. Il s'en va en se plaignant, & finit ainsi le second acte.

(*) Dans la Comédie de M. de *Brecourt*, dont nous avons parlé au commencement de cet article, le *Jaloux* qui se croit invisible au moyen d'un bonnet enchanté, fait beaucoup d'impertinences à des gens qui ne sont pas du secret, & en reçoit le salaire ; mais il s'applaudit de ce que ces gens-là sont bien attrapés de lui donner des coups de bâton sans le voir.

ACTE III.

Pantalon entre avec une échelle, & croyant qu'on ne le peut voir, il la pose contre le mur de la maison de sa Maîtresse, & le franchit. Le Théatre change, & représente une cour de cette maison ; on y voit Flaminia & sa fille qui querellent Arlequin, & se plaignent de ce que le commerce ne va plus depuis qu'il a fermé la boutique, ensorte que l'argent commence à leur manquer. Arlequin pour les appaiser, leur dit qu'il en va faire sur le champ, avec une grande cuve & une malle qui ne lui servent de rien, & qu'il veut vendre à Scapin ; en même temps il tire ces deux meubles dans la cour, les range dans un coin, & s'en va. Sa femme & sa fille après s'être assises, se mettent à travailler au frais. Pantalon paroît, & s'approche d'elles en marchant sur la pointe du pied ; elles font semblant de ne le point voir. Flaminia sort, pour s'assurer de l'éloignement de son mari ; Pantalon s'asseoit auprès de Coraline, lui prend la main, & lui passe la sienne sous le menton ; elle feint de l'étonnement, puis de la frayeur ; il ôte son anneau pour se découvrir à sa Maîtresse ; elle montre beaucoup de joie, & lui demande comme il se peut qu'elle ne l'ait pas vu jusques-là ; il lui explique la vertu de sa bague ; Coraline s'en empare ; Flaminia entre en marquant beaucoup d'effroi, & annonçant le retour de son mari ; Pantalon demande son anneau, mais au lieu de le lui rendre, elles le font cacher dans la cuve ; Flaminia dit tout bas à sa fille que c'est le Docteur qui arrive, & sort. Le Docteur tait avec Coraline une scéne pareille à celle que vient de faire Pantalon. Flaminia les interrompt de même, mais avec plus de fondement, & n'a que le temps de faire cacher le Docteur dans la malle. Arlequin entre avec Scapin ; ils ont conclu ensemble le marché de la cuve & de la malle ; Scapin veut faire venir des crocheteurs pour les emporter. Les deux femmes l'avertissent *à part* de ce qui se passe ; il leur dit de même qu'elles n'ont qu'à le laisser faire, & sort. Arlequin qui veut nettoyer la cuve, la remplit d'eau chaude, & sort aussi pour aller chercher un balai ; Pantalon se sauve tout mouillé de la cuve ; Flaminia & Coraline le fourrent dans la malle par dessus le Docteur. Arlequin revient avec son balai, & les crocheteurs que Scapin envoye pour enlever la cuve & la malle ; Scapin arrive presque aussi tôt ; il est déguisé en Prevôt, & accompagné de Mario & de Célio déguisés en archers ; ils veulent visiter la malle, sous prétexte qu'ils sont avertis qu'elle est pleine de contrebande ; ils en tirent les deux vieillards qui se battent à coups de poingt. Le Prevôt les veut conduire en prison ; ils lui donnent de l'argent pour le fléchir ; on leur demande la raison qui les a fait cacher dans ce coffre ; ils avouent leur amour pour Coraline, disent tous deux qu'ils la veulent épouser, & recommencent à se battre. Arlequin veut mettre le *hola* avec la barre de la porte ; Mario leur représente qu'il n'est pas possible qu'ils épousent Coraline à eux deux, & qu'il vaut mieux que ce soit lui qui l'épouse pour les mettre d'accord. Arlequin le reconnoît pour celui qui l'a si bien régalé depuis peu, & le préfère à ses rivaux. Ainsi Coraline épouse son Amant, & la Comédie finit.

Extrait manuscrit.

VIEILLARDS (les) AMOUREUX ET RIVAUX DE LEURS FILS. Voyez *Barbons* (les) *amoureux*.

VIEILLARDS (les) DUPES DE L'AMOUR, (*Li vecchi scherniti, per l'Amore,*) ou LES DEUX ARLEQUINS, ET LES DEUX ARLEQUINES, Canevas Italien en trois actes, représenté pour la première fois le Jeudi 31 Décembre 1733.

Nous allons faire usage de ce Canevas qui nous est parvenu acte par acte, & scène par scène, (*) & qui nous a paru un des plus singuliers dont nous ayons eu connoissance jusqu'à présent. *Les deux Arlequins & les deux Arlequines* y sont freres & sœurs ; mais il n'y a entr'eux aucune ressemblance supposée, puisqu'elle ne produit aucun effet ; l'habillement des deux freres, exactement uniforme, aussi bien que celui des deux sœurs, est apparemment censé n'être qu'une mode de leur pays ; il y a encore apparence que *les deux Arlequines* jouent sans masque, (**), car sans cela l'amour subit que prennent pour elles deux vieillards, seroit peu vraisemblable, & quoiqu'il soit vrai qu'on voit souvent à la Comédie Italienne des femmes amoureuses d'*Arlequin*, c'est qu'il y a longtemps qu'on est convenu que la beauté du visage n'est pas nécessaire à la rigueur dans un homme à

(*) La différence des scènes est marquée par les *alinea*.
(**) Mlles *Coraline* & *Camille* jouent sous le masque dans *les Deux Arlequines* de M. *Véronése*, mais la première joue sans masque dans *Coraline Arlequine*.

bonnes fortunes, au lieu que rien ne dispense les femmes qui ont des prétentions d'être au moins jolies.

ACTEURS.

PANTALON, *père de Flaminia.*
LE DOCTEUR, *père d'Isabelle.*
FLAMINIA.
ISABELLE.
MARIO, *amant de Flaminia.*
LÉLIO, *frere de Mario, amant d'Isabelle.*
PREMIER ARLEQUIN. } *frere & sœur,*
PREMIERE ARLEQUINE. } *Domestiques de Pantalon.*
SECOND ARLEQUIN. } *frere & sœur des*
SECONDE ARLEQUINE. } *deux premiers.*

La scéne est dans une ville d'Italie.

ACTE I.

Le Théatre représente une rue, dans laquelle on remarque la maison de Pantalon & celle du Docteur ; l'action de la piéce commence au point du jour.

Mario parle de son amour pour Flaminia; il appelle & fait des signes pour qu'on lui parle de la maison de Pantalon.

Arlequin, (*) en bonnet de nuit, dit à Mario qu'il ne s'impatiente pas, que Flaminia ne tardera pas de paroître à la fenêtre, & que Pantalon est encore au lit ; ensuite il se retire.

Flaminia à la fenêtre, fait une scéne de tendresse avec Mario.

_____
(*) C'est le premier *Arlequin.*

Pantalon en dedans, dit à Arlequin qu'il entend sa fille qui parle à quelqu'un de sa fenêtre, & qu'il le suive.

Il sort l'épée nue à la main, & attaque Mario, qui se défend en reculant.

Arlequin sort avec une grande batte dont il frappe Pantalon, en faisant semblant de le secourir.

Le Docteur arrive avec de la lumiere ; Arlequin le reçoit à coups de batte dans le transport de son zéle prétendu ; Pantalon en fait des excuses au Docteur, & ils rentrent tous deux chez eux, ainsi qu'Arlequin.

Le jour paroît tout-à-fait.

Lélio parle de l'amour qu'il ressent pour Isabelle fille du Docteur ; il l'entend s'approcher avec sa fille, & se retire.

Le Docteur raconte à Isabelle l'accident de la nuit passée, & le chagrin de Pantalon, à cause de l'imprudence de sa fille ; il recommande à la sienne la modestie & la bienséance. (*La Riverenza*) Isabelle apperçoit Lélio dans ce moment, & lui fait deux révérences. Le Docteur dit qu'il ne s'agit pas de cela, ni d'équivoquer sur les termes. Lélio s'approche d'elle pour lui parler, sans que son pere s'en apperçoive. Le Docteur ordonne à sa fille de rentrer.

Il s'entretient ensuite tout seul, & fait des réflexions sur l'amour qu'il a conçu pour la sœur d'Arlequin ; *c'est la premiere Arlequine.*

Le second Arlequin & la seconde Arlequine, en équipage de voyageurs, disent qu'ils viennent chercher *Arlequin leur frere aîné,* qui pourra leur trouvér quelque bonne condition.

Arlequin l'aîné, valet de Pantalon, arrive sur la scéne; il reconnoît son frere & sa sœur, les embrasse, & appelle son autre sœur *la premiere Arlequine*. Elle vient, & témoigne beaucoup de joie de voir son frere & sa sœur cadette.

Pantalon arrive, & apprend que le jeune Arlequin & la jeune Arlequine sont frere & sœur de son valet. Il s'en réjouît, & devient amoureux de la seconde Arlequine. Arlequin l'aîné le prie de placer son frere & sa jeune sœur chez quelqu'un de ses amis.

Le Docteur survient ; Pantalon le prie de les prendre à son service. Le Docteur dit qu'heureusement il a besoin de deux pareils domestiques. Il appelle Isabelle.

Elle arrive ; Pantalon appelle aussi Flaminia ; elles apprennent ce qui vient de se passer, & se retirent. Alors les deux vieillards font plusieurs *lazzis* de tendresse avec les deux Arlequines ; ensuite ils se retirent aussi.

Mario & Lélio entrent en conversation amoureuse avec Flaminia & Isabelle, & sont accompagnés des deux Arlequins qui étoient restés sur la scéne, & qui font des *lazzis* de joie & des scénes muettes. Ils rentrent tous chez eux, & finissent ainsi le premier acte.

ACTE II.

Pantalon parle de la tendresse qu'il a conçue pour la seconde Arlequine, & dit qu'il voudroit bien trouver l'occasion de lui expliquer ce qu'il ressent pour elle. Après ce monologue,

La seconde Arlequine paroît, lui donne audience, & lui répond qu'elle est une pauvre mais honnête fille, laquelle un frère qu'elle a, & qui est très-avare, a laissée manquer de tout, que cela l'a obligée à venir de son pays à pied. Pantalon tire sa bourse, & lui donne deux louis pour s'acheter les choses les plus nécessaires, après quoi ils quittent la scéne.

Le Docteur s'entretient tout seul à son tour de son amour pour la premiere Arlequine.

Elle paroit; il lui fait le récit de ce qu'il ressent pour elle; elle lui donne à entendre à peu près les mêmes choses que celles dont sa sœur a composé la fable qu'elle a débitée à Pantalon; le Docteur tire de sa bourse huit écus qu'il lui donne, après quoi il rentre.

Les deux Arlequines se racontent mutuellement leur aventure.

Les deux Arlequins surviennent, & disent qu'ils veulent partager la bonne fortune de leurs sœurs; elles y consentent.

Après que les deux Arlequins sont retirés, Pantalon & le Docteur viennent sur la scéne; les deux Arlequines les viennent joindre, & leur demandent un bal masqué. Elles disent qu'il faut qu'ils s'habillent en femmes, & que ce seront elles qui les ajusteront dans leurs déguisements. Ils sont transportés de joie à cette demande qu'ils acceptent, & après que les deux Arlequines sont rentrées dans la maison du Docteur,

Les deux vieillards appellent les deux Arlequins, & leur donnent de l'argent pour acheter de bon vin, & avoir des violons & autre symphonie; ils passent ensuite dans la maison du Docteur.

Les deux Arlequins disent qu'il faut avertir Mario & Lélio de ce bal, afin qu'ils s'habillent en femmes, pour pouvoir parler à leurs Maîtresses; ils ajoutent qu'ils s'habilleront en Cavaliers pour les accompagner. Ils sortent.

Le Théatre change, & représente la Salle du Bal; le reste de l'acte se passe pendant la nuit.

Les deux Arlequins arrivent déguisés en Cavaliers, dans la salle du Bal où sont déja Flaminia & Isabelle, & plusieurs masques; ils donnent la main à Mario & à Lélio déguisés en femmes. Flaminia & Isabelle font acceuil à ces nouveaux masques. Les deux Arlequins demandent du vin frais.

L'on danse & l'on chante.

Pantalon & le Docteur masqués en femmes arrivent à leur tour. Les deux Arlequines, déguisées en Arlequins, leur portent la robe. Ils s'asseyent; l'on danse; les deux Arlequins en Cavaliers font des impertinences aux deux Arlequines en Arlequins. Le Docteur & Pantalon en femmes, prennent le parti de leurs pages; les vrais Arlequins se battent avec les vieillards, & les décoëffent. Les Amans qui sont en femmes, aussi bien que les vieillards, se mêlent de la querelle, & prennent le parti de leurs écuyers; leurs Maîtresses ne restent point oisives, & le second acte finit avec beaucoup de tapage.

ACTE III.

Le Théatre redevient comme au commencement du premier acte. Il est grand jour.

Les deux Arlequins plaisantent aux dépens de Pantalon & du Docteur.

Mario & Lélio surviennent, qui se recommandent à eux; les Arlequins leur disent de s'éloigner, & qu'ils les feront appeller quand il en sera temps; ils entendent venir quelqu'un, & se retirent tous.

Pantalon arrive avec Flaminia, & lui fait des reproches sur sa conduite; elle s'excuse envers lui.

Le Docteur fait une scéne pareille avec sa fille Isabelle; les deux vieillards ordonnent à leurs filles de rentrer à la maison. Ils appellent les deux Arlequins, pour les charger de leur rendre compte de ce qui se passera chez eux en leur absence, & sur tout d'en éloigner les galands.

Les deux Arlequins arrivent & reçoivent les ordres des vieillards, qui s'en vont ensemble.

Les Amoureux viennent joindre les deux Arlequins; ceux-ci leur parlent à l'oreille, ensuite Mario entre chez Flaminia, & Lélio chez Isabelle.

Les deux Arlequines voyant leurs freres seuls, leur viennent aussi parler à l'oreille, après quoi elles rentrent, & les deux Arlequins restent encore sur la scéne, mais éloignés.

Le Docteur arrive, & dit qu'il voudroit bien parler à la premiere Arlequine.

I v

VI.

Elle arrive, le Docteur lui dit des douceurs, pour se mocquer de lui, elle feint de répondre à sa passion, & le prie de prendre pour l'amour d'elle un habit d'Arlequin; elle lui fait observer que passant pour son frere, il pourra demeurer avec elle, & la voir à toute heure sans qu'on y fasse attention dans la maison. Il est charmé de la proposition, & sort pour ce déguisement. La premiere Arlequine rentre.

Pantalon vient à son tour, & témoigne qu'il voudroit bien s'entretenir avec sa Maîtresse.

La seconde Arlequine arrive, & fait à Pantalon les mêmes propositions que sa sœur vient de faire au Docteur; elles sont acceptées avec joie; il sort & elle rentre.

Le Docteur déguisé en Arlequin, dit qu'il va roder autour de la maison du Maître de sa Maîtresse, afin de pouvoir s'y introduire.

La premiere Arlequine déguisée en Cavalier vient frapper à la porte du Docteur.

Isabelle accourt, lui ouvre la porte, & l'embrasse tendrement. Le Docteur déguisé en Arlequin, témoigne beaucoup d'inquiétude & de chagrin, sans oser approcher de chez lui.

Lélio en sort vêtu en Docteur, querelle Isabelle, chasse le faux Cavalier, se retourne du côté du vrai Docteur qui est déguisé en Arlequin, & lui dit: *Comment, coquin, tu souffres une pareille infamie chez moi; ne sois pas assez hardi pour y remettre le pied; je t'en chasse pour toujours.* Il rentre, & tire la porte sur lui, le Docteur étonné se désespère & se retire.

Pantalon vêtu en Arlequin, & entendant du bruit, se tire à quartier.

La seconde Arlequine vêtue en Cavalier, frappe à la porte de Pantalon. Flaminia paroît, & joue avec la seconde Arlequine, la même scéne qu'Isabelle a jouée avec la premiere; Pantalon devient furieux, mais il n'ose se montrer.

Mario déguisé en Pantalon, fait avec Flaminia, la seconde Arlequine & Pantalon, la même scéne que Lélio a faite avec Isabelle, la premiere Arlequine & le Docteur, & finit par chasser Pantalon, qu'il trouve vêtu en Arlequin; le pauvre Pantalon se désespere aussi de cette avanture, & sort de dessus la scéne.

Le Docteur revient toujours vêtu en Arlequin.

La premiere Arlequine paroît à sa fenêtre, & dit au Docteur que la nuit s'avance, qu'il n'a qu'à venir de bonne heure, qu'elle l'attendra, qu'elle lui descendra un grand panier, dans lequel il se mettra; qu'elle le tirera à elle avec la corde qui sert à monter le foin, & que par ce moyen elle l'introduira dans sa chambre; il y consent, & se retire.

Pantalon revient sur la scéne, & témoigne son chagrin de l'avanture de sa fille; il est toujours vêtu en Arlequin, aussi bien que le Docteur; son chagrin se dissipe à la proposition que lui fait la seconde Arlequine qui se montre à la fenêtre; cette proposition est la même que la premiere Arlequine vient de faire au Docteur; il en est transporté de joie, dit qu'il va attendre avec bien de l'impatience le moment du rendez-vous, & s'en va.

Il est nuit.

Le Docteur s'approche de la maison de Pantalon, chez qui demeure la premiere Arlequine, & lui fait un signal.

Elle lui repond par la fenêtre ; & descend ensuite le panier ; le Docteur y entre, & on l'éléve à cinq ou six pieds de terre seulement.

Pantalon se présente, & fait aussi un signal.

La seconde Arlequine à la fenêtre lui descend le panier ; il se met dedans ; & l'on tire ce panier à la même hauteur que celui dans lequel est le Docteur.

Les deux Arlequins surviennent avec des flambeaux ; ils amenent avec eux Mario, Flaminia, Lélio & Isabelle, qui voyant les deux vieillards en l'air dans ces paniers, en paroissent surpris. Les deux Arlequins disent que s'ils ne veulent pas consentir aux mariages de leurs filles avec Lélio & Mario, ils vont les bruler tout vifs ; les deux vieillards refusent leur consentement ; les deux Arlequins allument des étoupes au bout de deux bâtons, & les jettent toutes allumées dans les deux paniers ; les vieillards consentent enfin aux mariages proposés, où descend les paniers, & la Comédie finit. *Extrait Manuscrit communiqué.* (*)

VIEILLARDS (les) INTÉRESSÉS, OU LE DÉDIT INUTILE, Comédie Françoise au Théatre Italien, un acte en vers, de M. *Guyot de Merville*, premiere représentation du Lundi 11 Juin 1742. Cette piéce eut quelque succès aux représentations. Voyez le *Mercure de Juin* 1742. *page* 1440. Paris, Prault pere.

VIEILLARDS (les) RAJEUNIS, Comédie en

(*) Par Monsieur *Gueullette*.

un acte & en vers libres, avec un divertissement, d'un Auteur *Anonyme*, non imprimée, & représentée le Samedi 9 Novembre 1743. précédée de la Comédie de *Démocrite*. *Histoire du Théatre Franç. année 1743*.

VIEILLARDS (les) RAJEUNIS, Opéra Comique en un acte, de Messieurs *Le Sage* & *Fromaget*, représenté à la suite du *Compliment Prologue*, & de l'*Ecole des Veuves*, le Samedi 28 Juin 1738. non imprimé.

Jupiter, amoureux de Thérése, petite villageoise, raconte à Momus qu'il n'a pû plaire à cette fiere beauté, qu'en faisant briller auprès d'elle tout l'éclat de sa grandeur.

MOMUS.

« Vous êtes donc bien charmé ?

JUPITER.

» On ne peut l'être davantage. Je suis fâché seulement
» qu'elle me demande une marque d'amour..... Elle exige
» de moi une action d'éclat qui va découvrir le mystere de
» nos amours.

MOMUS.

» Vous ne devez point trouver cela mauvais.

(AIR. *Bannissons d'ici l'humeur noire*.)

Vous sçavez bien qu'une grisette,
Pour qui soupire un grand Seigneur,
Prendroit volontiers la trompette,
Pour publier son deshonneur.

Thérése s'approche avec Chloé sa cousine : les Dieux se rendent invisibles pour jouir de leur conversation. Jupiter apprend par là qu'il ne doit son bonheur qu'à sa majesté, & que la Paysanne intéressée ne pense qu'à satisfaire son ambition, & non l'amour du Dieu. Chloé glose sur cette aventure, & parle avec si peu de respect, que Momus conseille à Jupiter de se montrer, pour faire cesser ces mauvaises railleries.

JUPITER.

» Allons Momus, faites sçavoir aux vieillards de ce séjour,
» ce que j'ai résolu de faire pour eux, à la prière de Thérèse;
» qu'ils apprennent que la fontaine qui est à l'entrée de ce
» Village, aura par ma puissance la vertu de les rajeunir.

MOMUS.

» Vous serez bientôt obéi : mais Seigneur Jupin, j'y mettrai ma clause.

JUPITER.

» Quelle clause ?

MOMUS.

» Que les personnes qui voudront redevenir jeunes promettront de se défaire de leurs mauvaises habitudes.

Jupiter se retire avec Thérèse & Chloé, & laisse à Momus le soin de présider à la distribution des eaux.

Un vieillard décrépit se présente avec une jeune femme : c'est le Bailly du village & son épouse.

LE BAILLY. (Air. *Je ne suis né ni Roi ni Prince.*)

Seigneur, je viens par complaisance,
Comparoître en votre présence ;
Il fâche à ce jeune tendron,
De garder ma triste figure ;
Car elle sçait bien qu'un grison,
N'est plus un homme qu'en peinture.

LA FEMME DU BAILLY.

» Ne dites donc point cela, mon ami, épargnez ma pudeur : c'est vous qui ne demandez pas mieux que de rajeunir.

VI

(Air. *Voyons un peu comment ça fra.*)

Il falloit me voir à vingt ans,
Vient il me redire sans cesse,
J'étois alors des plus fringans,
Que j'employois bien ma jeunesse.
Rajeunissez cet homme-là,
Pour voir un peu comment ça fra.

Momus y consent, pourvû que suivant la clause prescrite le Bailly renonce à quelque défaut. Sa femme l'accuse sur tout de ronfler, & aussi d'être un peu trop galant envers les jolies Sollicitenses, qu'il fait souvent rougir en leur contant fleurettes : s'il écoute davantage les Sollicitenses, dit la femme tout bas, je rougirai aussi moi.

Au Bailly succéde M. Raclart, ci devant violon de la Comédie Françoise, & alors Ménétrier du village : il veut bien rajeunir, mais aussi tôt qu'on lui propose de boire de l'eau, & de renoncer au vin, il refuse la condition.

MOMUS. (Air. *C'est à boire boire.*)

Refuser, le peut-on croire,
Un avantage si beau ?
Vous serez mis dans l'histoire.

RACLART.

Ho !
Vous mettez le prix trop haut,
Je veux boire, boire, boire,
Boire de bon vin sans eau.

» En buvant de l'eau je n'ai pas deux ans à vivre, au lieu » que j'en peux espérer une quinzaine en continuant mon » régime. Serviteur.

MOMUS.

» Allez, retournez au cabaret.

Madame Jérome, riche Fermiere & très-vieille, se présente accompagnée du jeune Colin son valet : elle voudroit épouser ce garçon, qui n'y veut pas consentir qu'après l'effet des eaux, & prétend ajouter dans son marché, que désormais cette femme ne souffriras plus les visites du Magister, qui vient dit on régler ses comptes. Momus décide que Colin ne doit pas pour cette bagatelle manquer une fortune avantageuse, & envoye ces deux futurs époux aux eaux.

MOMUS seul.

» La Fermiere renouvellera connoissance avec le Magis-
» ter ; Colin les bâtonnera peut-être tous les deux, ou par
» représailles il coquettera de son côté. Tout cela me don-
» nera matière de rire. Il faut bien que je fasse aussi quelque
» chose pour moi.

Charlotte, jeune fille âgée de douze ans seulement, arrive toute essoufflée, priant Momus de ne pas permettre à son vieux Tuteur de boire de l'eau de Jouvence, parce que dit-elle, s'il rajeunit, il voudra m'épouser, & que j'aime mieux son petit fils que lui. Que vous importe, répond Momus, votre Tuteur revenu dans le bel âge vous paroîtra peut être plus aimable : oh que nenni, réplique Charlotte, je m'imaginerois toujours remarquer en lui quelque reste de vieillesse.

MOMUS bas.

» La petite rusée, il faut que je l'embarrasse. (haut.) Je
» voudrois bien vous obliger ma fille, mais je ne le puis. Si
» votre Tuteur veut rajeunir, il n'est pas en mon pouvoir
» de l'en empêcher.

CHARLOTTE.

» Me voilà bien chanceuse Voyez la belle avance.

MOMUS.

» J'en suis fâché.

VI

CHARLOTTE *pleurant.*

» Il faut donc être vieille pour obtenir quelque chose de
» vous.

MOMUS.

» Assurément.

CHARLOTTE *frappant du pied.*

» Pardi, il faut que j'aye bien du guignon.

MOMUS.

» Pourquoi haïssez-vous tant votre Tuteur ? (*Charlotte lui*
» *tourne le dos.*) Vous ne répondez point ! Ah ! vous bou-
» dez ; hé bien, je le rajeunirai sans condition.

CHARLOTTE.

» Est-ce que vous en mettez des conditions ?

MOMUS.

» On ne peut profiter de la grace que Jupiter a accordée à
» Thérèse, qu'en promettant de se défaire d'un vice.

CHARLOTTE.

» Mon Tuteur est un grand avare.

MOMUS.

» Cela étant, je pourrai vous faire plaisir, car l'avarice
» est une maladie incurable.

CHARLOTTE.

» Ah ! je respire.... Mon Tuteur vient ; souffrez de grace
» que je me mette derriere vous ; il ne m'appercevra pas,
» car il est si vieux qu'il ne voit goutte, & puis je suis bien
» aise de voir si vous ne me trompez pas.

MOMUS.

» Ah ! petite friponne, que vous en sçavez long !

Le Tuteur vient, Momus consent à lui accorder de l'eau de Jouvence, mais il faut, dit-il, me promettre de renoncer à la passion qui vous est la plus chere.

LE TUTEUR.

» Je n'en ai point de favorite ; je n'aime ni le jeu, ni le
» vin, ni les femmes avec excès.

MOMUS.

» Ne croyez pas m'en imposer, il faut tout-à-l'heure vous
» débarrasser de votre argent, sans cela point d'affaires.

LE TUTEUR.

» Comment donc faut-il que je le jette par la fenêtre ?

MOMUS.

» Jusqu'au dernier sol. Optez.

LE TUTEUR (Air. *Je ne sçaurois.*)

Pour revenir au bel âge,
Je donnerois tout mon bien ?
Quel que soit cet avantage,
Ma foi je n'en ferai rien;
Je ne sçaurois,
De désespoir & de rage,
J'en mourrois. *il sort.*

MOMUS à *Charlotte.*

» Vous en voilà débarrassée.

Dans la scene suivante paroît un vieux débauché, qui a dissipé tout son bien, & se trouve accablé d'infirmités.

LE DÉBAUCHÉ.

» Je sens des douleurs partout le corps.

(Air. *Je ne suis né ni Roi ni Prince.*)

Outre une incommode gravelle,
Avec une goutte cruelle,
Je sens un rhumatisme-là ; *il porte sa main aux reins.*
Au genou droit une anchilose ....

MOMUS.

Je gagerois qu'avec cela,
Vous avez encore autre chose.

» Il faut, mon cher, que vous ayez mené une vie bien
» déréglée, pour avoir fait tant de belles acquisitions....
» mais il ne vous reste de vos plaisirs passés que le souvenir
» de les avoir pris.

LE DÉBAUCHÉ.

» C'est mon unique consolation.

MOMUS.

» Je vais vous rajeunir, mais à condition que vous renoncerez aux funestes plaisirs qui vous ont plongé dans l'état où je vous vois.

LE DÉBAUCHÉ *faisant des contorsions.*

» La fâcheuse alternative ! hai ! hai !

MOMUS.

» Comment vous balancez ?

LE DÉBAUCHÉ.

» Non, je me rens, la vivacité de mes maux m'y oblige. Momus seul fait cette réflexion.

(AIR. *Belle brune.*)

Quelle rage ! *bis.*
Ne vouloir pas rajeunir,
A la charge d'être sage !
Quelle rage ! *bis.*

Le Ménétrier dont on a déja parlé, revient annoncer à ce Dieu que la Fontaine est entourée de vieux & de vieilles qui refusent de recouvrer la jeunesse en quittant leurs mauvaises habitudes; Momus reconnoissant que la grace accordée par Jupiter court risque de devenir inutile, par la condition qui y est jointe, consent à en dispenser les mortels pour ce jour; le Ménétrier en profite, & le Débauché qui ignore ce changement, revient sous la forme d'un jeune homme, mais dont le visage peint la tristesse.

LE DÉBAUCHÉ.

» Seigneur, depuis que je suis rajeuni, je sens qu'il ne
» me sera pas possible de vous tenir mon serment.

(AIR. *Quand le péril est agréable.*)

Ma peine seroit sans égale,
En lutant contre mes désirs;
Je souffrirois dans les plaisirs,
Le tourment de Tantale.

» Remettez-moi dans mon premier état, je m'y trou-
» vois moins malheureux.

Momus indigné le chasse, & l'abandonne à son intempérance. Jupiter reparoît avec Thérése, & le divertissement formé par les Villageois & Villageoises, est une espéce de triomphe pour cette belle fille.

UN VILLAGEOIS.

D'une fille de Village,
J'idolatrois la beauté ;
N'étant plus dans le bel âge,
J'en étois fort maltraité.
Mais déja cette mutine,
Avec moi rit & badine ;
Ah ! qu'un rajeunissement,
Produit un grand changement !

UNE VILLAGEOISE.

De ces femmes surannées,
J'avois le désagrément :
Depuis plus de trente années,
Je me voyois sans Amant.
Mais ma jeunesse nouvelle,
Auprès de moi les rappelle,
Ah ! qu'un rajeunissement,
Produit un grand changement !

Extrait Manuscrit.

VIEILLE (la) AMOUREUSE. Voyez *Valet (le) embarrassé*.

VIEILLESSE, (la) ou l'AMOUR ENJOUÉ, c'est le titre de la troisiéme Entrée du Ballet des *Ages*, de M. *Fuselier*, Musique de M. *Campra*, représentée en 1718. Voyez *Ages.* (*les*)

VIEILLESSE (la) AMOUREUSE, Pantomime

exécutée par de petits enfans, au Jeu des grands & petits Comédiens Pantomimes, à l'ouverture de la Foire S. Germain, sur le Théatre de l'Opéra Comique, le Dimanche 9 Février 1749. précédée d'*Arlequin & Colette protégés de Flore*, & suivie des *Réjouissances de la Paix*, ou *l'Hommage dû*. (*Affiches de Boudet.*)

VIENNE, (N......de) né à Metz, fils d'un Juif Négociant de cette ville, vint s'établir à Paris à titre de Marchand Jouaillier, & obtint même celui de Bijoutier de la Reine, mais ayant indiscrétement acheté des diamans qui avoient été perdus par une Dame de la première distinction, il fut arrêté à Versailles, & conduit à la Bastille, où il demeura environ trois ans & demi. Au sortir de ce lieu, il fut loger rue de Seine, Fauxbourg S. Germain, dans une maison où il fit connoissance d'Hamoche & de la Demoiselle des Aigles. Les attentions qu'il eut pour cette fille, sœur de l'Actrice du même nom, qui a paru à l'Opéra Comique, furent cause qu'Hamoche par reconnoissance lui proposa d'entreprendre ce spectacle. Le bail du Sieur Pontau étoit prêt d'expirer. Le Sieur de Vienne en conclut un nouveau avec les Sieurs Le Comte & le Bœuf, alors Directeurs de l'Académie Royale de Musique, pour neuf années, à raison de quinze mille livres chacune. Ce bail devoit commencer à l'ouverture de la Foire S. Laurent 1752. & fut passé sous le nom d'Hamoche, prête nom & gagiste du Sieur de Vienne, & qui continua à jouer les roles de Pierrot ; mais à la fin de cette Foire, cet Acteur s'étant imaginé devoir partager les profits du Spectacle, pour lequel il n'avoit fourni aucunes avances, se brouilla avec l'Entrepreneur, & l'ayant quitté, essaya de débuter au Théatre Italien. (Voyez l'article *Hamoche*.) Cette dispute fut cause que le Sieur de Vienne ne fit point usage de son privilege pendant le cours de la Foire S. Germain 1733. Il n'ouvrit que le 30 Juin son Théatre, dont il confia la direction au Sieur Pontau.

Le peu de succès qu'il éprouva aux deux différentes Foires qu'il avoit tenu son Spectacle, ne l'ayant point découragé, il tenta un nouvel établissement rue de Seine, vis-à-vis la rue des Marais, dans la maison de Liebaud, Maître Paûmier. Obligé de quitter cette loge à moitié construite, il en fit bâtir à la hâte une autre rue de Bussy, mais qui ne fut achevée que le 27 Février 1734. Les piéces qu'on représenta sur ce nouveau Théatre ne furent pas capables de rétablir la fortune de l'Entrepreneur. Il consentit à la résiliation de son bail, qui passa pour la seconde fois entre les mains du Sieur Pontau, mais cherchant à se souftraire aux poursuites de ses créanciers, il ne put cependant éviter une nouvelle captivité, plus longue & plus fatale que la premiere, puisqu'il ne survéquit qu'un mois après sa délivrance. Il est mort rue du Cimetiere S. André des Arcs, vers le commencement de l'année 1743.

VIEUGET, (N........ du) Auteur Dramatique, a composé:

LES AVENTURES DE POLICANDRE ET DE BASALIE, Tragédie, 1632. *Hist. du Th. Fr. année* 1632.

„ VIEUJOT, (N........) fils d'un Boulanger
„ de la rue Dauphine à Paris, éléve d'Alard
„ pour les sauts, se mit dans sa Troupe. Il de-
„ vint amoureux de la fille aînée de Restier le
„ pere, qu'on nommoit la petite *Catin*. & l'é-
„ pousa. Il en eut plusieurs enfans, entr'autres
„ une fille qui se maria à *Cavanel*, Opérateur
„ qui a vendu longtemps à Paris d'un baume
„ qu'on nommoit le *Baume à Simone*, nom qui
„ lui avoit été imposé par le public, à cause
„ d'une Guenuche que cet Opérateur portoit
„ toujours avec lui, & qui faisoit des tours sur-
„ prenans. Mais revenons à Vieujot, qui après
„ la mort de son pere prit sa profession, sans
„ renoncer à ses exercices de Théatre, qu'il
„ continua jusqu'en 1722. qu'il quitta Paris ac-
„ cablé de dettes, & obligé d'abandonner sa
„ boutique. Un fils qu'il avoit fait instruire
„ par Grimaldi, le premier qui soit venu en
„ France pour les équilibres, lui parut une
„ ressource contre ses malheurs, en faisant va-
„ loir ses talens. Il courut la Province avec lui,
„ & passa enfin en Italie. Etant à Rome, Vieu-
„ jot le fils se tua en faisant un tour d'échelle ;
„ Vieujot le pere privé de ce secours, s'em-
„ barqua pour revenir en France. Le Vaisseau
„ sur lequel il étoit fut battu d'une si furieuse
„ tempête, qu'il se brisa contre des rochers, où
„ presque toutes les personnes de l'équipage
„ périrent, du nombre desquelles fut Vieujot „.
Mémoires sur les Spectacles de la Foire, Paris,
Briasson ; 1743. *Tome I.* p. 14-16.

Cet article a besoin d'être rectifié en ce qui
regarde la mort de Vieujot & celle de son fils.

Ce dernier n'a point été instruit par Grimaldi, mais par Brila, mari, ainsi que Vieujot le pere d'une fille de Restier. Ce Brila a paru à Paris, & s'est distingué par les tours d'équilibre à la Foire S. Laurent 1742. Il a fait le voyage d'Italie avec Vieujot, mais ce dernier l'ayant quitté à Rome, suivit son fils à Naples, & ce fils y est mort de maladie, & non d'accident. Vieujot le pere revint à Rome, & mourut aussi à l'Hôpital de cette ville. Quelques jours avant son décès, il avoit remis à un perruquier de ses amis, une petite somme, que ce commissionnaire a porté très-fidélement à sa veuve. *Mémoire Manuscrit.*

VIEUX (le) MONDE, ou ARLEQUIN SOMNAMBULE, Comédie Françoise en un acte, représentée pour la premiere fois par les Comédiens Italiens, sur leur Théatre du Fauxbourg *S. Laurent*, le Mercredi 16 Septembre 1722. précédée de la premiere représentation des *Noces de Gamache*, Comédie aussi en un acte, & d'un Prologue en prose, relatif aux deux piéces, & suivie d'un divertissement; non imprimée & *sans extrait*, aussi bien que la Comédie dont elle étoit précédée.

« Le 16 Septembre (1722.) les Comédiens
» Italiens ont donné une piéce nouvelle sur
» leur Théatre du Fauxbourg *Saint Laurent*,
» intitulée, *Les Noces de Gamache*, & une
» autre intitulée *Le Vieux Monde*, ou *Arlequin somnambule*; Ces deux piéces sont pré-
» cédées d'un Prologue, & ornées de chants,
» & de danses, avec un *Vaudeville* à la fin de
» chaque piéce ». *Merc. de Sept.* 1722. p. 180.

Le

VI.

Le Journal *manuscrit* de *M. de la Roque*, ancien Auteur du *Mercure*, nous apprend que ni *le Vieux Monde*, ni *les Noces de Gamache* n'eurent un grand succès, & en effet, ces deux piéces de M. *Fuselier* sont assez inconnues : tous les éclaircissements que nous avons pû nous procurer à leur égard, se bornent à ce que nous venons d'avancer sur leur réussite, à la note empruntée *du Mercure* que l'on vient de lire, & à ceux que nous avons tirés d'un *Prologue manuscrit* du même Auteur, qui en précédoit les représentations, & qui nous a été communiqué ; c'est du même Prologue que nous avons sçu laquelle de ces deux Comédies a été représentée la premiere, & c'est sur sa foi que nous assurons que la seconde, (*Le Vieux Monde*,) n'étoit que d'un acte, d'autant qu'il y est dit positivement que la premiere, (*Les Noces de Gamache*,) n'en avoit pas d'avantage ; or il n'est pas vraisemblable qu'une petite Comédie ait été suivie d'une grande piéce. Ce Prologue suffit aussi pour ne point laisser de doute que *la Fable de Philémon & Baucis* n'ait fourni à M. *Fuselier* le sujet & une partie des personnages *du Vieux Monde* ; l'Auteur a supposé apparemment que le naufrage qui suivit l'hospitalité de ces bonnes gens envers les Dieux, & les épargna seuls dans le pays, fut universel, que la race des hommes fut renouvellée ; il n'importe comment, & que le Monde antérieur à cet événement est le *Vieux Monde* à notre égard ; mais rien n'a pu nous éclaircir sur le rapport que le second titre (celui d'*Arlequin Somnambule*) pouvoit y avoir, ni nous mettre en état d'apprendre à nos lecteurs si *le Vieux Monde & les Noces de Gamache* étoient en prose, ou en vers. Voici l'extrait du Prologue que nous venons de citer; Nous nous y arrêterons principalement aux endroits qui peuvent donner une idée des deux piéces que ce Prologue annonçoit.

ACTEURS.

Mlle Silvia, *coëffée, mais en robe de chambre, comme une Actrice prête à s'habiller.*
Le Marquis. M. *Balletti.* (*Mario*)
Le Président de Nigauday, Champenois. M. *Dominique.* (*Trivelin*)
Le Chevalier de Nigauday, frere du Président. M. *Thomassin.* (*Arlequin*)

La scéne est sur le Théatre de la Comédie Italienne.

Un Marquis Champenois très-aimable, en dépit du proverbe qui n'est point oublié dans ce Prologue, renoue connoissance sur le Théatre de la Comédie Italienne, avec Mlle *Silvia*, qu'il a vue à *Parme, en Italie*, & dont il étoit le partisan zélé, un moment avant la premiére représentation *des Noces de Gamache, & du Vieux Monde*. Elle lui fait des reproches de ce qu'il vient seul à une premiere représentation, lui qui en Italie ne manquoit jamais d'amener aux Comédiens cinq ou six de ses amis dans les grandes occasions; il répond que ce n'est pas de n'avoir amené personne qu'il a des excuses à lui faire, mais bien d'avoir amené deux originaux de sa Province dont il n'a jamais pû se débarrasser; en un mot, il paroît bien honteux d'être venu en si bonne compagnie.

Mlle SILVIA.

Hé! qui sont s'il vous plaît, ces originaux qui vous donnent tant de pudeur?

LE MARQUIS.

Ce sont deux Seigneurs Champenois de mes voisins..... l'aîné s'appelle Monsieur Remi de Nigauday, Président d'une Election de la Province, & le Chevalier se nomme le Chevalier de Nigauday.

Mlle SILVIA.

La Maison de Nigauday a je pense un arbre généalogique des plus branchus.

LE MARQUIS.

Monsieur le Président de Nigauday est un bel esprit manqué qui se mêle de décider sur tous les cas imaginables; mais il est si infortuné dans ses décisions, que soit qu'il prononce au Tribunal ou dans la ruelle, on appelle toujours de ses sentences.

Mlle SILVIA.

Monsieur le Président de Nigauday est un Juge furieusement respecté.

LE MARQUIS.

Comme Monsieur le Président a déja fait deux voyages à Paris, le premier, quand pour lui apprendre le *Protocole*, on le mit pensionnaire chez un Procureur, où il s'est perfectionné le goût & les manieres, le second quand il est venu solliciter les provisions de sa charge, & demander en mariage la fille d'un *Missisipien*, qu'heureusement pour lui on lui a refusée; il se croit homme du belair, & se pique de régler dans sa petite ville le langage & les modes.

Mlle SILVIA.

Et Monsieur le Chevalier de Nigauday est-il aussi façonné que Monsieur le Président?

LE MARQUIS.

Ho! que non. Le Chevalier est un orphelin de vingt-sept

ans, qui n'est jamais sorti du Château de Nigauday que pour visiter des hauts-créneaux, ou assassiner des lièvres.

Mlle SILVIA.

Ce commerce-là promet un joli Cavalier.

LE MARQUIS.

Comme le Chevalier a été élevé dans une terre où il y a beaucoup de merles, il n'a pû retenir que leur langue; il siffle toujours; c'est sa manière de converser.

Mlle SILVIA.

Il siffle toujours! cela est-il possible? Il n'a donc vû que des Palfreniers, ou des pièces nouvelles?

LE MARQUIS.

Si vous en exceptés les paroles nécessaires pour demander les besoins de la vie que sçavent les enfans mêmes au berceau, le Chevalier depuis vingt-sept ans, n'a pû apprendre que trois mots François, encore y en a-t-il deux *monosillabes*, l'un qui l'est naturellement, & l'autre qui le devient par la mauvaise prononciation du Chevalier.

Mlle SILVIA.

Ces trois mots-là peuvent-ils s'entendre honnêtement?

LE MARQUIS.

Ho! fort honnêtement; le laconisme du Chevalier de Nigauday n'a point de rimes immodestes.

Mlle SILVIA.

De grace, Monsieur le Marquis, régalez-moi donc de cette phrase favorite, qui depuis vingt-sept ans compose toute la Rhétorique du Chevalier.

LE MARQUIS.

Quelque chose qu'on dise, de quelque temps qu'on parle, passé, présent ou à venir, Monsieur le Chevalier de Nigauday, en ouvrant des yeux débonnaires, & une bouche niaisement riante, répond toujours: *Ç'a est drôle*.

Mlle SILVIA.

Ç'a est drôle! en vérité, Monsieur le Marquis, vous vous êtes lié avec d'aimables gens! il faut que ce soit une pénitence qu'on vous ait imposée.

LE MARQUIS.

Dans l'instant que je montois dans mon carrosse pour

gendre, lui, mes deux brillans compatriotes m'ont relancé à ma porte ; le Président m'a fait des complimens entortillés......

Mlle SILVIA.

Et Monsieur le Chevalier a dit : C'a été étalé.

LE MARQUIS.

Non ; il n'a fait que siffler en me faisant ses révérences.

Mlle SILVIA.

Et vous nous avez amené ce fanfaron-là ! nous n'avons pas besoin de pareils oiseaux ; le Parterre a soin de nous en entretenir.

LE MARQUIS.

Mes tenaces Provinciaux n'ont point voulu me quitter.

Mlle SILVIA.

Et pour vous en défaire, vous les avez débarqués à la Comédie Italienne ! nous vous sommes vraiment fort obligés.

LE MARQUIS.

Où me sauverai-je ? J'apperçois le Président.

Le Président arrive, & prédit beaucoup d'ennui au Marquis ; il commence, selon la coutume des beaux esprits, par deviner que les piéces qu'on va jouer sont détestables ; il se plaint, par exemple, qu'on n'ait fait qu'une Comédie en un acte, des Noces de Gamache.

Mlle SILVIA.

Permettez-moi, Monsieur, de justifier l'Auteur ; il nous a dit qu'un sujet si connu devoit être resserré sur le Théatre, pour éviter d'être l'écho éternel de Cervantes, ou de s'écarter trop de cet Ecrivain inimitable, lui paroissant également sûr de broncher en suivant ces deux routes opposées. Jusqu'à présent, *Don Quichotte* n'a pas paru sur le Théatre impunément, & les annales comiques nous apprennent que deux ou trois piéces, quoique spirituellement écrites, sont tombées, parce que le Chevalier de la triste figure n'y répondoit pas à l'idée trop avantageuse que les Spectateurs s'étoient formées de lui. Les longs discours, la morale, & les dissertations de l'Amant de Dulcinée amusent dans la lecture de ne Roman judicieux ; placez tout cela sur la scène, cela deviendra de l'opium.

LE PRÉSIDENT.

Ha ! que nous allons dormir ! je croirai être à l'audience.

Mlle SILVIA.

Si vous dormez, Monsieur le Président, ce ne sera sûrement pas Don Quichotte qui vous procurera ce sommeil ; l'Auteur ne fait paroître que très-peu le Héros de la Manche, pour esquiver les périls du parallèle.

LE PRÉSIDENT.

Votre Auteur n'est qu'une bête.

LE MARQUIS.

Monsieur le Président ne gâte pas les Auteurs ; voilà comme il les encense.

Mlle SILVIA.

Cela sent les représailles.

LE PRÉSIDENT.

Non, Mademoiselle ; il n'y a point de représailles ici. Sçachez qu'en Champagne il n'y a point de Poëte assez hardi pour chansonner un Président de l'Election.

LE MARQUIS.

Les Poëtes ne craignent pourtant point d'être mis à la taille ; ils en sont exempts.

Le Président ne se rend pas ; il ne comprend point qu'on puisse se lasser de voir Don Quichotte ou son Ecuyer, & voudroit que toute la piéce fut composée d'une scène unique en cinq actes, qu'ils rempliroient à eux deux. Il est surtout très mécontent de ce qu'on admet dans la piéce d'autres acteurs que ses deux personnages favoris, sans avoir au moins chargé Rossinante & le Grison de quelques-uns des principaux roles.

LE PRÉSIDENT à Mlle Silvia.

Verra-t-on Rossinante & le Grison sur le Théatre.

Mlle SILVIA.

Non, Monsieur.

LE PRÉSIDENT.

Autre sottise ! faire les *Noces de Gamache*, sans en prier *Rossinante* & le *Grison* !

Mlle SILVIA.

Mais, Monsieur, vous ne songez pas que ces deux Acteurs-là embarrasseroient le Théatre.

LE PRÉSIDENT.

Hé, morbleu ! fiez-vous-en à moi ; vous ne devriez pas manquer de produire *Rossinante* & le *Grison* sur la scène, on aimeroit mieux y voir cinq ou six petits-Maîtres de moins.

Mlle Silvia déclare qu'elle n'est pas si ennemie de la foule que le Président, & ne paroît pas éloignée de donner la préférence aux petits-Maîtres.

LE PRÉSIDENT.

Et votre seconde Comédie ? on dit qu'elle est pillée du *Nouveau Monde*.

Mlle SILVIA.

Cela ne se peut pas ; notre Comédie est faite avant la représentation de celle des François ; il faudroit être bien adroit pour piller un Ouvrage qu'on n'a point vû.

LE PRÉSIDENT.

Mais on dit pourtant que l'*Amour* paroît dans *le Vieux Monde*.

Mlle SILVIA.

J'en conviens, mais vous n'y verrez pas *la Raison*.

LE PRÉSIDENT.

Quoi ? pas une raison chez vous, pendant qu'on en trouve deux dans la piéce des François !

Mlle SILVIA.

Ho ! Messieurs les Comédiens François ont trop de raison ; pour nous, nous n'aimons pas qu'elle se mêle de nos Comédies.

VI

LE MARQUIS.

A présent tous les autres Théatres sont assez de votre goût sur cet article-là.

* * *

LE PRÉSIDENT.

On dit que votre Auteur a falsifié la Fable de *Philémon & de Baucis*, & qu'il donne à ces époux septuagénaires une niéce dont Jupiter devient amoureux.

Mlle SILVIA.

Aimeriez-vous mieux que Jupiter devînt amoureux de la tante ?

LE PRÉSIDENT.

On fait descendre dans votre Comédie le Maître des Dieux sur la terre, dans l'intention de réformer le monde, & il n'en fait rien.

Mlle SILVIA.

Ho ! pour le coup, Monsieur le Président, vous conviendrez du moins qu'on n'a pas falsifié l'histoire.

Le Marquis demande au Président qui l'a si bien instruit ; il répond qu'il tient ses lumieres de plusieurs Amateurs qui disertent de leur mieux au foyer, sur les nouveautés qu'on va représenter. Il a laissé, dit-il, son frere au milieu du cercle de ces Messieurs, qu'il écoute en sifflant.

Mlle SILVIA.

Cette musique-là n'est pas nouvelle pour eux.

LE MARQUIS *au Président*.

Vous devriez bien présenter le Chevalier à Mademoiselle.

Le Chevalier siffle dans la coulisse.

LE PRÉSIDENT.

Vous l'allez voir ; je l'entends.

Le Chevalier entre, & fait le tour du Théatre en sifflant ; son frere le présente à Mlle Silvia,

& elle lui demande si le Chevalier a été à la Comédie Françoise.

LE PRÉSIDENT.

Oui, il a vû *Rodogune* & la *Thébaïde*.

LE CHEVALIER *nöuſſement*.

Ç'a est drole.

Le jeu d'Arlequin dans cette scéne est de siffler toujours entre les dents, en ajustant cependant ce *lazzi* de façon qu'il n'empêche pas d'entendre les autres Acteurs.

LE PRÉSIDENT.

Ho! ça Chevalier, vous allez voir un Arlequin très-joli, & à peu-près de votre taille; j'espere qu'il vous divertira.

Le Chevalier siffle plus intelligiblement.

LE MARQUIS.

Le ramage de M. le Chevalier ne divertiroit pas Arlequin.

Le Chevalier lorgne Mlle Silvia, en sifflant toujours entre ses dents.

Mlle SILVIA *bas au Marquis*.

Je crois que Monsieur le Chevalier me siffle?

LE MARQUIS.

Non; il vous lorgne; vous avez, je crois, fait sa conquête.

Mlle SILVIA.

La conquête d'un siffleur n'est pas à dédaigner pour une Actrice.

LE CHEVALIER *lorgnant & voulant caresser Mlle Silvia.*

Ç'a est drole!

Mlle SILVIA.

Ho! tréve de drolerie, s'il vous plaît.

Enfin le Marquis prend pitié du supplice auquel il a exposé cette charmante Actrice, & lui fournit un prétexte de se tirer d'affaire, en lui demandant si l'on va bientôt commencer. Elle le saisit promptement, dit qu'elle devroit déja être habillée, & que la conversation séduisante du Chevalier a pensé lui faire oublier l'heure. Le Marquis emméne le Président & le Chevalier; ils vont tous trois se placer, & le Chevalier sort en sifflant, comme il est entré.

Mlle SILVIA *l'arrêtant*.

De grace, Monsieur le Chevalier, n'allez pas apprendre au Parterre votre chanson favorite, (*elle siffle*.) Nous serons trop heureux, si à la fin de notre piéce, le Public veut bien s'écrier en chœur avec vous: *Ç'a est drole*.

Extrait manuscrit.

VIGEON, (Bernard du) né à *Paris*, Peintre en mignature, & Auteur Dramatique vivant, a donné au Théatre Italien :

LA PARTIE DE CAMPAGNE, Comédie en prose & en un acte, 1738.

Cette piéce est attribuée à Messieurs *du Vigeon & Romagnesi*, en société, dans un endroit de ce Dictionnaire. Voyez l'*article Partie (la) de Campagne*. Ce qui a occasionné cette erreur, que Monsieur *du Vigeon* n'auroit jamais relevée, c'est que la piéce a été en effet présentée par Monsieur *Romagnesi*, Monsieur *du Vigeon* souhaitant de garder l'*Anonime*; mais le nom du véritable Auteur n'en ayant pas moins percé, & celui à qui il a fait présent de l'impression de son ouvrage en 1751. ayant eu l'indiscrétion d'achever de le déceler, & de faire mettre son nom sans son aveu, à la tête de cette Comédie, il est juste de lui rendre ici ce qui lui appartient.

VILARET, (N......) Acteur François, & Auteur Dramatique vivant, est né à *Paris*, à ce qu'on nous a assuré. Il joue les premiers rôles en Province, sous le nom de *Dorval*. Il a donné au Théatre François, en société avec Messieurs *Bret* & *Daucour* :

LE QUARTIER D'HYVER, Comédie en vers & en un acte, suivie d'un divertissement, 1744.

VILLAGE, (le) ou l'AMOUR AU VILLAGE, c'est le titre de la premiere Entrée du Ballet des *Voyages de l'Amour*, de M. de *La Bruere*, Musique de M. de *Boismortier*, représentée en 1736. Voyez *Voyages* (les) *de l'Amour*.

VILLAGE, (le Devin du) Interméde en un acte, (paroles & Musique de M. *Rousseau*, représenté à Fontainebleau devant le Roi, les Mercredi 18 & Mardi 24 Octobre 1752. & à Paris au Théatre de l'Académie Royale de Musique, à la suite du *Jaloux corrigé*, le Jeudi 1 Mars 1755. in-4°. Paris, De Lormel.

ACTEURS.

Colin.   Le Sieur Jélyotte.
Colette.   Mlle Fel.
Le Devin.   Le Sieur Cuvillier.

BALLET.

Troupe de jeunes gens du village.

La Jeunesse.

Les Sieurs Gallini, Hamoche, Caillez & Béat.
Mlles Chevrier, Sauvage, Deschamps & Raymond.

Pastourelles.

Mlle Vestris.
Mlles Beaufort, Courcelle, Dazenoncourt & Ponchon.

Villageois.
Les Sieurs Feuillade, Hiacinthe, Gobert
& Desplaces C.
Pantomimes.
Le Sieur Lany, Mlle Ray & le Sieur Vestris
en Chasseur.

VILLAGE, (les Amours de Bastien & Bastienne, Parodie du Devin de) un acte, en *Vaudevilles*, par Madame *Favart*, en société avec Monsieur *Harni*, premiere représentation au Théatre Italien du Samedi 4 Août 1753. Paris, de Lormel & Prault fils.

Les expressions nous manquent pour faire comprendre l'effet que fit dans Paris cette charmante Parodie, qui appartient à double titre à Madame *Favart*, & par la part qu'elle est en droit d'y reclamer comme Auteur, & par la façon dont elle a rendu le role de *Bastienne*. Elle y a rempli l'idée qu'on peut se former de la perfection en ce genre, & même surpassé, s'il est possible, celle que le Public avoit conçue de ses talents ; c'est tout ce que nous en pouvons dire, mais les faits parleront. La *Parodie du Devin de Village* a eu le sort de cette Tragédie de Monsieur *Corneille de Lisle*, intitulée *Timocrate*, dont les Comédiens se lassèrent, avant que d'en pouvoir lasser les Spectateurs. (Voyez l'*Histoire du Théatre François*, tome VIII. page 178.) avec cette différence que la Parodie est restée au Théatre, comme une piéce de ressource, après l'avoir occupé quarre ou cinq mois de suite, au lieu qu'on n'a plus fait d'accueil à la Tragédie depuis qu'elle a été interrompue.

Madame *Favart* a été peinte sous l'habit de

Bastienne, par Monsieur *Carlo Vanloo*, & ce portrait a été gravé par M. *Daulé*, rue des Noyers, chez qui l'estampe est en vente; c'est un portrait en pied qui est très bien rendu dans la gravure; on lit au bas de cette estampe les huit vers suivants, de l'*Auteur de la Coquette fixée*, *Comédie au Théatre Italien* :

L'Amour sentant un jour l'impuissance de l'art,
De *Bastienne* emprunta le nom & la figure,
Simple, tendre, suivant pas-à-pas la nature,
Et semblant ne devoir ses talents qu'au hasard;
On démêloit pourtant la mine d'un espiègle
Qui fait un tour, se cache afin d'en rire à part,
Qui séduit la raison, mais qui la prend pour régle.
Vous voyez son portrait dans celui de *Favart*.

Le même Auteur a fait une seconde inscription aussi en vers, pour le même portrait, mais elle est venue trop tard, & n'a pû être employée par le Graveur; la voici :

Elle inspire l'Amour, sans flater un Amant ;
  Qui croit en triompher s'abuse ;
Dans ses yeux, où l'on voit briller le sentiment,
  Elle peint ce qu'elle refuse.

VILLAGEOISE, (la Fête) Ballet Pantomime exécuté pour la première fois au Théatre de la Comédie Françoise, le Lundi 10 Juin 1754. il est de la composition de M. *Dourdé*, Maître de Ballet à ce Théatre, Musique de M. *d'Avennes*, ordinaire de l'Académie Royale de Musique, à l'exception de celle du premier *Pas de deux*, qui est de Monsieur *Giraud*, aussi ordinaire de la même Académie, & de celle du *Pas de deux* du Sieur *Maranesi*, & de la Demoiselle *Bugiani*, qui est d'un compositeur Anglois, & a été apporté par eux. Depuis que les Comédiens François ont rétabli les Ballets à leur Théatre, celui-ci est le premier dont nous ayons eu occasion de rendre compte dans les lettres de ce Dictionnaire qui nous restoient à remplir. Il est heureux pour nous qu'il se soit trouvé assez agréable pour mériter l'attention du Public. Nous ne pouvons cependant dissimuler qu'on en a critiqué le titre, & qu'on a prétendu que celui de *Récréation Villageoise* auroit mieux convenu au sujet, le mot de *Fête*, dans quelque sens qu'on le veuille prendre, ne pouvant signifier un divertissement qui commence par des travaux pénibles. Quoi qu'il en soit de la justice de ce reproche, qui d'ailleurs n'ôte rien à l'agrément du Ballet, même en le supposant bien fondé, nous croyons faire plaisir à nos lecteurs de leur rappeller l'idée d'un spectacle qui a paru les amuser.

Le Théatre représente un bosquet agréable; on y voit divers paysans occupés à différents ouvrages; les uns émondent, les autres coupent des arbres; ceux-ci ratissent des allées, ceux-là remplacent des arbrisseaux. De jeunes paysannes arrivent, & veulent faire quitter le travail à leurs Amans qui les rebutent; elles se retirent, mais elles reviennent bientôt en plus grand nombre, & engagent les jeunes paysans à venir danser avec elles. Un Berger & sa Bergére se mêlent parmi les paysans qui leur font place, & leur laissent danser un *Pas de deux* très-bien éxécuté, par le Sieur *Riviere* & la Demoiselle *Auguste*. Deux paysans arrivent chargés de fagots, & s'appercevant que l'on se réjouît, ils posent leurs fagots à terre, & vont appeller leurs camarades; ceux-ci, charmés de ce divertissement, veulent que leurs Maîtresses y prennent part, les vont chercher & les amènent, ce qui forme un second corps de Ballet qui se joint au premier. Un autre paysan quitte à son tour le travail, danse seul, & se remet à son ouvrage; mais son Amante en Marmotte, jouant de *la vielle*, entre en dansant, & ayant apperçu son Amant, elle veut l'obliger à danser avec elle. Après plusieurs agaceries, ils forment un second *Pas de deux* très brillant, & supérieurement exécuté par le Sieur *Maranesi* & la Demoiselle *Bugiani*. Le Ballet général recommence, dans lequel se mêlent le Berger, la Bergére, la Vielleuse & son Amant, ce qui compose une *Contre-danse* très vive, très agréable & très-bien dessinée, par laquelle finit le Divertissement.

VILLE, (la) c'est le titre du deuxiéme acte du Ballet dont on vient de parler à l'article précédent. Voyez *Voyages (les) de l'Amour*.

VILLEDIEU, (Marie-Catherine des Jardins, épouse en premieres noces du Sieur de) & en secondes du Marquis de la Chatte, née à Alençon en 1640. morte à Clinchemore, village du Maine, vers la fin d'Octobre 1683. ou au commencement du mois de Novembre de la même année, a composé pour la scéne Françoise:

MANLIUS TORQUATUS, Tragi-Comédie, 1662.

NITÉTIS, Tragédie, 1663.

LE FAVORI, Tragi Comédie, 1665. *Hist. du Théatre François, année 1662.*

VILLENEUVE, (N....... de) Maître de Musique de la Cathédrale d'Aix, aujourd'hui vivant, a composé la Musique du Ballet intitulé :

La Princesse d'Élide, en trois actes, avec un Prologue, paroles de M. l'Abbé *Pellegrin*, 1728.

VILLIERS, (N....... de) Comédien de l'Hôtel de Bourgogne, retiré du Théâtre vers l'an 1670, mort avant 1680, a composé pour la scène Françoise :

Le Festin de Pierre, ou Le Fils criminel, Tragi-Comédie en cinq actes & en vers, 1659.

L'Apotiquaire dévalisé, Comédie en vers & en un acte, 1660.

Les Ramoneurs, Comédie en un acte & en vers, 1662.

La Vengeance des Marquis, ou Réponse à l'Impromptu de Versailles, Comédie en un acte & en prose, 1664.

Les Côteaux, ou Les Marquis frians, Comédie en un acte & en vers, 1665.

On lui attribue encore :

Les trois Visages, Comédie en un acte & en vers, 1665. *Histoire du Théâtre Franç.* année 1659.

VILLIERS, (N....... femme de N....... de) & Comédienne de l'Hôtel de Bourgogne, morte vers le commencement de Décembre 1670. *Hist. du Th. Fr.* année 1670.

VILLIERS, (Jean de) fils du précédent, parut au Théâtre dans la Troupe des petits Comédiens de Monseigneur le Dauphin, passa ensuite dans des Troupes de Province. Débuta au Théatre de l'Hôtel de Bourgogne au mois d'Avril 1679. fut conservé à la réunion des Troupes en 1680. & mourut à Paris le 14 Juillet 1701. Il jouoit les seconds roles Tragiques, & dans les Comiques ceux de *Petit-Maîtres*, d'*Yvrogne*, de *Marquis ridicule*, de *Gascon*, & autres de travestissement. *Histoire du Th. François*, année 1708.

VILLIERS, (N....... Raisin, femme de Jean de) & sœur des Sieurs Raisin, Comédiens, fut avec eux de la Troupe des petits Comédiens de Monseigneur le Dauphin, débuta à Paris le Jeudi 22 Novembre 1691. dans la Tragédie de *Britannicus*, retirée du Théatre à la clôture de Pâques 1696. morte en 1702. ou au commencement de 1703. *Histoire du Th. Fr.* année 1708.

VILLIERS, (N........ de) fils de l'Acteur précédent, & Comédien François, débuta le Samedi 21 Novembre 1693. par le role de *Pasquin*, dans la Comédie de la *Coquette*, de M. Baron; Il n'est point resté au Théatre. *Histoire du Théatre Franç.* année 1695.

VINCENT, (le Martyre de Saint) Tragédie sacrée de *Jean de Boissin de Gallardon*, représentée en 1618. imp. avec les autres piéces même Auteur. *Hist. du Th. Fr.* année 1618.

VINDICATIF (le) GÉNÉREUX, Comédie en cinq actes & en prose, de M. *Néricault Destouches*, représentée le Mercredi 20 Septembre 1741. suivie de *Crispin Rival de son Maître*, & imp. dans le Recueil des Œuvres de l'Auteur. *Hist. du Th. Franç.* année 1741.

VINGT-SIX (les) INFORTUNES D'ARLEQUIN, Canevas Italien en cinq actes, mis au Théatre par M. *Véronese*; premiere représentation du Mercredi 3 Septembre 1751. Nous allons faire usage du Programme de cette Comédie, laquelle a eu beaucoup de succès.

ACTEURS.

PANTALON.
SILVIA, *fille de Pantalon.*
MARIO, *fils de Pantalon.*
LE DOCTEUR.
LUCINDE, *fille du Docteur.*
LELIO, *fils du Docteur.*
FLAMINIA, *Vénitienne, mariée secrettement à Mario.*
CÉLIO, *Amant de Lucinde.*
CORALINE. } *Domestiques de Pantalon.*
SCAPIN. }
ARLEQUIN.
UN AUBERGISTE.
UN MEUNIER.
UN HUISSIER.
DES VOLEURS.
DES ARCHERS.

La scène est à Milan, & sur la route de Venise à cette ville.

ARGUMENT.

Stefanello, riche Vénitien, se voyant sans enfans, écrit à son frere Pantalon qui est à Milan, de lui envoyer Silvia sa fille unique, dont il veut prendre soin, & à qui il veut laisser tout son bien. Pantalon lui envoye Silvia, alors âgée de trois ans. Au bout de vingt-deux meurt Stefanello. Pantalon aussi-tôt fait partir pour Venise Mario son fils, avec Scapin son valet, pour ramener chez lui sa fille Silvia, qui est charmée de voir son frere, & de retourner dans la maison paternelle. Mais dans le temps que Mario est à Venise, il fait la connoissance de Flaminia; il en devient amoureux, & l'épouse secrettement. Scapin lui reproche ce mariage, comme étant contraire aux idées de Pantalon, qui a promis Mario à Lucinde, & Silvia à Lélio, tous deux enfans du Docteur. Mario convient qu'il manque à son pere, & pour éviter son premier ressentiment, il ne trouve point d'autre expédient que de laisser Silvia à Venise, & de présenter à Pantalon Flaminia, sous le nom de Silvia sa sœur. Pour cet effet, sans dire adieu à Silvia, ils partent pour Milan, & arrivent à une hôtellerie, éloignée de quatre lieues de cette ville; c'est où se passe la premiére scéna.

ACTE I.

Le Théatre représente une campagne & une hôtellerie.

Mario, Flaminia & Scapin, font l'exposition telle qu'on la vient de lire ci-dessus. L'Aubergiste vient les avertir que le souper est servi, & ils vont se mettre à table. Arlequin paroît, & expose à son tour, que depuis un temps infini qu'il parcourt le monde, & qu'il sert d'un côté & d'autre, il n'a pû amasser que vingt écus qu'il a dans une bourse, & que dût-il ne manger que de l'herbe, il est résolu de ne pas toucher à cette somme, qu'il réserve, pour se faire un petit établissement à Bergame sa patrie, & de demander sa vie en chemin. Cependant, pressé par la faim, & rendu de lassitude, il tente d'attendrir l'hôte de l'auberge, mais cet homme dur, voyant qu'il n'y a rien à gagner, le rebute, & lui défend d'entrer chez lui. Après un si cruel refus, Arlequin veut poursuivre sa route; il est arrêté par des voleurs qui le dépouillent; sa bourse qu'ils n'ont point trouvée, le console déja de la perte de ses hardes; mais le bruit de quelques coups de fusils l'effraie de nouveau, & il tombe par terre. D'autres voleurs qui le voyent en cet état, viennent lui demander ce qu'il a; Arlequin leur répond qu'il est blessé; ces coquins, en cherchant ses blessures, trouvent la bourse, la lui prennent, & le laissent en l'assurant qu'il n'a plus rien; mais ce dernier vol le rend plus malade qu'il n'étoit, & il fait des cris terribles. Mario, l'épée à la main, vient pour secourir ce malheureux, qui le prend aussi pour un voleur. Mario le désabuse, & est touché de son état; il appelle l'Aubergiste, qui refuse l'hospitalité à Arlequin; mais Mario lui promettant de payer la dépense qu'il fera, il veut bien le recevoir. Mario appelle Scapin son valet, pour avoir soin d'Arlequin; Scapin & l'hôte en le brusquant, le font entrer dans l'auberge.

Acte II.

Arlequin dit qu'il n'a pû fermer l'œil dans

l'écurie, qui est l'appartement où l'avoir mis l'Aubergiste ; il apporte de la paille à la porte, s'enfonce dedans, & s'endort. Mario voyant Arlequin de la sorte, gronde l'Aubergiste, qui lui répond qu'il s'est si fort échauffé à manger & à boire, qu'il n'a pas voulu coucher ailleurs, pour être plus fraîchement. Ce fripon a l'impudence de se faire payer le souper d'Arlequin, après lui avoir refusé un verre d'eau. Mario le paye, & lui recommande de dire à ce pauvre garçon de venir le trouver à Milan à l'Aigle d'or, & qu'il lui donnera de quoi achever son voyage, & il part tout de suite avec Flaminia & Scapin, pour rejoindre son pere. Comme il est encore grand matin, des voleurs qui ont froid appercevant de la paille, y mettent le feu pour se chauffer ; la flamme éveille Arlequin ; il se léve avec épouvante, & cette apparition subite effraye aussi les voleurs qui se sauvent ; un d'eux laisse tomber en fuyant un pistolet qu'Arlequin ramasse. L'hôte voyant Arlequin éveillé, l'avertit que Mario l'attend à Milan à l'Aigle d'or ; puis il a la hardiesse de lui présenter un mémoire du souper qu'il n'a pas fourni, & dont il s'est déja fait payer une fois par Mario. Arlequin enrage d'entendre nommer des mets qu'il n'a pas seulement vus, & reproche à l'hôte sa mauvaise foi. Celui-ci veut très sérieusement être payé ; Arlequin le maltraite de paroles ; l'hôte s'obstine à ne le pas laisser aller sans être satisfait ; Arlequin pour s'en débarrasser, lui veut donner le pistolet qu'il a trouvé ; l'Aubergiste croit qu'il le veut tuer ; il appelle ses gens qui chassent Arlequin à grands coups de bâton, & non content de cela, il va le dénoncer à la Justice, comme un homme qui porte des armes défendues. Le Théatre change, & repréfente l'appartement de Pantalon. Mario préfente Flaminia à fon pere, fous le nom de Silvia; Pantalon eft charmé de la voir, & l'embraffe, la croyant fa fille, puis il la conduit dans l'appartement qu'il lui a deftiné. Scapin avertit Mario que le pauvre de la nuit paffée demande à lui parler. Mario le fait entrer, & lui demande s'il n'a befoin de rien; Arlequin lui dit qu'il a une faim dévorante; Mario s'en étonne, ayant payé pour lui comme s'il avoit mangé pour quatre, mais Arlequin lui raconte la dureté & la friponnerie de l'Aubergifte. Mario ordonne à Scapin de donner à manger à Arlequin, & s'en va. Scapin lui fait apporter un plat de macarons, & un morceau de fromage Parmefan, & le laiffe feul. Arlequin extafié à la vue de ces deux mets, ne fçait par lequel commencer; cependant il fe promet bien de n'en rien laiffer, mais à l'inftant qu'il veut avaler une *fourchetée* de macarons, des Archers conduits par l'Aubergifte, le faififfent, lui trouvent le piftolet qu'il a ramaffé, & le conduifent en prifon.

Acte III.

Mario fâché du malheur d'Arlequin, dit à Pantalon qu'il va le faire élargir. Scapin & Coraline entrent en querellant, & s'accufent l'un l'autre de s'enlever mutuellement leurs profits. Pantalon les met d'accord, en leur promettant de leur diftribuer également fes commiffions.

Le Docteur arrive avec sa fille Lucinde, & son fils Lélio. Pantalon, charmé de les voir, présente a Lélio qui doit être son gendre, Flaminia, sous le nom de Silvia, & Lélio la regarde comme sa future. Mario, jaloux des compliments que Lélio fait à son épouse, fait connoître à Flaminia son inquiétude. Lélio présente à Mario sa sœur Lucinde; Lucinde qui aime Célio, n'en paroît point contente. Célio qui les observe de loin, marque aussi son mécontentement. Mario qui voit Lélio parler toujours à Flaminia, devient furieux, il parle avec emportement à Lélio qui s'en offense; Mario prend Flaminia par la main, l'emmene, & dit à Lélio que s'il n'est pas content, il lui fera raison. Célio à son tour s'avance, dit qu'il aime Lucinde, & qu'il ne souffrira pas qu'aucun rival la lui enleve. Lélio se pique contre Célio, & en exige satisfaction; Célio le suit, ne demandant pas mieux, & les autres Acteurs les suivent. Le Théatre change, & représente une rue de la ville. On y voit Arlequin, qui sorti de prison sous la caution de Mario, vient pour remercier son bienfaiteur. Il l'apperçoit, lui témoigne sa reconnoissance, & lui demande seulement six écus, pour se conduire à Bergame. Mario prend sa bourse pour les lui donner; Lélio, l'épée à la main, ne donne le temps à Mario que de serrer sa bourse, & de se mettre en état de lui répondre; Pantalon les sépare, & emmene Mario son fils. Arlequin maudit Lélio d'avoir empêché Mario de lui donner de quoi revoir sa patrie. Lélio a compassion de ce misérable; il veut réparer la perte qu'il lui a fait faire, mais s'appercevant qu'il a oublié son argent, il veut écrire deux mots au Docteur son pere, pour le prier de donner six écus au porteur de son billet; aussi-tôt Célio se présente, & oblige Lélio de mettre l'épée à la main; Arlequin en enrageant est contraint de se retirer; Pantalon & le Docteur surviennent, & empêchent ces Cavaliers de se battre. Pantalon fait entrer Lélio chez lui, & le Docteur menace Célio de le faire arrêter. Arlequin se rapproche, maltraite Célio de paroles, gémit, & lui raconte le tort qu'il vient de lui faire. Célio est touché de l'état d'Arlequin, sa simplicité lui plaît; il le prend à son service, & veut l'emmener chez son Tailleur, pour le faire habiller proprement. Arlequin le suit, extrêmement satisfait, mais le Docteur qui a fait ses poursuites, vient faire arrêter Célio, que l'on conduit en prison. Ce fâcheux accident met Arlequin au désespoir. Coraline est témoin de sa douleur, & Arlequin lui conte ses infortunes; elle en est touchée, & veut faire entrer Arlequin dans la maison, afin de lui donner de quoi appaiser son grand appétit; mais Scapin qui est jaloux, fait rentrer Coraline, la suit, & ferme la porte au nez d'Arlequin; Arlequin apperçoit la fenêtre ouverte, & veut y monter, mais le mur s'écroule sous lui, & pense l'écraser.

Acte IV.

Le Théatre représente l'appartement de Flaminia.

Flaminia fait connoître à Mario qu'elle a

son inquiétude lorsqu'elle a sçu qu'il se battoit avec Lélio ; Mario toujours jaloux, lui recommande de ne lui point parler. Pantalon les trouve ensemble, & dit à Flaminia qu'il croit toujours sa fille, qu'il ne trouve pas bon qu'elle suive par-tout son frere Mario. Malgré cet ordre, Mario appercevant Lélio, emmene brusquement Flaminia, & Pantalon les suit. Lélio & le Docteur reprochent à Lucinde son amour pour Célio, & ils la quittent, après lui avoir appris l'emprisonnement de son Amant. La douleur saisit Lucinde qui s'évanouit. Coraline arrive d'un côté, & Arlequin de l'autre. La premiere voyant Lucinde évanouie, prie Arlequin d'aller vîte chercher de l'eau ; Arlequin y court, & revient précipitamment, avec une cruche qu'il laisse tomber, & qu'il casse. Au bruit Lucinde revient un peu : Coraline la conduit dans une chambre voisine, & laisse Arlequin mortifié de sa mal-adresse. Comme il entend la voix de Pantalon & du Docteur, il va se cacher dans le tuyau de la cheminée. Coraline, avec agitation, vient avertir que le feu est à la cheminée voisine, & que la leur est en danger ; Scapin vient avec des sceaux d'eau qu'il jette dedans, elle créve, & l'on voit Arlequin tomber au milieu des flammes & des ruines.

Acte V.

Le Théatre représente une rue de la ville.

Arlequin estropié de la chute de la cheminée, & tombant d'inanition, ne sçait plus que devenir. Deux hommes qui se battent le font tomber par terre; un Meunier fouette son âne, qui voulant avancer, tombe sur Arlequin; le Meunier s'en va après quelques *lazzis*. Arlequin se releve avec beaucoup de peine, & va chercher Mario, pour le supplier de lui donner ce qu'il lui faut pour le conduire à Bergame. Silvia, inquiéte de son frere Mario, qu'elle ne revoit point, se travestit en homme, & sous ce déguisement, arrive à Milan. Elle apperçoit Scapin qui ne la reconnoît pas; sans l'instruire de ce qu'elle est, elle lui demande la demeure de Pantalon; Scapin la fait entrer chez son Maître, & dit qu'il croit avoir déja vu ce Cavalier. Le Théatre change, & représente l'appartement de Pantalon; on y voit Silvia qui découvre à Flaminia & à Lucinde qu'elle est la sœur de Mario. Flaminia ne lui cache point que c'est sous son nom que Mario l'a introduite chez son pere; Silvia promet de lui rendre tous les services dont elle sera capable, ainsi qu'à Lucinde qui fait l'aveu de sa passion pour Célio. Mario qui voit un Cavalier auprès de Flaminia, ne peut vaincre sa jalousie; d'un autre côté, Pantalon & le Docteur voyant un étranger chez eux, le font sortir & le suivent. Silvia rentre dès qu'ils sont éloignés, pour désabuser son frere, & demande à Flaminia ce qu'il est devenu. Mario arrive comme un furieux, mais au premier mouvement qu'il fait, Flaminia lui fait reconnoître sa sœur; Mario reste immobile, fait des excuses à Silvia, l'embrasse & sort avec elle pour aller tout découvrir à Pantalon. Le Théatre change, & représente une rue de la ville ; Pantalon & le Docteur voulant punir la témérité de l'étranger qu'ils ont trouvé en conversation avec leurs filles, engagent Arlequin à le maltraiter, en lui promettant une récompense; Arlequin ébloui par leur promesse, se charge de cette commission, & les vieillards se retirent en lui montrant l'étranger qui s'est séparé de Mario, on ne sçait pourquoi. Arlequin s'approche de lui, & paroît tremblant du coup qu'il médite; Silvia s'apperçoit de son dessein; elle met l'épée à la main, & Arlequin se sauve chez Pantalon, à qui il dit tout essouflé, qu'il vient de le venger; & pour qu'on lui sçache plus de gré de la vengeance qu'il prétend avoir tirée de l'ennemi de ceux qui l'ont employé, il ajoute qu'il a tué son homme. Pantalon est extrêmement fâché qu'il ait poussé la chose jusques-là, mais cependant il n'ose lui refuser la récompense qu'il lui a promise. Comme il va pour prendre de l'argent, Mario se fait entendre : Pantalon fait cacher Arlequin dans un cabinet. Mario vient se jetter aux genoux de son pere, & lui découvre son mariage avec Flaminia qu'il lui a présentée sous le nom de Silvia : il lui avoue aussi que l'étranger qu'il a vû chez lui, est la véritable Silvia. A cette nouvelle Pantalon tombe évanoui, & Mario va chercher du secours. Arlequin sort du cabinet, croit que Pantalon dort, & le réveille pour lui demander son argent: Pantalon revenu de son évanouissement, & appercevant Arlequin, le veut tuer : le Docteur & Lélio surviennent, & l'en empêchent: ils demandent à Pantalon le sujet de sa colere;

Pantalon leur apprend que ce misérable est l'assassin de sa fille Silvia. Lélio indigné veut le tuer aussi : mais le Docteur empêche son fils de se faire des affaires par un meurtre : à l'égard d'Arlequin, il ne demanderoit pas mieux que de voir finir ses miseres de quelque façon que ce fut. Mario arrive, & présente à Pantalon Silvia sa sœur. Pantalon l'embrasse avec autant de joie & de tendresse, que de surprise de sa résurrection. Arlequin saute de joie de cet événement : Mario obtient son pardon, & le retient à son service : Pantalon, pour punir Scapin de lui avoir caché le mariage de son fils, donne Coraline à Arlequin : celui-ci remercie le ciel, & se croit à la fin de ses disgraces; mais un Huissier entre, & signifie à Mario qu'Arlequin dont il a répondu est banni de l'Etat, pour avoir porté un pistolet, malgré les défenses. Tout le monde plaint ce malheureux, & lui donne quelque argent : Arlequin pleure, céde malgré lui Coraline à Scapin, & dit qu'il va promptement quitter cette maison, dans la crainte qu'elle ne lui tombe sur le corps. *Programme imprimé*.

Avant que de terminer cet article, nous croyons devoir rendre compte d'une scéne fort heureuse, dont une infortune d'Arlequin fait le sujet, comme celui de presque toutes les scénes de la piéce, mais dont le Programme que nous venons d'employer ne fait point mention, parce qu'elle a été substituée à une autre dans le cours des représentations. Nous ne pouvons même assurer que cette scéne n'ait point été totalement ajoutée, au lieu d'être substituée à une autre, comme nous venons de le dire; cette addition n'auroit point contredit le titre, puisqu'il faut compter pour autant d'*infortunes d'Arlequin*, différentes circonstances des mêmes malheurs, si l'on en veut trouver *vingt-six* dans le Programme. Quoi qu'il en soit, voici la scène dont il s'agit.

Arlequin est enfin parvenu à se voir en possession de quelques écus qu'il doit à la compassion de Mario, ou d'un autre, il n'importe, & ce trésor lui est d'autant plus cher, que depuis que le fruit de ses travaux lui a été ravi sur le grand chemin, la compassion que plusieurs personnes ont témoigné ressentir de ses malheurs, a toujours été infructueuse, jusqu'à l'acquisition qu'il vient de faire: il tient ces bienheureux écus dans son chapeau, & les couvre des yeux: le Sieur *de Hesse* s'avance dans ce moment, représentant un Joueur que la fortune vient de favoriser: la joie le met hors de lui-même: son gain est aussi dans son chapeau, mais ce chapeau est mieux rempli que celui d'Arlequin: il s'amuse dans son yvresse, à faire sauter en l'air & à retenir son argent: un écu tombe: Arlequin qui suit d'un œil d'envie tous les mouvements de ce métal chéri, se précipite dessus l'écu. Mais craignant d'avoir été apperçu, quoique le Joueur ait dans ce moment la tête tournée d'un autre côté, il prend le parti de lui rendre ce qu'il a ramassé: le Joueur lui dit qu'il se mocque: *Voilà*, ajoûte-t-il, en montrant son gain, *de l'argent pour nous deux*: en même temps il jette une poignée d'écus dans le chapeau d'Arlequin, qui se livre à la joie d'aussi bonne grace que lui: ils font tous deux fauter leur argent; le Joueur vuide son chapeau dans celui d'Arlequin; Arlequin à son tour vuide le sien dans celui du Joueur, & après que ce *lazzi* a été répété plus d'une fois, le Joueur dans son transport quitte la partie, & sort précipitamment, dans le moment que son chapeau vient d'être rempli, sans faire attention qu'il emporte avec son argent celui dont il vient de gratifier Arlequin, & même celui que ce pauvre malheureux possédoit avant son arrivée. *Note communiquée.*

VIOLENTE, Danseuse Italienne qui a paru sur le Théatre des Danseurs de Corde de Restier, pendant la Foire S. Laurent 1727. Elle dansoit les *Folies d'Espagne* sur une planche de huit pouces de large, simplement posée sur la corde, & faisoit d'autres tours surprenans, avec beaucoup de grace, de justesse & d'hardiesse. *Mémoires sur les Spectacles de la Foire,* tome II. page 42.

VIOLETTA, (*) c'est sous ce nom que la Demoiselle *Marguerite Rusca*, femme du Sieur *Thomaso-Antonio Vicentini,* (*Thomassin*) jouoit au Théatre Italien les roles de *Soubrettes*, dans les piéces Italiennes. Voyez *Rusca.* (*Marguerite.*)

VIREY, (Jean du) Sieur du Gravier, né en Basse Normandie aux environs de Caën, a composé les deux Poëmes dramatiques suivans:

LA MACHABÉE, Tragédie, 1596.

TRAGÉDIE DIVINE ET HEUREUSE VICTOIRE

_____

(*) *Violeus.*

des Machabées sur le Roi Antiochus, 1600. *Histoire du Théatre Franç. année* 1600.

VIRGINIE, (la) Tragi-Comédie de M. *Mayret*, représentée en 1628. in-4°. Paris, Rocoles, 1635. *Hist. du Th. Fr. année* 1628.

VIRGINIE (la) ROMAINE, Tragédie de M. *Le Clerc*, représentée en 1645. imp. la même année, Paris, Quinet, in-4°. & depuis in-12. *Histoire du Th. Franç. année* 1645.

VIRGINIE, Tragédie de M. *Campistron*, représentée le Vendredi 12 Février 1683. in-12. la même année, Paris, Lucas, & dans le Recueil des Œuvres de l'Auteur. *Hist. du Th. Fr. année* 1683.

VISÉ, (Jean Donneau, Sieur de) né à Paris en 1640. ou 1645. mort en cette même ville le 8 Juillet 1710. Il est Auteur du Mercure galant, & a composé pour la scène Françoise :

ZÉLINDE, ou LA VÉRITABLE CRITIQUE DE L'ÉCOLE DES FEMMES, ET LA CRITIQUE DE LA CRITIQUE, Comédie en un acte & en prose, 1663.

LA MERE COQUETTE, ou LES AMANS BROUILLÉS, Comédie en trois actes & en vers, 1665.

LA VEUVE A LA MODE, Comédie en un acte & en vers, 1667.

DÉLIE, Pastorale en cinq actes & en vers, 1667.

L'EMBARRAS DE GODARD, ou l'ACCOUCHÉE, Comédie en un acte & en vers, 1667.

LES AMOURS DE VÉNUS ET D'ADONIS, Tragédie en machines, avec un Prologue, 1670.

LE GENTILHOMME GUÉPIN, ou LE CAM-

PAGNARD, Comédie en un acte & en vers; 1670.

LES INTRIGUES DE LA LOTERIE, Comédie en trois actes & en vers, 1670.

LES AMOURS DU SOLEIL, Tragédie en machines, avec un Prologue, 1671.

LE MARIAGE D'ARIANE ET DE BACCHUS, Comédie héroïque en machines, avec un Prologue, 1672.

LA COMÈTE, Comédie en un acte & en prose, 1681.

LES DAMES VENGÉES, Comédie en cinq actes & en prose, 1695.

LE VIEILLARD COURU, Comédie non imp. 1696.

En société avec M. Corneille de Lisle.

CIRCÉ, Tragédie en machines, avec un Prologue, 1675.

L'INCONNU, Comédie en cinq actes, avec des Divertissemens, 1675.

LA DEVINERESSE, ou LES FAUX ENCHANTEMENS, Comédie en cinq actes & en prose, 1679. *Hist. du Théâtre Franç. année* 1667.

VISIONNAIRES, (les) Comédie en cinq actes & en vers, de M. *Desmarets*, représentée au Théâtre de l'Hôtel de Bourgogne en 1637. imp. la même année, in-4°. Paris, Camusat, in-12. 1663. & depuis: elle est aussi dans le Recueil intitulé Théatre François, in 12. 3 vol. Paris, Ribou, 1705. & tome VII. du nouveau Recueil qui parut en 1737. in-12. 12 volumes, Paris, par la Compagnie des Libraires. Cette Piéce est encore sur le répertoire des Comédiens François. *Histoire du Th. Franç. année* 1637.

VISITES (les) DU JOUR DE L'AN, Comédie. Voyez *Etrennes*. (*les*)

VIVANT, (le Mort) Canevas Italien en trois actes, représenté pour la première & derniére fois le Samedi 7 Décembre 1710. *Sans Extrait*. Il y a au Théatre François une Comédie de M. *Boursault*, sous le même titre, & deux autres au même Théatre, dont le titre approche de celui-ci, & qui sont de différents Auteurs. Voyez les articles *Mort (le) vivant*, & *Morts (les) vivants*; il y a aussi une piéce de l'ancien Théatre Italien, & une autre du nouveau, dont le titre approche encore de celui de la Comédie qui fait le sujet de cet article, & qui n'ont aucun rapport entre elles; nous ignorons si elles en ont davantage avec ce Canevas ci. Celle de l'ancien Théatre se nomme *Les Morts vivants*. (Voyez l'*Histoire de l'ancien Théatre Italien*, pag. 136. Paris, Lambert.) Le titre de l'autre est *Arlequin & Scapin morts vivants*. Voyez l'article (*Arlequin & Scapin morts vivants*.)

VIVE LE ROY, Feu d'artifice exécuté au Théatre Italien, le Mercredi 25 Août 1745. Cette date est prise *des Affiches de Boudet*, mais nous n'oserions la garantir; nous avons même sujet de conjecturer que le feu en question avoit déja été exécuté antérieurement à l'occasion de la convalescence du Roi. On lisoit distinctement dans l'artifice les mots qui fondoient le titre de ce spectacle.

VIVIER, (N........ du) DE SAINT BON,

L v

Auteur Dramatique, a composé pour le Théatre de l'Opéra Comique :

ARLEQUIN FAVORI DE LA FORTUNE, piéce en trois actes, 1714.

ULYSSE, Tragédie de *Jacques de Champrepus*, 1600. *Hist. du Th. Franç.* année 1600.

ULYSSE, (les travaux d') Tragi Comédie de M. *Durval*, représentée en 1631. imp. la même année in-8°. Paris, Menard. *Histoire du Théatre Franç.* année 1631.

ULYSSE DANS L'ISLE DE CIRCÉ, *ou* EURILOCHE FOUDROYÉ, Tragi-Comédie de M. l'Abbé *Boyer*, représentée au Théatre du Marais, en 1648. in-4°. Paris, Quinet, 1650. *Histoire du Th. Franç.* année 1648.

ULYSSE, (la mort d') Tragédie de M. l'Abbé *Pellegrin*, représentée le Mardi 29 Décembre 1706. in-12. Paris, Ribou, 1707. *Hist. du Th. Fr.* année 1706.

L'Auteur a traité ce sujet pour la scéne lyrique, sous le titre de *Télégone*.

ULYSSE, Tragédie en cinq actes, avec un Prologue, de M. *Guichard*, Musique de M. *Rebel* pere, représentée par l'Académie Royale de Musique, le Dimanche 21 Janvier 1703. in 4°. Paris, Ballard, & tome VIII. du Recueil des Opéra, in-12.

ACTEURS DU PROLOGUE.

Orphée.	Le Sieur Cochereau.
La Seine.	Mlle Clément.
Un Sauvage.	Le Sieur Thévenard.
Autre Sauvage.	Le Sieur Desvoyes.
Une Bergére.	Mlle Cochereau.
Deux autres Bergéres.	Mlles Duperey & Lognon.

BALLET. Faunes.
Le Sieur Dumoulin C.
Les Sieurs Ferrand, Blondy, Lévesque,
Dangeville, Bringueman & Fauveau.
Berger & Bergère.
Le Sieur Dumoulin L. & Mlle Dangeville.
Nymphes.
Mlles Victoire, Rose, Desmatins, La Ferriere
& Guillet.
Le petit La Selle & la petite Prevost.

ACTEURS DE LA TRAGÉDIE.

Urilas.	Le Sieur Hardouin.
Circé.	Mlle Desmatins.
Euphrosine, Confidente de *Circé.*	Mlle Clément.
Pénélope.	Mlle Maupin.
Céphalie, Confidente de *Pénélope.*	Mlle Lallemand.
Junon.	Mlle Loignon.
Ulysse.	Le Sieur Thévenard.
Euryloque, Confident d'*Ulysse.*	Le Sieur Chopelet.
Une Nymphe.	Mlle Clément C.
Mercure.	Le Sieur Boutelou.
Télémaque.	Le Sieur Cochereau.
Pallas.	Mlle D'humé.

ACTEURS DU BALLET.

ACTE I. *Génies sous la forme des Jeux & des Plaisirs.*
Les Sieurs Du Mirail, Germain, Bouteville
& Dumoulin C.
Mlle Subligny.
Mlles Dangeville, Victoire, Rose & Desmatins.

ACTE II. *Démons.*
Les Sieurs Germain, Dumoulin L. Lévesque,
Fauveau, Dangeville L. Dangeville C.
Dumay & La Selle.

ACTE III. *Tritons.*
Le Sieur Blondy.
Les Sieurs Germain, Dumoulin L. Lévesque,
Fauveau, Domirail & Dangeville L.
L'Amour. Le petit Dupré.
Troupe de Nymphes.
Mlles Victoire, Dangeville, Rose, Desmatins,
La Ferriere & Guillet.

ACTE IV. *Vents souterrains.*
Les Sieurs Léveique, Du Breuil, Rose & Javillier.
Vents de l'air.
Les Sieurs Dangeville C. Brinqueman, La Vigne & Aubert.

ACTE V. *Guerriers, Guerrieres.*
Les Sieurs Du Mirail, Germain, Dumoulin L. Bouteville, Dumoulin C. & Javillier.
Mlles Victoire, Dangeville, Rose & Desmatins.

Cet Opéra n'a jamais été repris.

UN (l') POUR L'AUTRE, Parodie en un acte d'*Amour pour Amour*, par M. *Valois d'Orville*, représentée au Jeu des Marionnettes, à la Foire S. Germain 1742. non imp.

Pierrot, amant de Nanette jeune fille, veut faire part à son Confident de ses chagrins amoureux, & sur-tout d'un Oracle qui fait dépendre son bonheur de la rencontre d'une beauté fidéle & innocente. Le Confident de Pierrot répond qu'il n'est pas fait pour écouter, mais seulement pour aller & venir. Ces deux personnes quittent la scène. Polichinel paroît. C'est une brune assez aimable, qui rebutée des froideurs de Pierrot, & pour le faire enrager a pris cette figure à dessein de séduire Nanette, & de la rendre infidéle.

Nanette vient: Polichinel n'a pas beaucoup de peine à faire tomber la conversation sur le chapitre de l'amour. L'innocente Nanette dit qu'elle ignore ce que c'est.

POLICHINEL. (Air. *Entre l'Amour & la Raison.*)

Je m'en vais vous le définir ;
L'Amour est peine & plaisir,
A la ville c'est un commerce,
Les belles en font le débit,
Chez les grands il est fort petit,
Au village en plein on l'exerce.

En finissant ce discours, Polichinel se jette aux pieds de la Belle, Pierrot l'y surprend: Nanette fuit, & les deux Rivaux se séparent en se raillant mutuellement. Nanette reparoît avec Suson son amie. La premiere témoigne une extrême envie de dormir.

SUZON. (AIR. *Il n'est pire eau que l'eau qui dort.*)

Que n'allez-vous à l'Opéra Comique ?
Un prix galant (*) charme le Spectateur,
Dans les couplets, un tour allégorique
Eveille jusqu'à la pudeur.

Après le départ de Suzon, Nanette s'endort, & Polichinel met auprès d'elle une cassette pleine de bijoux, & se retire. Pierrot vient ensuite, & pose une gerbe de fleurs en disant:

Avec ce gros bouquet
Mademoiselle,
Parez votre chapelle.

Nanette se réveille, regarde les présens de ses Amans, & méprise celui de Polichinel, croyez-vous lui dit-elle m'abuser avec des stras?

J'aime Pierrot, & c'est sans nul détour,
Oui, nos deux cœurs sont formés *l'un pour l'autre*,
Entre nous deux c'est *Amour pour amour*.

PIERROT. (AIR. *L'Horoscope est accompli.*)

L'Oracle avoit dit que ma vie
Seroit brillante quelque jour:
Quand d'une Bergére accomplie,
J'obtiendrois *Amour pour amour*,
L'un pour l'autre, c'est même chose.
L'un propose, & l'autre dispose,
Enfin vous m'aimez aujourd'hui,
Et l'horoscope est accompli.

––––––––––––––––––––

(*) *Le Prix de Cythere*, Opéra Comique.

POLICHINEL *aux Spectateurs.*
(AIR. *Le Précepteur d'Amour.*)

Je fais un fot role , ma foi ,
Où je ne trouve pas mon compte ;
Hélas ! Messieurs , excusez-moi ,
Je sors avec ma courte honte.

Extrait Manuscrit.

UNGARELLI , (Rosa) Cantatrice Italienne, née à Bologne, a représenté en 1719. sur le Théatre de l'Académie Royale de Musique le role de *Lesbina* , dans l'intermède Italien intitulé *D. Micco & Lesbina* , & celui de *Serpilla* dans le *Joueur* , autre Intermède Italien qui fut donné la même année.

VŒU , (le) Tragédie de *Florent Chrétien.* Voyez *Jephté*, ou *Le Vœu.*

VŒUX (les) ACCOMPLIS , Comédie Françoise au Théatre Italien, composée à l'occasion de la naissance de Monseigneur *le Duc de Bourgogne*, un acte, en vers libres, de M. *Panard*, première représentation du Mercredi 6 Octobre 1751. Cette piéce est entre-coupée de quelques scènes en *Vaudevilles*, dans le goût *Poissard*; la Demoiselle *Favart* qui recommençoit alors son début au Théatre Italien (*) y plut généralement. Paris , Delormel.

VOLEUR , (le) *ou* TITAPAPOUF , petite Comédie en prose & en un acte, de Mlle de *Longchamps*, non imp. & représentée à la suite de la Tragédie de *Britannicus*, le Mardi

―――――――――――――――――――
(*) Depuis la *rentrée de Pâque* de la même année.

4 Novembre 1687. *Histoire du Théatre François*, année 1687.

VOLEUR, (Arlequin) PREVOST ET JUGE, (*Il Ladro Sbirro & Giudice*.) Canevas Italien en trois actes, représenté pour la premiére fois au nouveau Théatre Italien, le Mardi 2 Juin 1716. C'est une piéce extrêmement plaisante, & qui est fort ancienne en Italie; elle a été représentée à *Paris* par l'ancienne Troupe Italienne en 1667. Voyez l'*Histoire de l'ancien Théatre Italien*, page 293. *Paris*, Lambert. Le Sieur *Dominique* le fils l'avoit rendue fameuse sur les Théatres de la Foire, dans l'intervalle de l'ancien au nouveau Théatre Italien, & en passant à ce dernier elle n'a éprouvé que de légers changements. Ce Canevas est resté au Théatre Italien de *Paris*, & se joue beaucoup en Province, même dans les Troupes Françoises. Il a été dialogué en François en trois actes, comme le Canevas Italien, & à peu près tel qu'on le voit tous les jours à *Paris*, à l'exception de l'*Idiome*, par M. *Pierre Joseph Breuzot de La Roche*, Parisien, & Acteur François en Province; en société avec Monsieur L**** Marchand de *Bruxelles*; imprimée dans cet état en 1744. Bruxelles, J. J. Boucherie. Le premier des deux Auteurs dont nous venons de faire mention est désigné à la tête de la piéce, par les lettres initiales B. D. L. R. A l'égard du second, des raisons particulieres ne lui ont point permis alors de risquer de se faire connoître.

VOLEURS (les) A LA FOIRE, (*I ladri alla fiera*) Canevas Italien en trois actes, première représentation du Dimanche 14 Novembre 1717. on trouve un extrait de cette piéce qui eut du succès dans son temps, *dans les Lettres Historiques de M. de Charni, lettre quatriéme sur la Comédie Italienne*, page 15. Nous allons en faire usage.

« Scapin, fameux filou, (a) arrive sur la scéne avec Trivelin, qu'il instruit dans le métier de voleur ; il lui en apprend tous les tours les plus subtils. Ensuite, Scapin se déguise en grand Seigneur, (b) & secondé de Trivelin, qui passe pour son valet de chambre, il fait tant qu'il vole à Scaramouche, Maître d'Hôtellerie, sa bourse & son manteau. Pantalon arrive, qui dit à Arlequin son valet d'aller chez un Marchand recevoir cent louis ; Scapin qui a écouté cet ordre, se déguise en Marchand Juif, (c) & vient dire à Arlequin que s'il veut lui prêter six louis, sur une médaille d'or qui en pése dix, il gagnera deux louis pour une demie-heure, parce que dans ce temps là tous ses ballots seront arrivés ; comme ils achévent ce marché, Scapin prend subtilement la bourse à Arlequin, lequel s'en appercevant, la tient & ne la veut point lâcher. Sur ces entrefaites arrive Pantalon, à qui Scapin dit qu'il est un Marchand, & qu'Arlequin lui veut voler cette bourse, & pour marque qu'il dit la vérité, qu'il trouvera dans ladite bourse cent louis moins six, à cause d'un marché qu'il venoit de faire, & outre

---

(a) Scéne de l'instruction.
(b) Scéne d'un grand Seigneur & de son valet de Chambre.
(c) Scéne du Marchand Juif.

» cela une médaille d'or. Pantalon voyant qu'il
» dit vrai, querelle son valet, qui voulant l'inſ-
» truire du fait, eſt interrompu par Scapin &
» par Pantalon, qui lui dit des injures & qui le
» veut battre, ce qui l'oblige de garder le ſilen-
» ce ; enfin Scapin étant parti avec la bourſe,
» Pantalon demande à Arlequin s'il a été rece-
» voir les cent louis ; Arlequin lui dit en ſe
» tranquilliſant qu'il a reçu ſon argent, & lui
» conte tout ce qui s'eſt paſſé entre lui & Sca-
» pin juſqu'à ſon arrivée ; Pantalon voyant que
» c'eſt ſa bourſe qui a été volée, ſe déſeſpére,
» & Arlequin ſe met à rire & ſe moquer de lui.

» Le Docteur, avec ſon fils Lélio, & ſa fille
» Silvia, arrivent chez Pantalon, où ils vien-
» nent paſſer tous les ans une quinzaine de
» jours, à cauſe *de la Foire de Baucaire*, qui
» eſt à une demie-lieue de-là. Lélio prie Pan-
» talon de vouloir bien envoyer Arlequin à la
» Douane, pour retirer ſa valiſe ; Pantalon dit
» à Arlequin d'y aller. Trivelin qui a tout en-
» tendu, va s'habiller en Acteur d'Opéra, &
» vient au-devant d'Arlequin ; il ſe déſeſpére
» ſans faire ſemblant de le voir, de ce qu'un
» principal Acteur de ſon Opéra eſt tombé ma-
» lade, & que l'Opéra doit commencer dans une
» heure. Il fait ſemblant d'étudier le role de
» l'Acteur qui manque ; après avoir chanté
» quelque temps, il ſe fâche de n'en pouvoir
» venir à bout, & dit que s'il trouvoit quel-
» qu'un qui pût faire ce role, il y auroit cin-
» quante piſtoles à gagner, dix livres de maca-
» rons, & ſix bouteilles de vin d'Eſpagne. Ar-
» lequin ouvre l'oreille à la ſéduction, & ſe

» met à répéter ce que Trivelin chante; Tri-
» velin paroît charmé, & encourage Arlequin,
» lui disant qu'il a la plus belle voix du monde;
» il lui fait apporter un habit de Cupidon, qui
» est dit-il le role de l'Acteur qui manque; il
» l'habille, en lui faisant répéter ce role; après
» il lui bande les yeux, pour le faire mieux res-
» sembler à l'Amour, & pendant que l'autre
» répéte toujours, Trivelin emporte la valise.
» Lélio arrive, qui voyant Arlequin le prend
» pour un fou; celui-ci qui a les yeux bandés,
» le prend pour l'Entrepreneur de l'Opéra, &
» lui demande s'il sçait bien son role. Lélio
» s'impatiente de ce badinage, & veut sçavoir
» où est sa valise. *Elle est-là*, répond Arlequin
» en chantant toujours. Lélio lassé de ce mane-
» ge, lui ôte son bandeau, & lui demande
» encore s'il a été à la Douane, il lui dit qu'oui,
» mais qu'il n'a pas le temps de porter la valise
» au logis, parce qu'il faut qu'il aille à l'Opéra
» représenter l'Amour; Lélio se doutant de
» quelque chose, le questionne tant qu'il ap-
» prend la vérité; ainsi étant parfaitement ins-
» truit du fait, il demande à Arlequin de quel
» côté il croit que le voleur est allé, & n'en
» pouvant rien tirer, il sort précipitamment,
» tandis qu'Arlequin s'en va tranquillement
» d'un autre côté, en répétant gravement son
» role.

» Pantalon voulant troquer de la vieille vais-
» selle d'argent, pour en acheter de neuve,(*)dit
» qu'un de ses amis s'en est accommodé avec lui,

(*) Scéne du *Marchand qu'on arrête pour dettes.*

« & qu'on la doit venir querir; mais il ordonne
» à Flaminia sa fille de ne la mettre entre les
» mains que de celui qui apportera sa montre
» qu'elle connoît bien. Trivelin vient déguisé
» en Marchand, & poursuivi de ses camarades
» déguisés en archers, qui le saisissent comme
» s'ils le vouloient mener en prison. Dans cette
» prétendue persécution, il implore le secours
» de Pantalon, & dit qu'il est bien malheu-
» reux d'être fait prisonnier pour mille écus;
» qu'il a chez lui beaucoup plus d'effets qu'il
» n'en faut pour acquitter cette somme, *mais*
» *comme ces satellites*, ajoute-t-il, en parlant
» à Pantalon, *ne me permettent pas d'aller dans*
» *ma maison, faites-moi la grace, je vous sup-*
» *plie, d'écrire pour moi à ma fille; car comme*
» *vous voyez* (il montre son bras en écharpe)
» *je ne suis pas en état de le faire.* Pantalon
» le croyant de bonne foi, écrit ces mots qu'il
» lui dicte : *Ma fille ne manquez pas de donner*
» *au porteur ce que vous sçavez bien.* Pendant
» que Pantalon écrit ce billet, Trivelin lui vole
» sa montre, & muni de la montre & du billet,
» il va trouver Flaminia, qui lui remet sans
» difficulté la vaisselle. Voici encore un de leurs
» plus plaisans vols; Trivelin & sa clique ayant
» appris que Pantalon & le Docteur se sont
» assemblés pour conclure le double mariage de
» leurs enfans, viennent comme Comédiens leur
» offrir la Comédie; on les reçoit avec plaisir,
» en cette qualité; comme on les excite à jouer
» sur le champ, & qu'ils représentent qu'ils
» n'ont pas les habits nécessaires, chacun leur
» offre le sien; nos voleurs qui les attendoient,

» là, les dépouillent, & afin d'ôter tout soup-
» çon, ils chargent Arlequin valet de la mai-
» son, de tous ces habits, ajoutant qu'ils veu-
» lent faire jouer à ce valet un des plus plaisans
» roles de la piéce. Après toutes ces précau-
» tions, ils se retirent dans une autre chambre,
» sous prétexte de s'y aller habiller. Très-peu
» de temps après, on voit arriver Arlequin nud
» en chemise; les gens de la noce qui croient
» que c'est lui qui ouvre la scéne, rient de
» tout leur cœur, le voyant dans cet équipage,
» ce qui l'impatiente extrêmement, & d'autant
» plus que quelqu'effort qu'il fasse pour les
» mettre au fait de cette fourberie, ce n'est
» qu'après qu'ils sont las de rire, qu'il peut ob-
» tenir audience, & leur apprendre que les
» Comédiens sont des voleurs qui l'ont dé-
» pouillé aussi bien qu'eux. Je vous fais grace
» de l'intrigue & du dénouement de cette piéce,
» & de plusieurs autres friponneries de la part
» des voleurs; on peut même dire que de celles
» que j'ai rapportées, il n'y a que les deux der-
» nieres qui soient naturelles ». *Extrait imprimé.*

VOLEURS, (Arlequin & Scaramouche) Canevas Italien en cinq actes, représenté pour la premiere fois sous ce titre, le Mardi 5 Décembre 1747. C'est exactement le même qui a été représenté sous le titre d'*Arlequin & Scapin voleurs*, le Samedi 20 Mai 1741. Toute la différence consiste en ce que le *Scapin* est ici changé en *Scaramouche*; voyez l'article *Arlequin & Scapin voleurs*; il s'est glissé dans cet article auquel nous renvoyons, une erreur qu'il est à propos de réformer ; on y lit que la piéce est en trois actes, au lieu qu'elle est véritablement en cinq, comme on va voir.

Quoique ce Canevas ait devancé M. *Gandini* sur le Théatre Italien de *Paris*, il n'en est pas moins de sa composition, (*) mais il y a inféré quelques scénes connues en *Italie*, & que le Public trouveroit mauvais qu'on omît toutes les fois qu'en ce pays-là l'on présente des voleurs sur la scéne. Nous allons faire usage du Canevas d'*Arloquin & Scaramouche, ou Scapin voleurs*, qui nous a été confié depuis peu ; l'on y reconnoîtra aisément les scénes en question, en le comparant avec l'extrait des *Voleurs à la Foire.* (Voyez *l'article précédent.*) Nous aurons soin de renvoyer à cet extrait, à mesure que l'occasion va s'en présenter.

ACTEURS.

PANTALON.
LE DOCTEUR.
FLAMINIA, *fille de Pantalon.*
LUCINDE, *fille du Docteur.*
MARIO, *fils du Docteur.*
LÉLIO, *fils de Pantalon.*
CORALINE, *femme de Chambre de Flaminia.*
NICOLO, *valet de Pantalon.*
UN CAPITAINE.

(*) Monsieur *Gandini* y a joué le role de *Scaramouche* avec applaudissement, à la Cour & à Paris ; le succès de l'Acteur & de la piéce fut si marqué à la Cour, qu'elle y fut redemandée & jouée deux fois de suite.

Un Limonadier.
Scaramouche, *Chef d'une bande de voleurs.*
Arlequin, *voleur.*
Voleurs *déguisés en-Soldats, en Archers, en Laquais, &c.*
Garçons de Caffé.
Garçons d'un Traiteur.
Valets.
Archers.

La scène est dans une ville de France.

Acte I.

Le Théatre représente une rue d'une ville de France, (*) *dans laquelle on remarque la maison du Docteur, & celle de Pantalon.*

Arlequin voleur, se plaint à Scaramouche son Capitaine de ce qu'il manque d'égards pour lui ; celui-ci répond que c'est sa faute, & qu'il n'a pas de disposition au métier ; ensuite il lui donne des leçons (**) dont Arlequin promet de profiter, & ils se retirent. Mario entre, & fait entendre dans un monologue qu'il est amoureux de Flaminia, fille de Pantalon ; il frappe à la porte de ce dernier ; Coraline en sort, & lui donne une lettre de Flaminia sa Maîtresse. Il se met à la lire ; Scaramouche l'observe de loin, & le montre à Arlequin ; celui-ci s'approche, & voyant Mario mettre la

---

(*) Il y a apparence que le lieu de la scène n'est tel, que quand la piéce se joue en *France*.

(**) Les *Voleurs à la Foire* commencent de même. Voyez *Voleurs (les) à la Foire; scène de l'instruction.*

lettre de Flaminia dans sa poche, il le supplie, puisqu'il sçait lire, de vouloir bien lui en lire une qu'il lui présente. Mario veut bien avoir cette complaisance, & pendant qu'il est appliqué à le satisfaire, Arlequin lui vole son mouchoir, & se sauve; Mario s'apperçoit du vol, & court après lui. Le Docteur entre, & dit que Pantalon son ami vient de conclure le mariage de sa fille avec un étranger fort riche, compatriote & parent de celui qu'il destine à la sienne, & qu'il veut l'aller féliciter; il frappe à sa porte, Coraline ouvre, & lui dit que Pantalon s'habille; le Docteur répond qu'il va l'attendre au Caffé, & la quitte. Pantalon sort de chez lui; Coraline lui rend compte de ce que le Docteur vient de lui dire; il la fait rentrer dans la maison, & va joindre son ami. Lélio fils de Pantalon le remplace, & s'entretient seul de son amour pour Lucinde, fille du Docteur. Scaramouche déguisé en grand Seigneur, (*) suivi d'Arlequin son écuyer, & de plusieurs filoux en livrée, l'aborde poliment. Il lui dit qu'il est un homme de qualité étranger, qui voyage pour son plaisir, & qui a de la répugnance à loger dans une auberge; il le prie de lui enseigner la maison de quelque personne de distinction du pays, chez qui il puisse passer sept ou huit jours avec plus de bienséance; Lélio trompé par le nom qu'il se donne, lui

―――――――――

(*) Il y a encore dans *les Voleurs à la Foire*, une scène qui ressemble à celle-ci. C'est la scène dans laquelle Trivelin déguisé en grand Seigneur, & Arlequin en valet de Chambre, volent un Aubergiste. Voyez *Voleurs (les) à la Foire; scène d'un grand Seigneur & de son Valet de Chambre*.

proteste que le Docteur son pere sera très-flatté de le recevoir, & même voyant que ce Seigneur ordonne à son écuyer de satisfaire les muletiers qui ont amené son bagage, & que l'écuyer prétend n'avoir point d'argent sur lui, il offre d'avancer la somme nécessaire, est pris au mot, & veut resserrer sa bourse, après avoir compté l'argent aux muletiers; mais Arlequin la lui escamote sans qu'il s'en apperçoive. Lélio prend congé du Seigneur étranger, après lui avoir enseigné la demeure de son pere, en lui disant qu'il va faire préparer son appartement; mais il revient un moment après, ayant reconnu la perte qu'il vient de faire; il prie l'étranger de lui dire si quelqu'un de ses gens n'auroit point ramassé sa bourse, qu'il a apparemment laissée tomber, en croyant la remettre dans sa poche. *Ha! Monsieur*, s'écrie celui-ci, *je crois que vous avez raison; je soupçonne mon écuyer d'avoir fait le coup; c'est un coquin dont j'ai des raisons de me défier depuis quelque temps, & dont je me déferai dès que mes voyages seront finis.* L'écuyer est offensé du soupçon, & répond insolemment à son Maître qui le veut tuer; Lélio demande grace pour lui, & se met au-devant des coups; il est houspillé, & perd son chapeau qu'on lui vole dans la mêlée; le Seigneur, l'Ecuyer & les Laquais disparoissent, & se sauvent l'un d'un côté & l'autre de l'autre; Lélio les poursuit & met fin au premier acte.

Acte II.

Arlequin & Scaramouche ouvrent le second acte

acte comme ils ont ouvert le premier; Arlequin est tout glorieux d'avoir si bien mis en pratique les leçons de son Capitaine, qui convient qu'il commence à se former; ils entendent venir du monde, & se retirent. Mario entre, & se plaint du mariage que Pantalon vient d'arrêter pour sa fille, avec un étranger; Scaramouche paroît, parlant *à la Cantonade*, & paroissant outré de ce qu'un homme contre lequel il vient de perdre vingt louis sur sa parole, lui montre de la défiance, & ne lui veut pas accorder vingt-quatre heures pour le payer; il en est si furieux, dit-il, qu'il donneroit volontiers pour vingt louis, un brillant qu'il a au doigt, & qui en vaut cent, afin de n'avoir plus rien à démêler avec un homme capable d'un si mauvais procédé. Mario qui a souvent éprouvé les vicissitudes du jeu, est touché de son chagrin, l'aborde, & lui offre généreusement de le tirer d'affaire, & de lui prêter de quoi dégager sa parole; Scaramouche l'accepte, à condition qu'il recevra sa bague en nantissement, Mario qui a déja ouvert sa bourse, le refuse; Scaramouche met malgré lui sa bague dans la bourse, & pendant que Mario en veut tirer vingt louis, il met la main dessus; Mario étonné la retire à lui; le Docteur survient, & Scaramouche se plaint de ce que Mario refuse de lui rendre une bourse qu'il a laissée tomber, & qui lui appartient si bien, que sa bague qu'il désigne est dedans avec son argent. Le Docteur, après avoir vérifié le fait, donne le tort à son fils, refuse de l'entendre, & met Scaramouche en possession de la bourse, de façon qu'il s'en va

Tome VI. M

fort content. Il est aisé de s'appercevoir que cette scéne ressemble beaucoup à celle du Marchand Juif, dans *Les Voleurs à la Foire*. (Voyez *Voleurs (les) à la Foire, scéne du Marchand Juif*.) Enfin, Mario après avoir désabusé trop tard son pere, se met sur les traces du voleur. Le Docteur demeuré seul, fait entendre qu'il est arrivé des troupes dans la ville, & qu'il est obligé de loger un Officier ; il frappe à la porte de son logis, & ordonne à sa fille qui se présente, de recevoir le nouvel hôte ; elle promet d'obéir, & se retire. Scaramouche qui étoit aux écoutes avec Arlequin, sort précipitamment ; Arlequin le suit ; le Docteur voit presque aussi-tôt arriver Arlequin en Officier estropié qui a perdu ses deux jambes. Il est dans une chaise à porteurs, & les porteurs sont des filoux déguisés en soldats ; pendant une scéne dans laquelle Arlequin conte ses exploits au Docteur, & comme celui-ci est prêt à l'introduire chez lui, le véritable Capitaine qu'il doit loger arrive, & découvre la fourberie. Les porteurs & l'estropié se sauvent à toutes jambes, & le second acte finit avec grande rumeur.

Acte III.

Pantalon dit à Flaminia sa fille, qu'il ne se trouve pas en argent comptant, & que le mariage qu'il vient d'arrêter pour elle, ne pouvant manquer de l'engager à de fortes dépenses, il veut mettre en gage une partie de son argenterie, pour ne pas risquer de demeurer court dans une pareille circonstance ; il ordonne à sa fille de mettre à part ce qu'il en faut pour cet effet ; Arlequin & Scaramouche l'observent, & le second parle à l'oreille de l'autre ; ils sortent & reviennent, Arlequin en Exempt, avec des Voleurs déguisés en Archers, & Scaramouche en Marchand qu'on arrête pour dettes. Cette fourberie est à peu près la même que celle du Marchand qu'on arrête pour dettes, dans *Les Voleurs à la Foire.* (Voyez *Voleurs (les) à la Foire ; scène du Marchand qu'on arrête pour dettes,*) & elle a le même succès. Pantalon revient chez lui, suivi du valet d'un Usurier, qui tient un sac plein d'argent, & qui vient chercher l'argenterie. Flaminia & Coraline lui content ce qui s'est passé, & il sort en courant, pour tâcher de trouver le voleur ; Flaminia rentre chez elle avec Coraline. Lélio paroît seul, & dit qu'il voudroit bien parler à sa Maîtresse ; il frappe à la porte du Docteur, & Lucinde en sort. Ils ont ensemble une scène de tendresse, dans laquelle Lucinde lui apprend que son pere l'a promise en mariage à un étranger, du même pays que celui à qui Pantalon a promis Flaminia. Lélio l'assure qu'il sçaura bien mettre obstacle à ce mariage ; elle rentre chez elle, & son Amant se retire. Le Docteur & Pantalon viennent ensemble ; le Docteur dit à son ami qu'il vient de recevoir une lettre qui lui apprend l'arrivée prochaine de leurs gendres prétendus, & que par conséquent ils peuvent arriver d'un moment à l'autre. Scaramouche qui ne cesse point de les observer, parle à l'oreille d'Arlequin, & s'éloigne avec lui ; Arlequin déguisé en Laquais, revient un moment

M.ij

après, annoncer à Pantalon l'approche du futur époux de Flaminia, & prie qu'on tienne la porte ouverte, pour recevoir sa malle & tout son équipage ; il sort ; le Docteur quitte Pantalon, pour aller s'informer si celui qui doit épouser sa fille n'est pas aussi arrivé, & Pantalon entre chez lui, pour donner ordre aux choses nécessaires. Le Théatre change, & représente une chambre dans laquelle il y a un lit, une bougie allumée dans un flambeau sur une table, parce que la nuit est venue, un bureau, &c. On y voit Flaminia qui se plaint à Coraline du sort que son pere lui prépare ; celle ci la console ; Pantalon entre, & lui annonce l'arrivée de son prétendu ; elle recommence ses plaintes ; elles sont interrompues par l'arrivée de Nicolo, valet de la maison, qui dit que le Laquais du Gentilhomme à qui Flaminia est promise, vient d'arriver avec la malle de son Maître ; Flaminia sort de fort mauvaise humeur, & est suivie de Coraline. Arlequin travesti en Laquais, apporte une malle fort pesante, avec l'aide de Nicolo, qui a été au-devant de lui après l'avoir annoncé ; Pantalon ordonne à son valet d'avoir soin que ce garçon ne manque de rien, & se retire ; Nicolo veut emmener Arlequin souper il s'en défend ; Nicolo a beau le presser, & se plaindre de ce qu'il lui fait perdre à lui même l'occasion de faire bonne chere aux dépens du patron, Arlequin a trop d'envie de demeurer seul pour se rendre. Enfin Nicolo voyant qu'il ne peut rien gagner, lui déclare qu'ils vont coucher ensemble, parce qu'il n'y a pas encore de chambre prête pour lui ; autre embarras pour

Arlequin, qui signifie à Nicolo qu'il aime à coucher seul, & qu'il préfére l'incommodité de passer la nuit sur la malle qu'il vient d'apporter, à celle de coucher deux; Nicolo répond qu'il sçait trop bien vivre pour le laisser en cet état; Arlequin pour s'en débarrasser, lui confie qu'il a sujet de craindre de lui communiquer une incommodité dont il se ressent depuis quelques jours; enfin (tranchons le mot, puisqu'on le tranche au Théatre,) il a dit-il, un peu de G...... mais Nicolo répond que cela ne l'inquiéte point, parce qu'il en a beaucoup lui même; Arlequin impatienté, lui fait une autre confidence, sçavoir qu'il est sujet à de mauvais rêves; qu'il s'imagine en dormant être poursuivi par ses ennemis, & qu'il ne veut coucher avec personne, depuis qu'il lui est arrivé de poignarder le meilleur de ses amis, qui dormoit à côté de lui, en rêvant qu'il se défendoit d'un assassin. Cet inconvénient embarrasse encore moins Nicolo que le premier, parce qu'il est dit-il aussi fort sujet à rêver, & que dès qu'on remue à ses côtés, il prend son homme en rêvant, & le jette par la fenêtre. Cela n'encourage pas Arlequin à partager le lit de Nicolo; il se fâche tout de bon contre lui, & ce valet craignant de déplaire à Pantalon, en désobligeant le domestique de son gendre, & en poussant plus loin son incommode civilité, le laisse tranquille & se retire. Scaramouche sort aussi-tôt de la malle où il étoit renfermé; Arlequin l'éclaire; ils s'approchent du bureau qu'ils veulent forcer; Scaramouche armé d'un ciseau & d'un marteau, veut faire sauter la serrure, mais au premier coup de marteau, un chien couché dans un coin de la chambre, & qu'ils n'ont point apperçu, se leve & se met à aboyer; Scaramouche s'arrête; Arlequin flatte le chien pour le faire taire; Scaramouche donne un second coup de marteau; le chien redouble ses hurlements, tant qu'enfin Pantalon l'entend, & vient voir ce qui se passe dans la chambre; Scaramouche n'a que le temps de se renfermer dans la malle, & Arlequin de se fourer sous le lit, avec sa bougie toute allumée; il fait semblant de dormir en cette situation; Pantalon regarde sous le lit, & le plaint de la fatigue énorme qui doit l'accabler, pour que le sommeil l'ait surpris ainsi; il ôte la bougie de ses mains sans l'éveiller, la remet sur la table, & sort. Scaramouche quitte aussi tôt son asile; Arlequin recommence à l'éclairer, mais dès que le premier se sert de son marteau, le chien aboye de plus belle; les deux voleurs se désespérent; Arlequin dit à Scaramouche qu'il faut se défaire de cet indiscret par un coup de marteau, mais ils ne peuvent le joindre, & ne font que l'exciter à aboyer de plus en plus. Pantalon accourt; les voleurs regagnent leurs postes; Pantalon est surpris de la manie d'Arlequin de vouloir s'éclairer en dormant, car il n'a point abandonné sa bougie; il la lui retire encore des mains, la remet sur la table, & sort une seconde fois. Les voleurs en reviennent à leur entreprise, le chien à ses hurlements, &c. Ce jeu de Théatre des tentatives de Scaramouche & d'Arlequin, & de Pantalon attiré par les hurlements du chien, se répéte à volonté. Enfin les voleurs sont pressés de si près par Pantalon, qu'Arlequin se précipite étourdiment dans la malle avec sa bougie allumée à la main, & ne laisse pour asile à Scaramouche que le dessous du lit. Pantalon voyant de la lumiere à travers les fentes de la malle, croit que le feu y a pris ; il l'examine, & est surpris de voir qu'elle n'est point fermée à clef, & encore plus, après l'avoir ouverte, de n'y trouver qu'Arlequin qui tient encore sa bougie toujours allumée ; il commence à prendre du soupçon, & la lui ôtant de la main pour la derniere fois, il se met à faire des recherches dans la chambre, ne fut ce que pour examiner si ce valet n'a mis le feu nulle part ; il regarde sous le lit, & effrayé d'y voir un inconnu, il se met à crier *aux Voleurs*. Tous les Domestiques de la maison accourent à ses cris, à demi deshabillés, & armés de différents ustencilles ; mais ils ne peuvent dans leur surprise, prendre des mesures assez promptes pour empêcher les voleurs de se sauver ; c'est la fin du troisiéme acte.

Acte IV.

Le Théatre redevient comme au commencement du premier acte. Il fait jour.

Mario frappe à la porte de Pantalon, & veut parler à Flaminia ; Coraline ouvre, & lui apprend que sa Maîtresse est malade de l'effroi que lui ont causé les voleurs la nuit passée ; on entend venir Pantalon, & Mario se retire ; Pantalon paroit, ordonne à Coraline d'aller chercher le Médecin, & rentre chez lui ; Coraline, va faire sa commission; Scaramouche & Arlequin sont à portée d'entendre l'ordre de Pantalon, projettent un nouveau travestissement pour le second des deux voleurs, & s'en vont. Le Docteur arrive, & dit dans un monologue, qu'il vient d'apprendre que les affaires des parens du gendre qu'il a choisi, & de celui qu'a choisi Pantalon, ne sont pas en si bon ordre qu'on le lui avoit fait accroire, que ce dérangement est apparemment la cause de leur retardement, & qu'il vient en faire part à son ami. Coraline revient, & lui apprend qu'elle vient d'avertir un Médecin pour Flaminia, & ils entrent ensemble chez Pantalon. Le Théatre change, & représente une chambre à coucher. On y voit Flaminia assise dans l'équipage d'une personne indisposée, avec Pantalon, le Docteur & Coraline, qui l'exhortent à prendre courage. On frappe à la porte; Coraline va voir ce qu'on demande, & revient annoncer le Médecin; on lui donne ordre de le faire entrer; elle introduit Arlequin habillé en Médecin, & sort; pendant une scéne dans laquelle on voit Arlequin se tirer, de son mieux, du role dont il s'est chargé, Coraline revient fort effrayée, & dit que Mario & Lélio sont attaqués par des voleurs; on court en tumulte à leur secours; la malade reste seule avec le Médecin, qui malgré ses cris emporte l'argenterie qui est dans la chambre, & se sauve avec son butin. Pantalon revient aux cris de Flaminia, & lui dit de se consoler, *& que ce n'est rien. Vous êtes donc arrivé à tems*, répond elle? *Sans doute*, replique Pantalon. Flaminia le félicite d'avoir ainsi arrêté le voleur qui emportoit son argenterie, & Pantalon est fort surpris de cet éclaircissement, d'autant qu'en disant *que ce n'étoit rien*, il entendoit parler du péril dans lequel on leur avoit annoncé que se trouvoient son fils & celui de son ami. Le Theatre change encore, & redevient comme au commencement du premier acte. On voit ensemble le Docteur, Mario son fils, & Lélio. Le Docteur témoigne sa joie de les voir hors de danger. Pantalon survient; il apprend au Docteur ce qui est venu à sa connoissance sur l'amour de Mario pour sa fille, & de son fils pour Lucinde; il ajoute qu'après ce qu'il a sçu de lui même sur l'état du bien des gendres qu'ils attendoient, il croit qu'ils n'ont rien de mieux à faire que de resserrer leur ancienne amitié par un double mariage, sans attendre davantage ceux à qui ils ont promis leurs filles. Le Docteur consent à tout; les deux peres frappent à leurs portes, & appellent Lucinde & Flaminia qui se portent mieux. Elles sont charmées de cette nouvelle; mais cet entretien est encore intercepté par Scaramouche & Arlequin, qui se préparent à leur faire de nouvelles piéces à cette occasion. Le Théatre change, & représente le Jardin de la maison d'un Traiteur; on y voit entrer Mario, Flaminia, Lélio, Lucinde, Coraline, Pantalon & le Docteur, en bonne disposition de se réjouir; ils demandent le Traiteur; Scaramouche se présente sous cette figure, leur certifie qu'ils sont dans une maison où rien ne leur manquera, & où ils n'auront qu'à parler pour être servis, leur conseille de commencer par se débarrasser de tout ce qui pourroit les incommoder, & sous ce prétexte, s'empare des épées, des cannes, des chapeaux, des éventails, & autres nipes, tant d'hommes que de femmes, dont on a coutume de se défaire en se mettant à table; il disparoît avec tout cela, & est remplacé par Arlequin mis en petit-Maître, qui leur dit qu'ayant appris que d'honnêtes gens se réjouissoient dans ce jardin, il a cru qu'un homme de son mérite & de sa qualité ne leur déplairoit pas en venant prendre part à leurs plaisirs; ensuite il demande une prise de tabac, n'en trouve point de son goût, après avoir essayé de celui de tous ceux qui composent la compagnie, mais trouve toutes les tabatieres extrêmement belles, & s'en saisit pour les considérer de plus près; puis il leur propose de leur faire goûter d'un tabac admirable. En effet, il en présente à tous dans une tabatiere de bois, en finissant par Pantalon, qui le trouve bon par complaisance, & à qui il dit : *Hé! bien, je vous fais présent du tabac & de la tabatiere; je viens de me rappeller une petite affaire qui ne me permet pas d'avoir plus longtemps le plaisir de demeurer avec vous.* En même temps il se met en devoir de sortir; on l'arrête, & l'on lui fait observer qu'il est bien le maître de s'en aller, mais qu'il oublie un préalable nécessaire, & chacun lui parle de sa tabatiere; *vous vous mocquez*, répond Arlequin : *j'ai dit à Monsieur que je lui en faisois présent*, ajoûte-t-il, en montrant Pantalon; là-dessus il fait de nouveaux efforts pour s'échapper, mais se voyant serré de trop près, & qu'on veut absolument qu'il reprenne son présent, & rende toutes les tabatieres qu'il emporte, il se met en colere, & demande pour qui l'on le prend, & si un homme comme lui a l'air d'un filou ; en un mot il les brave, & veut se couper la gorge avec chacun d'eux ; ils courent tous à leurs épées & à leurs cannes, mais Scaramouche a eu trop d'attention à prévenir le désordre, & n'a eu garde de leur laisser des armes offensives. Les domestiques du Traiteur accourent à leurs cris, comme ceux de Pantalon sont accourus aux cris de leur Maître, à la fin du troisiéme acte ; ils sont armés de la même maniere, mais aussi inutilement, puisqu'Arlequin a le temps de se sauver pendant ce tumulte, & le quatriéme acte finit.

Acte V.

Le Théatre représente un Caffé.

Tous les Acteurs qui étoient à se réjouir dans le jardin du Traiteur, sont rassemblés dans le Caffé ; Scaramouche arrive déguisé en Marchand de bijoux, & leur vole leurs montres, pendant qu'ils sont occupés à choisir & à marchander ; il sort ; Arlequin lui succéde, déguisé en Marchand de billets de lotterie, & fait sa main de ce qui a pû échapper à l'exactitude de Scaramouche ; ils ne s'apperçoivent qu'ils sont encore volés, qu'après le départ d'Arlequin ; ils s'en prennent au Maître du Caffé & à ses garçons ; nouveau désordre ; on va chercher un Commissaire ; Scaramouche arrive en robe, & Arlequin fait le personnage de son Clerc.

Pendant que le Commissaire est occupé à l'interrogatoire, & occupe les intéressés, son Clerc s'amuse à décrocher la pendule; quelqu'un s'en apperçoit; le Clerc & le Commissaire se sauvent, & sont suivis de près. Le Théatre change, & représente un appartement de la maison de Pantalon. Le Docteur entre avec lui, ils disent que les voleurs sont encore échappés, & qu'on vient d'avertir la Justice qui en fait la recherche; Mario & Lélio surviennent, & annoncent que ces coquins sont enfin pris; là-dessus on les amene, & on leur déclare qu'ils n'ont qu'à se préparer à ramer; ils demandent grace, mais ils ne voyent point d'apparence de l'obtenir. Tout d'un coup Arlequin se met à crier: *au feu*; on s'empresse avec effroi pour sçavoir de quoi il est question; les frippons saisissent ce moment pour s'échapper; on les poursuit; le Théatre redevient comme au commencement du premier acte; Arlequin & Scaramouche arrivent en courant, l'un par un côté, l'autre par un autre; ils se rencontrent, & se disent qu'ils ont mis en défaut leurs ennemis, mais qu'ils commencent à devenir trop célèbres pour pouvoir demeurer en sureté dans le pays, & que le meilleur parti qu'ils ayent à prendre, est celui de retourner à Bergame leur patrie; ils s'en vont ensemble, & terminent ainsi le cinquiéme acte & la Comédie. *Extrait Manuscrit.*

VOLEURS (Arlequin & Scapin) PAR AMOUR, *ou* LES FRAGMENS, Canevas François en trois actes, de la composition de M. *Favart*, représenté en Italien, & pour la premiére fois le

Vendredi 26 Novembre 1751. Le Canevas Italien est demeuré entrecoupé de scénes Françoises; il a eu dans cet état un succés prodigieux, & est resté au Théatre; l'Auteur lui a donné le titre *des Fragmens*, parce qu'il y a fait entrer presque toutes les scénes du premier acte *du Ballet des Vingt-quatre heures* (*) de Monsieur *Le Grand*, & de l'acte *de l'heure de l'audience* du même Ballet, aussi-bien que quelques anciennes scénes Italiennes. M. *Favart* ayant perdu son Canevas François, où la meilleure partie du Dialogue étoit comprise, nous avons été obligés de nous contenter du Canevas Italien qu'il a bien voulu nous procurer, & du *Catalogue des curiosités du Cabinet de Pantalon*, qui nous a été confié par M. *Véronese*; ce Catalogue est François. Nous allons faire usage du Canevas & du Catalogue.

ACTEURS.

PANTALON.
CAMILLE *sa fille*.
MARIO, *Amant de Camille*.
ARLEQUIN, *valet de Mario*.
SCAPIN, *valet de Pantalon*.
MONSIEUR RONDIN, *Marchand*.
MADAME RONDIN, *sa femme*.
COURTAUT, } *Garçons de Boutique de*
DE L'AUNE. } *Monsieur Rondin*.
VOISINS.
JUGES.
ARCHERS.

La scéne est à Paris.

(*) Voyez l'article *Ballet* (le) *des vingt-quatre heures*.

Acte I.

Le Théâtre repréfente l'Appartement de Mario.

Arlequin amoureux de Coraline, eſt très-chagrin de n'avoir point d'argent pour donner un bouquet à ſa Maîtreſſe, à l'occaſion du jour de ſa fête; il ſe plaint de ce qu'il ne peut rien arracher de Mario ſon Maître, ſur ce qui lui eſt dû de ſes gages. Mario entre de fort mauvaiſe humeur; à meſure qu'il en veut expliquer la cauſe, Arlequin l'interrompt & lui demande un à compte; ils parlent tous les deux enſemble, & Mario ne vient à bout de lui impoſer ſilence qu'avec beaucoup de peine; enſuite il lui dit qu'il prend bien mal ſon temps pour lui demander de l'argent, pendant que lui même eſt dans le dernier embarras; il montre à ſon valet qu'il n'a que vingt-cinq louis dans ſa bourſe, & lui apprend qu'il en a beſoin de trente, pour acheter une belle momie d'Egypte de laquelle il s'eſt engagé d'enrichir le Cabinet de Pantalon, pere de Camille, qu'il doit épouſer; il ajoute qu'il a donné ſa parole pour le lendemain, & qu'il ne ſçait quel parti prendre, ſi Arlequin ne trouve moyen de le tirer d'affaire. Le Maître & le valet font une ſcéne de *lazzis*, & paſſent & repaſſent en rêvant l'un à côté de l'autre; ils ſe propoſent de temps en temps l'un à l'autre différents expédients, qui tous ſe trouvent ſujets à bien des difficultés; Mario toujours rêvant, geſticule avec ſa bourſe qu'il tient à la main; Arlequin la dévore des yeux, & trouve moyen de s'en ſaiſir & de la vuider dès que son Maître l'a remise dans sa poche; au son des louis, Mario sort de sa distraction, & demande ce que c'est; Arlequin répond qu'il a pitié de l'inquiétude où il le voit, & qu'il veut bien lui prêter la somme qui lui manque; Mario lui saute au col, le remercie, & comme Arlequin lui prête généreusement un louis de plus qu'il n'a besoin, (*) il le lui donne pour récompense: ensuite il veut serrer cet argent, & s'apperçoit qu'il est volé; Arlequin paroît si interdit, que Mario ne peut douter qu'il n'ait fait le coup; il lui fait quitter son habit, se resaisit de l'or qu'on vient de lui voler, donne des coups de bâton au voleur, le chasse de chez lui, sort fort en colere, & laisse Arlequin au désespoir. Le Théatre change pour la seconde scène, & doit représenter un des bouts du Pont neuf; on doit aussi y remarquer la maison de Pantalon, de Mario, de Monsieur Rondin, &c. On entend crier Scapin de dedans la maison de Pantalon; il en sort un moment après, & Pantalon paroit à sa fenêtre, le traite de voleur, & lui jette son manteau & son bonnet, en lui déclarant qu'il retient le reste de ses hardes, pour sureté de ce qu'il lui a pris, & se retire; les deux valets se plaignent ensemble de leur malheur; ils sont tous deux amoureux, tous deux sans argent, sans condition, & ne sçavent où donner de la tête, & par dessus tout cela, Arlequin a un bouquet à donner, & n'a pas le premier sol pour faire

_____

(*) Le calcul que fait Arlequin en comptant l'argent à son Maître est fort plaisant.

cette galanterie à sa Maîtresse. Scapin conte à son camarade d'infortune le sujet de la colere de Pantalon ; il a le malheur d'être somnambule, & se reléve souvent la nuit en rêvant ; il s'est perdu diverses choses chez Pantalon, & celui ci l'accuse de les avoir volées, parce qu'il l'a surpris la nuit passée tout endormi, qui essayoit de forcer son coffre fort ; enfin il a eu la dureté de lui reprocher son infirmité naturelle, de l'appeller voleur, & de le chasser, comme si l'on sçavoit ce que l'on fait quand on dort. Arlequin fait aussi confidence à Scapin de ce qui l'a brouillé avec son Maître, & de son amour pour Coraline. Scapin lui promet de l'aider à s'introduire chez Pantalon maître de cette fille, aussi bien veut il se venger d'avoir été mis à la porte & injurié, outre qu'il espére trouver en même temps occasion de se revancher de la perte de ses hardes ; il ajoute qu'un Tapissier doit apporter un fauteuil à Pantalon que celui-ci lui a commandé, qu'on l'attend d'un moment à l'autre, & qu'il faut profiter de l'occasion ; mais en attendant, comme l'amour d'Arlequin & ses projets galants exigent un secours plus prompt, & que d'ailleurs il est déja nuit, ils se mettent à chercher les moyens d'avoir de l'argent sur le champ ; d'abord Scapin propose à son ami d'en emprunter au premier venu ; il lui fait remarquer qu'ils sont deux, qu'il est heure indue, & qu'il y a dix à parier contre un, qu'ils ne seront pas refusés ; Arlequin qui n'est pas encore aguerri, craint que la justice ne soit scandalisée d'un emprunt fait dans des circonstances si favorables aux emprunteurs; là-dessus Scapin s'avise d'un moyen pour se mettre à couvert de ses chicannes; il conseille à Arlequin de devenir somnambule à son exemple, & de faire en dormant l'emprunt en question; il espére que la justice aura l'esprit mieux tourné que Pantalon, en cas qu'ils ayent le malheur d'être pris sur le fait, & veut bien en courir les risques une seconde fois, quoique cette façon de dormir lui ait déja porté malheur. Arlequin se laisse persuader, & après cette délibération (*a*) qui est toute dialoguée, & qui se joue en François, mais que nous n'avons pû recouvrer, on voit entrer Monsieur Rondin, & la scéne qu'Arlequin & Scapin font avec lui, se joue aussi en François, & est à peu près la même que celle d'Arlequin & Trivelin, avec le même personnage dans le premier acte *du Ballet des Vingt-quatre heures*. (*b*) Après qu'Arlequin & Scapin sont sauvés, avec la dépouille de Monsieur Rondin, arrive Madame Rondin sa femme, suivie de Courtaut & de de l'Aune, Garçons de boutique du Marchand volé, comme dans l'acte que nous venons de citer; la scéne qu'ils ont avec ce Marchand ne s'écarte pas plus de l'original que la précédente, & se joue encore en François; ils se mettent tous à crier *au voleur*; Pantalon, Mario, & plusieurs voisins

(*a*) Comme nous en rendons compte de mémoire, nous n'oserions garantir que ce compte soit exact, mais il est sûr au moins que l'erreur supposé qu'il y en ait, n'a rien d'essentiel.

(*b*) Voyez *le tome III. du Théatre de M. Le Grand, acte premier du Ballet des Vingt-quatre heures*, pages 85 *& suivantes*, Paris, par la Compagnie des Libraires; 1742.

accourent avec de la lumiere, & dans un deshabillé ridiculement varié. Mario reconnoît le chapeau d'Arlequin sur la tête de M. Rondin, & le manteau de Scapin sur ses épaules ; il fait retirer tout le monde, en disant qu'il connoît les voleurs, & qu'il se charge de les faire arrêter. On reconduit M. Rondin chez lui, & Pantalon avant que de s'en aller, prie Mario de passer chez son Tapissier, & de l'avertir de ne pas manquer d'apporter de bonne heure le fauteuil qu'il a commandé, parce qu'il doit partir pour la campagne. Tous les Acteurs quittent la scéne. Le Théatre change & représente l'appartement de Pantalon ; on y voit Camille qui s'entretient avec Coraline de son prochain mariage, & de son amour pour Mario. Pantalon paroît, disant qu'il attend le Tapissier, & fait une scéne de fantaisie avec sa fille & avec Coraline. Scapin arrive déguisé en garçon Tapissier, & porte Arlequin déguisé en fauteuil. Pantalon dit à Scapin qu'il a bien fait de ne le point faire attendre, & qu'il voudroit bien que le Marchand qui lui doit apporter la momie dont il est si curieux, en fît autant, parce qu'il est fort pressé ; en conséquence il ordonne qu'on lui aille promptement chercher un Barbier. (*) Ensuite il essaye le fauteuil, & fait avec Arlequin, &

(*) Nous ne nous rappellons point qu'aux représentations il ait jamais été question de cet ordre de Pantalon, ni de la scéne qu'il produit au commencement du second acte ; Monsieur *Favart* que nous avons consulté, n'en a pas plus de connoissance que nous. Nous n'employons cette scéne, & ce qui sert à l'amener, que pour nous conformer au Canevas Italien que nous avons devant les yeux.

Arlequin avec lui, les *lazzis* ufités dans beaucoup de piéces Italiennes. (Voyez *les articles Mariage (le) entre les vivans & les morts, & Tuteur (le) trompé.*) Enfin il s'apperçoit de la fourberie, veut arrêter le Tapiffier & le fauteuil qui fe fauvent, pendant qu'il crie *au voleur*, auffi bien que tous les affiftans, le premier acte finit avec grand bruit.

Acte II.

Arlequin déguifé en Barbier (*) qui vient rafer Pantalon, ouvre avec lui le fecond acte. Après plufieurs *lazzis*, il trouve moyen de voler ce qui fe trouve fous fa main; il eft découvert, mais il a encore le temps de fe fauver. Le Théatre change & redevient comme au commencement de la feconde fcène du premier acte. On voit arriver Scapin déguifé en Marchand étranger, qui dans un monologue donne à entendre qu'il va faire un coup de Maître, & mettre à profit le goût de Pantalon pour les momies, mais qu'en attendant il cherche Mario pour en tirer les vingt-cinq louis qu'il a montrés à fon valet Arlequin, un moment avant que de le chaffer, & qu'il deftinoit à cette emplette. Il frappe à la porte de celui contre lequel il vient de former ce beau projet; Mario vient voir ce qu'on lui demande, & Scapin fe dit l'affocié de celui avec lequel il eft en marché pour une momie; il le preffe de fe déterminer, parce qu'ils trouvent occafion de s'en défaire,

---

(*) Voyez *la note précédente.*

& lui fait valoir la complaisance qu'ils ont de lui donner la préférence. Mario lui propose de recevoir vingt-cinq louis à compte, & son billet pour le reste. La proposition est acceptée, & Mario donne un louis d'arrhes, & entre chez Pantalon, pour y attendre l'arrivée de la momie ; Scapin s'en va. Le Théatre change encore, & représente le Cabinet où sont les raretés de Pantalon. Ce Vieillard, Camille & Coraline s'y entretiennent de l'acharnement des voleurs qui paroissent avoir pris à tâche leur maison ; Pantalon ne doute pas que toutes les fourberies qu'il vient d'essuyer ne soient l'ouvrage d'Arlequin & de Scapin qu'il connoît pour des fripons ; il a dit-il mis des Archers au guet pour les arrêter s'ils osent reparoître. On frappe ; Coraline va ouvrir à Mario qui entre, & dit à Pantalon qu'on va apporter la momie ; ensuite il se mêle à la conversation. On frappe encore, & Coraline introduit Scapin toujours déguisé en Marchand étranger, & Arlequin en momie ; ce dernier est empaqueté & porté dans une caisse. Scapin fait de grands éloges du Cabinet de Pantalon, qui prend beaucoup de plaisir à l'admiration qu'en témoigne le prétendu Marchand, & lui en fait avec emphase, & en François, la description suivante, en lui montrant en détail tout ce qu'il contient.

PANTALON *lisant.*

Prémiérement, Une pierre qui tient de la nature du fer ; elle s'est formée dans le cœur d'un Greffier.

II. Un Papillon que l'on a trouvé dans la glande pinéale du cerveau d'un Petit-Maître, dont il avoit desséché toute la substance raisonnable.

III. Un couteau à deux tranchans, dont se servoient les

courtisans d'Auguste, dans les festins qu'ils donnoient à leurs amis.

IV. Les ongles en forme de griffes, d'une Prude qui faisoit *patte de velours*.

V. Un masque sérieux que l'on prend pour un visage, sitôt qu'un homme de Robe s'en sert.

VI. Un miroir de poche qui rend l'air gratieux, rapetisse la bouche, agrandit les yeux, & met toute la physionomie dans un point d'*optique* favorable. Cette découverte a été faite par un Abbé, & a été perfectionnée par un jeune Conseiller.

VII. Un diamant qui se ternit chaque fois qu'une femme est infidéle. C'est un talisman inventé par un Philosophe Cabalistique qui fut banni du Royaume à perpétuité, comme perturbateur du repos public.

VIII. Une jolie boëte d'or à la mode, qui donne l'esprit de conversation aux sots, en la tournant seulement entre les doigts. Cette même boëte est remplie d'une poudre qui fait chanter, & qui met de bonne humeur.

IX. Vous voyez à côté une flute qui met tout le monde en train de danser sitôt que l'on en joue.

SCAPIN.

Peste! voilà qui est joli! avec cela on peut se procurer le plaisir d'un Opéra.

PANTALON.

Oui, & s'en épargner l'ennui. A propos; j'ai encore quelque chose de bien plus curieux. Un brasselet de simpathie, par le moyen duquel on partage les peines & les plaisirs de l'amour avec une personne que l'on aime, fut-on à vingt mille lieues l'un de l'autre. (*) Cette rareté fut trouvée dans les balayeures du Théatre de l'*Opera*, où elle étoit malheureusement tombée.

Mario paye le Marchand, & sort avec lui; Pantalon reste avec sa fille, avec Coraline & avec la momie; il dit qu'il veut demeurer seul pour en étudier les caracteres *hiéroglifiques*. Camille se retire, & il emmene Coraline à sa bibliothéque, pour en apporter les livres propres à cette étude, qu'il y va choisir. Dès qu'il

---

(*) Ce trait fait allusion au brasselet dont la Fée *Zirphile* fait présent à *Céphise*, dans l'Opéra intitulé *Acante & Céphise*. Cet Opéra occupoit le Théatre du *Palais Royal*, lors de la nouveauté d'*Arlequin & Scapin voleurs par Amour*.

est dehors, Arlequin sort de sa caisse, va se saisir de la flute & de la tabatiere, & les met dans sa poche. Il entend venir du monde, & se sauve dans son étui. La vue de Coraline le rassure; elle apporte les livres dont Pantalon a besoin, & comme Arlequin la voit seule, il l'appelle; Coraline s'étonne, puis s'effraye; Arlequin quitte de nouveau son étui, & veut l'aller embrasser; elle fait un grand cri, & appelle au secours; Arlequin se refugie encore dans la caisse. Pantalon accourt aux cris de Coraline; elle lui raconte qu'elle a vu marcher la momie; il la traite de visionnaire & la renvoye. Pantalon demeure tête à tête avec la momie; malices & singeries d'une part; frayeur de l'autre; après bien des *lazzis*, Pantalon s'apperçoit de la fourberie; il veut se saisir du fripon, & appelle son monde. Tous les domestiques de Pantalon accourent; Arlequin se sauve, & le Théâtre redevient encore comme au commencement de la seconde scène du premier acte. Scapin y attend avec impatience le retour de son ami; il le voit arriver poursuivi de bien près, & le veut défendre inutilement; les domestiques de Pantalon font ce qu'ils peuvent pour se saisir de l'un & de l'autre, & crient *au Guet*; ils sont secondés par les Archers que Pantalon avoit mis en embuscade; enfin les deux valets sont arrêtés, conduits en prison, & le second acte finit.

ACTE III.

Le Théatre représente la Chambre criminelle.

Cet acte se joue en François, & est à peu près la même chose que l'acte *de l'heure de l'audience*, dans le *Ballet des Vingt-quatre heures*, que nous venons de citer. Il y a deux accusés, Arlequin & Scapin, mais on ne voit point de Berger qui vienne enchanter l'endroit où ils vont être jugés; c'est Arlequin qui prend du tabac dans la boëte qu'il a volée chez Pantalon, & qui faisoit partie des raretés du cabinet de ce dernier; il en fait prendre à son ami, & oblige aussi les Juges à en faire de même par ses bouffonneries. Le premier effet de la poudre se manifeste par des éternuements; les Juges ont des perruques très-amples, plus singulieres les unes que les autres, & poudrées à blanc, qui à chaque éternuement font voler un nuage de poussiere; l'idée de ce jeu de Théatre a été empruntée d'une plaisanterie de société. Un Médecin fort connu avoit trouvé la préparation d'un tabac composé, des effets duquel il s'amusoit avec ses amis, & qu'il avoit mis à la mode, en sorte que son tabac & les éternuements redoublés qui en étoient la suite, avoient longtemps fait rire dans le monde avant que de faire rire au Théatre. Le chant succede aux éternuements, & la sentence de mort se prononce en chantant contre les coupables. Arlequin qui voit que ces chansons-là passent la raillerie, demande & obtient la consolation de jouer avant que de mourir un petit air de flûte ; c'est celle qu'il a volée chez Pantalon, dont il fait usage ; les Juges se mettent à danser, & quand ils sont hors d'haleine, Arlequin les chasse à coups de batte, &c. (*) *Extrait manuscrit.*

VOLONTAIRE, (le) Comédie en un acte & en vers de M. *Rosimont*, représentée au Théatre de Guénégaud, le Vendredi 6 Mars 1676. imp. la même année, in-12. Paris, Promé. *Hist. du Th. Franç. année* 1676.

VOLTAIRE, (François Marie Arouet de)
« né en 1694. le 20 Novembre, de François
» Arouet, Trésorier de la Chambre des Comp-
« tes, & de Catherine d'Aumart. Historiogra-
» fe de France en 1745. Gentilhomme ordi-
» naire de la Chambre du Roi en 1747. & sur-
» numéraire en 1749. Membre de l'Académie
» Française, de la Crusca, de la Société Roiale
» de Londres, de Boulogne, de Pétersbourg.
» Il a composé pour le Théatre les piéces sui-
» vantes.

ŒDIPE, Tragédie, 18 Novembre 1718.

ARTÉMIRE, Tragédie, 15 Février, 1720.

MARIAMNE, Tragédie, 6 Mars 1724. retouchée & donnée sous le titre de HÉRODE ET MARIAMNE, Tragédie, 10 Avril 1725.

L'INDISCRET, Comédie en un acte & en vers, 18 Août 1725.

BRUTUS, Tragédie, 11 Décembre 1730.

ERIPHILE, Tragédie, 7 Mars 1732.

ZAÏRE, Tragédie, 13 Août 1732.

(*) Voyez dans le même tome au Théatre de M. Le Grand auquel nous avons renvoyé ci-dessus, le Ballet des Vingt-quatre heures, acte de l'heure de l'Audience, pages 112 & suivantes.

ADÉLAÏDE,

ADÉLAÏDE, Tragédie, 18 Janvier 1734.

ALZIRE, Tragédie, 27 Janvier 1736.

L'ENFANT PRODIGUE, *ou* L'ÉCOLE DE LA JEUNESSE, Comédie en cinq actes & en vers de dix syllabes, 10 Octobre 1736.

ZULIME, Tragédie, 8 Juin 1740.

MAHOMET, Tragédie, 9 Août 1742.

MÉROPE, Tragédie, 20 Février 1743.

LA MORT DE CÉSAR, Tragédie, 29 Août 1743.

LA PRINCESSE DE NAVARRE, Comédie en trois actes en vers libres, avec un Prologue & des Divertissements, (Musique de M. *Rameau*,) composée à l'occasion du mariage de Monseigneur *le Dauphin* avec *Marie-Thérèse, Infante d'Espagne*, & représentée à Versailles les Mardi 23 & Samedi 25 Février 1745.

SÉMIRAMIS, Tragédie, 29 Août 1748.

NANINE, Comédie en trois actes & en vers, 16 Juin 1749.

ORESTE, Tragédie, 12 Janvier, 1750.

ROME SAUVÉE, Tragédie, 24 Février 1752.

LE DUC DE FOIX, Tragédie, 17 Août 1752.

Au Théâtre de l'Académie Royale de Musique.

LE TEMPLE DE LA GLOIRE, Ballet héroïque en trois actes, avec un Prologue, représenté à Versailles le 27 Novembre 1745. & à Paris le 10 Décembre.

» La Préface d'une des éditions de la *Hen-*
» *riade*, nous apprend que ce Poëme fut d'a-
» bord imprimé par les soins de l'Abbé *des Fon-*
» *taines*, qui y mêla quelques vers de sa façon;
» on cite sur-tout ceux ci.

Et malgré les Perraults, & malgré les Houdarts,
On verra le bon goût regner de toutes parts.

» L'Auteur fit ensuite imprimer la *Henriade*
» sous son véritable nom, en 1727. à Londres.
» Il y en eut ensuite plusieurs éditions ; M.
» l'Abbé *Langlet du Frenoy* recueillit toutes les
» *Variantes* & les *Notes*, & les fit imprimer
» en 1736.

» On s'est conformé à cette édition dans tou-
» tes les suivantes, jusqu'à celle qui a été faite
» à Léipsick en 1752. On y trouve beaucoup
» de changemens & d'additions dans la *Hen-*
» *riade*, ainsi que dans les piéces de Théatre,
» & les Œuvres diverses. Les Opéra intitulés
» *Samson* & *Pandore*, sont dans ce Recueil &
» dans ceux qu'on a faites à Paris & à Rouen
» sous le titre de Londres. *Samson* avoit été mis
» en Musique par M. *Rameau* ; des considéra-
» tions particulieres empêcherent qu'on ne le
» représentât.

» M. *Royer* a mis *Pandore* en Musique, mais
» comme l'Auteur ne s'étoit pas asservi à la
» méthode ordinaire de l'Opéra, le Musicien a
» engagé un autre Auteur à changer les scénes,
» & à faire les Ariétes : de sorte que cet Opéra
» mis en Musique, n'est pas celui de M. *de*
» *Voltaire*.

» Il a donné beaucoup d'ouvrages en prose,
» comme l'*Histoire de Charles XII. Roi de Sué-*
» *de : Le Siécle de Louis XIV.* dont il y a plu-
» sieurs éditions. On a mis sous son nom beau-
» coup d'autres ouvrages qui ne sont point de
» lui ; d'autres dont le fond lui appartient, mais

» qu'on a entiérement défigurés ; tels font deux
» volumes d'une *Histoire universelle*, depuis
» *Charlemagne jusqu'à Charles VII. Roi de*
» *France.*

» On prépare actuellement une édition ma-
» gnifique de tous ses véritables Ouvrages ».

VONDREBECK, (Maurice) Voyez *Maurice.*

VONONEZ, Tragédie de M. *Belin*, non imprimée. représentée le Vendredi 7 Janvier 1701. *Histoire du Théatre Franç.* année 1701.

VOYAGES (les) DE L'AMOUR, Ballet en quatre actes, avec un Prologue, de M. *De la Bruere*, Musique de M. *Boismortier*, représenté par l'Académie Royale de Musique, le Jeudi 3 Mai 1736. in-4°. Paris, Ballard, & in 12. tome XVI. du Recueil général des Opéra. Extrait, *Mercure de France*, Mai 1736. page 977-986.

ACTEURS DU PROLOGUE.

L'Amour.	Le Sieur Jélyotte.
Zéphyre.	Le Sieur Cuvillier.

BALLET.

Suite de l'Amour, Jeux & Plaisirs.
Mlle Le Breton.
Les Sieurs Maltaire L. Dangeville & Hamoche.
Mlles S. Germain, Fremicourt & Courcelle.
Habitans de Cythere.
Les Sieurs Dupré, Matignon & Viliette.
Mlles Du Rocher, Petit & Carville.

ACTE I. *Le Village.*

L'Amour.	Le Sieur Jélyotte.
Zéphyre.	Le Sieur Cuvillier.
Daphné.	Mlle Pélissier.
Thersandre.	Le Sieur Dun.
Hylas.	Le Sieur Dumast.
Une Bergére.	Mlle Le Maire.

VO

BALLET.

Bergers & Bergères.
Le Sieur Maltaire & Mlle Mariette.
Les Sieurs Dumay, Viliette, Hamoche,
Maltaire L. & Matignon.
Mlles Fremicourt, Centuray, Courcelle,
Du Rocher & Carville.

ACTE II. *La Ville.*

L'Amour.	Le Sieur Jélyotte.
Un Devin.	Le Sieur Chaslé.
Lucile.	Mlle Fel.
Béroé.	Mlle Monville.
Zéphyre.	Le Sieur Cuvillier.

BALLET.

Esprits élémentaires, Le Sieur Dupré.
Gnomes. Le Sieur Dupré & Mlle Rabon.
Sylphes. Le Sieur Dumay & Mlle Du Rocher.
Ondains. Le Sieur Matignon & Mlle Fremicourt.
Salamandres. Le Sieur Maltaire L. &
Mlle Le Breton.
Suite de l'Amour.
Les Sieurs F. Dumoulin, P. Dumoulin
& Dangeville.
Mlles Centuray, S. Germain & Courcelle.

ACTE III. *La Cour.*

L'Amour.	Le Sieur Jélyotte.
Ovide.	Le Sieur Chaslé.
Julie.	Mlle Antier.

BALLET.

Troupe de Masques.
Les Sieurs F. Dumoulin, P. Dumoulin,
Dangeville & Maltaire L.
Mlles Centuray, Courcelle, S. Germain
& Le Breton.
Suite de la Folie.
Le Sieur Matignon & Mlle Fremicourt.
Le Sieur Javillier.
Chinois, Chinoises.
Les Sieurs Javillier C. Savar, Dumay & Dupré.
Mlles Rabon, Petit, Du Rocher & Carville.

ACTE IV. *Le Retour.*

L'Amour.	Le Sieur Jélyotte.
Zéphyre.	Le Sieur Cuvillier.

Daphné.   Mlle Pélissier.
Un habitant de Cythere. Le Sieur Le Page.

BALLET.

Jeux & Plaisirs.
Le Sieur D. Dumoulin & Mlle Sallé.
Les Sieurs F. Dumoulin, P. Dumoulin,
Hamoche, Dumay, Villette & Dupré.
Mlles Du Rocher, Carville, Courcelle,
Fremicourt, S. Germain & Le Breton.

Les Auteurs du Ballet n'ayant pas eu le même succès dans l'Acte *de la Ville*, que dans les trois autres, le remplacérent par un autre qui fut représenté le Mardi 4 Juin 1736. *Extrait. Mercure de France, Juin 1736.* 2ᵉ volume, page 1443.

II. ACTE nouveau. *La Ville.*

ACTEURS.

Adherbal, Tyrien.   Le Sieur Chassé.
L'Amour, déguisée en
   Tyrien, sous le nom
   d'Alcidon.   Le Sieur Tribou.
Dircé, Tyrienne.   Mlle Fel.
La Prêtresse de l'Amour. Mlle Le Maire.

BALLET.

Tyriens & Tyriennes.   Le Sieur Dupré.
Les Sieurs Dumay, Hamoche, Matignon,
F. Dumoulin, P. Dumoulin & Dangeville.
Mlles Fremicourt, Du Rocher, Le Breton,
Courcelle, S. Germain & Centuray.

Les Auteurs avoient encore préparé un nouveau troisiéme acte, pour substituer à celui qui est marqué ci-dessus, mais il n'a jamais été représenté : en voici la disposition.

L'EMPEREUR.
LA PRINCESSE.
CLÉONE.

L'Amour, *sous le nom d'*Émile.

Ce Ballet n'a point été repris.

VOYAGEURS, (les) (*I Viaggiatori.*) Interméde Italien en trois actes, (Musique de M. *Léonard Leo,*) représenté par l'Académie Royale de Musique, le Mardi 12 Février 1754. in-8°. Paris, Delormel.

Acteurs.

Pancrace, père de Giramond, de Sigismond, & Tuteur de Clarice.   Le Sieur Manelli.
Clarice, Amante de Giramond, Mlle Catherine Tonelli.
Emilie, déguisée en homme sous le nom de Zamor, amante abandonnée de Sigismond.   Mlle Lepri.
Giramond, fils aîné de Pancrace. Le Sieur Cosimi.
Sigismond, second fils de Pancrace.   Le Sieur Guerrieri.
Fiamette, Gouvernante de Pancrace, & confidente de Clarice & d'Emilie.   Mlle Anne Tonelli.

La scène est à Venise.

VOYAGEURS, (les) Canevas Italien en quatre actes, représenté pour la premiere fois le Vendredi 11 Janvier 1754. Ce Canevas dont le Public a vu les représentations avec plaisir, a été mis au Théâtre par M. *Véronese.* Nous allons faire usage du *Manuscrit* qu'il a bien voulu nous communiquer.

ACTEURS.

PANTALON, *Tuteur de Silvia, qu'il fait passer pour sa femme.*
LE DOCTEUR, *pere de Camille.*
SILVIA, *pupille de Pantalon.*

CAMILLE, *fille du Docteur, promise à Scaramouche.*
MARIO, *Gentilhomme Milanois, amant de Silvia.*
LÉLIO, *autre Gentilhomme Milanois, ami de Mario & amant de Camille.*
SCARAMOUCHE, *Capitan Napolitain.*
SCAPIN, *Maître d'une Auberge.*
CORALINE, *femme de Scapin.*
ARLEQUIN, *pauvre étranger nouvellement arrivé chez Scapin.*

La scéne est à Boulogne.

ACTE I.

Le Théatre représente une rue de la ville de Boulogne, dans laquelle on voit, entre plusieurs maisons, celle de Pantalon, celle du Docteur, & une Auberge.

Mario & Lélio sortent de l'Auberge, suivis d'Arlequin, qui leur demande le payement de toutes les commissions qu'il a faites pour eux, depuis qu'ils font l'amour à Boulogne. Les deux Amoureux se disputent longtemps le plaisir de le satisfaire, & enfin le remettent à une autre fois, ayant tous deux, disent ils, oublié leur bourse ; Scapin arrive, & ils lui recommandent leurs intérêts : c'est ici la scéne d'exposition ; on y apprend que ce sont des Gentilshommes de Milan, que Mario est amoureux de Silvia, de qui il a appris que son Tuteur nommé Pantalon, prétend devenir son mari, & en attendant, se fait passer pour tel. Pour Lélio, il est amoureux de Camille, fille du Docteur, que son pere a promise en mariage à Scaramouche, Capitan Napolitain, qui doit ce jour même arriver de son pays: Scapin dit qu'il connoît un peu ce personnage; il exhorte les amoureux à en agir généreusement avec Arlequin, qui est un pauvre étranger qui ne s'épargnera pas pour leur être utile; ils font à ce dernier les plus belles promesses du monde, & il les remercie d'avance; ils s'en vont, & le laissent avec Scapin, qui lui dit qu'il lui veut enseigner un moyen de faire fortune: qu'il faut qu'il aille au-devant du Capitan, & qu'il lui offre ses services; il le lui désigne, & lui explique fort au long ce qu'il doit lui dire, & lui répondre, en un mot comme il doit s'y prendre pour le tromper. Arlequin sort pour exécuter ce qu'on vient de lui proposer, & Scapin, demeuré seul, appelle Silvia, à qui il promet de tout entreprendre pour la rendre heureuse avec Mario; Silvia le remercie, le caresse, & avoue sa tendresse pour son cher Milanois; Pantalon survient plein de jalousie; il querelle Scapin, & lui ordonne de s'en aller; il gronde Silvia qui le prend sur un ton plus haut que le sien, se plaint amèrement de sa jalousie, & mêle les larmes aux reproches; Pantalon demeure interdit, & paroit se repentir de l'avoir irritée; Mario accourt au bruit qu'elle fait, Pantalon le prie de lui faire entendre raison, & *de l'exhorter* à montrer plus de docilité: il rentre pour ne la point aigrir, mais il est à peine sorti, que Mario & Silvia en font mille railleries. Ils se promettent une fidélité à toute épreuve, &

scellent leurs promesses en s'embrassant tendrement; Pantalon qui les observoit, les surprend dans cette attitude, & demande à Mario ce qu'il fait-là; Mario répond qu'il fait à Silvia *une exhortation à la Milanoise*. Pantalon le prie de se retirer, fait rentrer Silvia, & la suit. Le Capitan arrive, suivi d'Arlequin, qui lui porte sa valise; le Capitan lui demande la demeure du Docteur; Arlequin ne sçait que lui répondre, & dit *à part*, qu'il voudroit bien parler à Scapin, parce que cette question n'est pas du nombre de celles sur lesquelles il a pris la peine de le préparer; ensuite il commence tout haut un long *imbroglio*, qui impatiente beaucoup le Capitan, & finit par lui dire qu'il ne connoît point le Docteur: le Capitan se met en colere & le veut battre; Arlequin se défend avec la valise, & puis se laisse tomber, en criant qu'il est blessé. Le Capitan emporte sa valise, & continue son chemin. Coraline est attirée par les cris d'Arlequin, & lui demande ce qu'il a: Scapin survient aussi, & sur ce qu'Arlequin prétend être blessé, il le visite soigneusement, mais trouvant qu'il n'a point de mal, il le fait lever avec bien de la peine; Arlequin lui conte son accident, & qu'il s'en est peu fallu que le Capitan ne l'ait tué, ce qui l'auroit fort chagriné, parce qu'apparemment il en seroit mort. Scapin & Coraline l'instruisent de ce qu'il doit faire pour se venger; celle-ci le remene à l'auberge, pour s'y disposer à bien jouer son role; le Docteur paroit, & sort de chez lui en donnant ses ordres pour l'arrivée du Capitan; Scapin lui dit qu'il est arrivé & qu'il loge chez lui:

le Docteur le prie de l'appeller; Scapin frappe à la porte de l'auberge, & Arlequin travesti en Capitan, se montre au Docteur & fait une scéne de rodomontades. Le Docteur frappe à sa porte, & fait descendre Camille sa fille, qui paroît fort mécontente du mari qu'on lui veut donner : le Docteur se met en colere de la résistance de sa fille; Scapin se met entre le Docteur & Camille, & instruit celle ci de la fourberie, en faisant semblant de lui persuader d'obéïr à son pere. Lélio arrive, & prenant Arlequin pour le vrai Capitan son rival, il lui cherche querelle, & lui donne des coups de bâton; Arlequin en vrai Capitan, reçoit les coups sans résistance, mais non pas sans bruit, & l'acte finit avec beaucoup de tapage.

Acte II.

Scapin reproche à Lélio son étourderie, & lui apprend que le prétendu Capitan qu'il a maltraité n'étoit autre qu'Arlequin lui-même, qui s'étoit ainsi travesti pour le servir. Lélio s'excuse de son mieux, & prie Scapin d'appaiser Arlequin; Scapin le lui promet, le fait rentrer dans l'auberge, & appelle Arlequin, qui se plaint de ce qui vient de se passer; Scapin l'exhorte à ne se pas décourager, lui propose de se présenter au Capitan sous le nom du Docteur, & le renvoye dans l'auberge pour s'y travestir. Coraline arrive, son mari la met au fait, & lui dit qu'il faut qu'elle se présente au Capitan sous le nom de Camille; elle y consent, & rentre aussi dans l'auberge. Le Capitan paroît, & demande à Scapin, avec des gestes fanfarons, où est la maison du Docteur. Scapin lui montre la sienne, & se dit son homme d'affaire; le Capitan lui parle du motif de son voyage; Scapin lui en fait compliment, & appelle son Maître prétendu; Arlequin répond de dedans la maison, puis paroît à la porte travesti en Docteur, & voyant le Capitan, il fait des *lazzis* d'épouvante, & veut se sauver, Scapin le rassure; Arlequin pour soutenir son travestissement, débite une *tirade* au Capitan, & ensuite appelle Camille; Coraline paroît sous le nom de Camille; elle consent au mariage qu'on lui propose; le Docteur observe de loin ce qui se passe, & n'y comprenant rien, s'avance pour s'éclaircir; Arlequin veut s'enfuir; Scapin le rassure encore & le quitte; le Capitan fort embarrassé, demande au Docteur & à Arlequin qui des deux est le Docteur. *C'est moi*, répondent-ils tous deux à la fois. Cependant Arlequin s'appercevant que Scapin l'a abandonné, le maudit *à part*, & se déconcerte; le Docteur le prend par la barbe, & lui leve son masque, & le second acte finit avec tapage, comme le premier.

Acte III.

Le Docteur & le Capitan s'expliquent ensemble; ils parviennent à s'assurer qu'ils ont été fourbés, & sortent pour aller acheter les bijoux de la mariée. Mario paroît, & dit à Scapin qu'il a vû Pantalon sur la place, & qu'il veut en profiter pour aller voir sa Maîtresse; Scapin lui promet son secours, & appelle Silvia, qui conduit Mario chez elle, en priant Scapin de faire le guet; il y confent, & l'Amant & la Maîtreſſe entrent enſemble chez Pantalon, & le laiſſent ſeul. Arlequin arrive tout eſſouflé, & n'étant pas encore remis de la peur qu'il a eue, il reproche à Scapin de l'avoir laiſſé dans l'embarras; Scapin lui repréſente qu'il n'a pu faire autrement ſans ſe rendre ſuſpect au Docteur dont il eſt connu; enſuite il lui apprend que Mario eſt dans la maiſon de Pantalon avec Silvia, & le laiſſant pour faire le guet en ſa place, il lui recommande de ne pas manquer de l'avertir s'il voit venir le Maître du logis, & entre auſſi chez Pantalon. Un moment après Pantalon arrive; Arlequin ſe laiſſe ſurprendre, de façon que le vieillard eſt prêt d'entrer chez lui, avant qu'il ſe ſoit apperçu de ſon approche; il reconnoît ſa ſottiſe, & ſe déſeſpére; les tentatives qu'il fait pour l'arrêter ſont inutiles; après quelques *lazzis* de part & d'autre, Pantalon entre chez lui, & laiſſe Arlequin ſur la ſcéne; Scapin le vient trouver dans l'inſtant, fort intrigué & fort en colere contre lui. Pantalon ſort de ſa maiſon, en diſant qu'il vient de voir dans ſon jardin un homme qui s'entretenoit avec ſa femme, & il jure de s'en venger; Scapin lui dit qu'il a raiſon, & lui en offre les moyens; il lui propoſe d'employer des braves de ſa connoiſſance pour tuer ſon rival, & lui recommande de rentrer chez lui, & de s'y tenir caché, pendant qu'il ira chercher ſes gens. Pantalon le remercie de ſon zéle, trouve tout cela fort bien imaginé, & rentre pour commencer à ſuivre ſes avis. Scapin ſe moque de ſa simplicité, & appelle Coraline & Arlequin; ils se parlent tous trois à l'oreille, & ensuite Scapin renvoye chez lui sa femme aussi bien qu'Arlequin. Pantalon impatient revient lui demander s'il s'est assuré de ceux qui doivent le venger; Scapin lui dit qu'oui, & les appelle; Coraline & Arlequin paroissent déguisés en Spadassins, & Pantalon leur ordonne d'entrer chez lui, & de tuer un homme qu'ils trouveront dans son jardin avec Silvia. Coraline & Arlequin entrent après bien des *lazzis*; Pantalon & Scapin restent ensemble, & celui-ci demande au premier qui peut être celui qu'il a vû avec sa femme; Pantalon répond qu'il lui a paru que c'étoit un étranger. Arlequin & Mario sortent de chez Pantalon, le premier habillé comme il étoit en y entrant, & le second avec l'habit de Spadassin que Coraline avoit un moment auparavant. Ils reprochent à Pantalon de les avoir fait venir pour tuer une femme qui se promenoit dans son jardin avec la sienne. Pantalon s'excuse sur l'erreur que les habits de cette dame travestie ont occasionnée. Coraline, sous l'habit de Mario, paroît avec Silvia; toutes deux accablent Pantalon d'injures; Arlequin prend leur parti & leur donne à chacune un bâton, en les exhortant à ne point épargner le Jaloux; en effet elles se mettent à le battre, en sorte que ses cris, ceux des deux femmes, les menaces d'Arlequin, & le bruit que fait Scapin en feignant de vouloir mettre le hola, terminent le troisiéme acte de la même maniere que les deux premiers ont été terminés.

Acte IV.

Le Capitan & le Docteur ouvrent le quatriéme & dernier acte ; le premier tient des bijoux dont il veut dit-il faire présent à sa future épouse, & le Docteur de son côté, dit qu'il veut conclure sur le champ ce mariage ; Scapin les écoute, & est très mécontent de tant de précipitation, parce qu'il a promis de secourir Lélio, & qu'il prétend lui tenir parole ; le Docteur frappe à sa porte, & appelle Camille qui se désole, en apprenant la résolution de son pere ; Scapin, après plusieurs *lazzis*, vient à bout de lui parler à l'oreille ; elle fait semblant de se résoudre à obéir, & prête à donner la main au Capitan, elle paroît s'évanouïr. Le Capitan entre chez le Docteur pour aller chercher de l'eau ; Scapin encourage à part la prétendue malade que son pere soutient ; autre occasion de *lazzis*. Arlequin arrive & demande de quoi il s'agit. Le Docteur lui dit de l'aider à porter sa fille chez lui, ce qu'il fait après de nouveaux *lazzis* de part & d'autre. Scapin demeure seul, & se raille du Docteur ; Lélio arrive, & dit qu'il a tout préparé pour son départ ; Scapin le loue de sa diligence, & ajoute qu'il vient à propos. Le Docteur se fait entendre de dedans la maison, & Scapin presse Lélio de se retirer. Tous ceux qui sont entrés chez le Docteur, excepté Camille qui reste dans la maison, en sortent en pleurant ; le Docteur congédie le Capitan, & sort pour aller chercher un Médecin. Il est déja bien loin, qu'Arlequin n'a point encore cessé de pleurer; Scapin lui en demande la cause, & Arlequin répond qu'il pleure parce qu'il a peur que la fourberie ne finisse par des coups de bâton. Lélio revient, après avoir vu le Docteur s'éloigner, & Scapin dit à Arlequin d'aller promptement chercher Camille; *il faudra donc que je l'apporte*, répond il, *car elle ne pourra pas marcher, puisqu'elle est morte*. Lélio qui prend ce discours au pied de la lettre, en est consterné; Arlequin le rassure, & lui apprend le tour qu'on vient de faire au Docteur; ensuite il entre dans la maison, & revient avec Camille, qui est couverte d'une mante, & que son Amant reçoit avec des transports de joie. Comme ils sont prêts à entrer dans l'auberge, le Docteur revient accompagné de Pantalon, & reconnoissant sa fille, malgré son voile, il se réjouit de ce qu'elle est déja en état de se promener. Mais Arlequin & Scapin lui disent de se bien garder de l'aborder, lui soutenant qu'il se trompe, & que la Dame qu'il voit est la sœur du Cavalier qui lui donne la main, & qui l'emméne à son auberge; qu'à l'égard de Camille sa fille, elle est déja morte, *à telles enseignes*, ajoute Arlequin, *qu'elle n'a pas une heure à vivre*. Le Docteur ne comprend rien à ce *galimathias*, & Arlequin pour se rendre plus intelligible, lui demande lequel des deux il aime le mieux de revoir sa fille morte ou en vie. *La belle demande*, répond le Docteur! *Je veux la revoir en vie. Hé bien, réjouissez-vous*, réplique Arlequin; *vous ne la reverrez ni vive ni morte;* alors Scapin parle à l'oreille de ce dernier; il sort & suit Lélio & Camille qui ont disparu dans l'intervalle. Le Docteur s'appercevant qu'il est dupé, marque beaucoup de chagrin, & Pantalon prend part à sa peine. Là-dessus Arlequin entre, travesti en Postillon, & fait le *lazzi* de chercher avec empressement Pantalon & le Docteur; les Vieillards se nomment; Arlequin a dit-il une bonne nouvelle à leur apprendre, & les somme avec menaces de le payer de la peine qu'il vient de se donner de conduire en lieu de sûreté la fille de l'un, & la pupille de l'autre avec leurs Amants. Les lamentations du pere & du Tuteur redoublent; Arlequin s'impatiente, & trouve qu'il est ridicule de lui faire attendre si longtemps son salaire. Scapin conseille aux Vieillards de consentir au mariage des quatre fugitifs, puisqu'aussi bien il n'y a plus de reméde; ils se rendent, & Scapin tout joyeux, frappe à la porte de l'auberge; les Amants en sortent & se présentent à Pantalon & au Docteur; on conclut les deux mariages; Arlequin n'en veut pas moins être payé de sa course prétendue, & du temps qu'il a perdu à solliciter son payement. On le satisfait; il se débarrasse de l'équipage de Postillon, se fait connoître en riant, & la Comédie finit. *Extrait manuscrit.*

URLIS, (N........ des) Comédien François de la Troupe du Marais, retiré en 1672. Il jouoit les seconds roles tragiques, & les grands Amoureux comiques. *Hist. du Th. Fr. année* 1673.

URLIS, (N........ femme du Sieur des) Comédienne de la Troupe du Marais, & retirée comme lui en 1672. Elle étoit chargée des seconds roles tragiques. *Hist. du Théatre François*, année 1673.

URLIS, (Etienne des) sœur du Sieur des Urlis, & femme de Guillaume Marcoureau, Sieur de Brecourt. Voyez *Brecourt*.

URLIS, (Catherine des) Comédienne de la Troupe du Marais, & sœur du Sieur des Urlis, retirée en 1673. *Histoire du Th. Franç.* année 1673.

URNES (les) VIVANTES, ou LES AMOURS DE PHÉLIDON ET DE POLIBELLE, Tragi-Pastorale de *Jean de Boissin de Gallardon*, en quatre actes, dont le premier est intitulé *Phélidon & Polibelle*.

Le deuxième *Alcyone*.

Le troisième *Roserin*.

Le quatrième *Liliane*.

Imp. avec les autres piéces du même Auteur, 1618. *Histoire du Th. Fr.* année 1617.

USURIER, (l') Comédie en cinq actes, non imprimée, représentée le Mardi 13 Février 1685. *Histoire du Théatre Franç.* année 1685.

USURIER (l') GENTILHOMME, Comédie en un acte & en prose, de M. *Legrand*, (Musique du Divertissement de M. *Grandval*,) représentée à la suite de la Tragédie de *Mithridate*, le Lundi 11 Septembre 1713. in-12. Paris, & dans le Recueil des Œuvres de l'Auteur. Cette piéce est restée au Théatre. *Hist. du Th. Fr.* année 1713.

WARWICK, (le Comte de) Tragédie de M. *Cahusac*, représentée le Mercredi 28 Novembre 1742. imp. *Hist. du Th. Franç.* année 1742.

VUE, (la) c'est le titre de la quatriéme Entrée du Ballet *des Sens*, de M. *Roy*, Musique de M. *Mouret*, représentée en 1732. Voyez *Sens.* (*le Ballet des*)

VULCAIN, (la Baguette de) Comédie Françoise (*) en un acte, mêlée de prose & de vers libres, & ornée de chants & de danses, représentée à l'ancien Théatre Italien, le Samedi 10 Janvier 1693. & au nouveau le Dimanche 28 Octobre 1718. elle est de Monsieur *Regnard*, en société avec Monsieur *du Fresni*, & fait allusion à quelques endroits du *Roland le furieux de l'Arioste*, & à un prétendu secret d'un nommé *Jacques Aimart*, qui faisoit alors du bruit à *Paris*, & prétendoit trouver les choses perdues, les meurtriers, les trésors, les eaux, &c. au moyen d'une baguette de coudrier. Arlequin, sous le nom & l'habillement de Roger, après avoir combattu un Géant, & au moyen d'une baguette dont Vulcain lui a fait présent, délivre Bradamante & plusieurs autres personnes de l'enchantement qui les retenoit dans un profond sommeil depuis deux cents ans. Ces différentes allusions à la *Mithologie*, à des faits récents, & aux anciens Romans de Chevalerie, ont quelque chose de singulier. Les scènes sont formées par les questions que fait Arlequin aux personnes qu'il réveille, & par les réponses qu'il en reçoit. Les noms des personnages sont tirés pour la plûpart de

___

(*) La troisiéme scène, sçavoir celle de *Roger*, de *Melisse* & de *Pasquariel*, sous le nom de *Brandimart*, se joue en partie en Italien.

l'*Arioste*, mais les discours qu'ils tiennent n'ont rien, ou presque rien de commun avec les avantures que ce Poëte leur attribue. Le succès de la *Baguette de Vulcain* fut prodigieux dans la nouveauté; les Auteurs ajouterent pendant le cours des représentations, trois scénes nouvelles sous le titre d'*Augmentation à la Baguette de Vulcain*, & Roger, où Arlequin débitoit à cette occasion une fable en vers au Parterre, & en faisoit l'application en comparant les Comédiens Italiens au Cabaretier de sa fable, qui pour perpétuer un muid de vin vieux, que ses pratiques avoient trouvé de leur goût, le remplissoit à mesure de vin nouveau, & finissoit par ces deux vers :

Nous allons vous donner encor quelques bouteilles
  De ce rapé, par les oreilles.

La Piéce fut moins suivie au nouveau Théatre Italien, ce qui n'est pas étonnant, tant parce qu'elle n'étoit plus *Vaudeville*, que parce que la nouvelle Troupe qui ne faisoit que de commencer à jouer du François, devoit être moins en état de la bien rendre, que n'étoient leurs devanciers, qui avoient eu le temps de se fortifier dans cette langue, imp. *dans l'ancien Théatre Italien de Gherardi, tome IV. page 263. Paris, Briasson.*

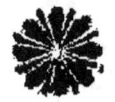

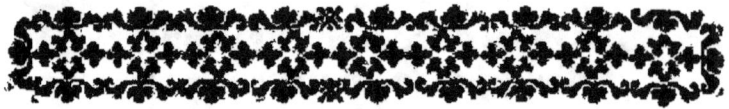

X.

XA XE

AINCTONGE, (Madame de) Voyez *Sainctonge*.

XERCÈS, Tragédie de M. *Crébillon*, représentée le Mardi 7 Février 1714. in-12. Paris, Prault fils, 1748. & dans la dernière édition des Œuvres de l'Auteur. *Histoire du Théâtre François*, année 1714.

Y.

YE

YEUX (les) DE PHILIS CHANGÉS EN ASTRES, Pastorale en trois actes & en vers, de M. *Boursault*, représentée au Théâtre de l'Hôtel de Bourgogne en 1665. in-12. Paris, de Luynes, 1665. & dans le Recueil des Œuvres de l'Auteur. *Hist. du Th. Franç.* année 1665.

Z.

ZA

ZAÏDE, Tragédie de M. de *La Chapelle*, repréſentée le Dimanche 26 Janvier 1681. in-12, Paris, Ribou, la même année, & dans le Recueil in 12. en 12 volumes, intitulée Théatre François, Paris, 1737. par la Compagnie des Libraires. *Hiſt. du Th. Franç.* année 1681.

ZAÏDE, REINE DE GRENADE, Ballet héroïque en trois actes, avec un Prologue de M. l'Abbé *De la Mare*, Muſique de M. *Royer*, repréſentée par l'Académie Royale de Muſique, le Jeudi 3 Septembre 1739. in 4°. Paris, Ballard. *Extrait*, Mercure de France, Septembre 1739. ſecond volume, pages 2236-2244.

ACTEURS DU PROLOGUE.

Mars.	Le Sieur Albert.
Vénus.	Mlle Fel.
L'Amour.	Mlle Coupée.

BALLET.

Les Graces.   Mlle Le Breton.
Mlles Fremicourt & Le Duc.
Jeux & Plaiſirs.
Les Sieurs Dangeville, Teſſier, P. Dumoulin & Namoche.
Mlles Erny & S. Germain.

ACTEURS DU BALLET.

Zaïde, Reine de Grenade.	Mlle Pélissier.
Zulema, Prince de la maison des Zégris.	Le Sieur Le Page.
Almanfor, Prince de la maison des Abencerrages.	Le Sieur Tribou.
Octave, Prince Napolitain.	Le Sieur Jélyotte.
Isabelle, Princesse Napolitaine.	Mlle Eremans.
Un Chef des Turcs.	Le Sieur Albert.

BALLET.

Acte I. Zégris. Le Sieur D. Dumoulin.
Les Sieurs Javillier 3. & Tessier.
Mlles Petit & Erny.
Abencerrages. Mlle Dallemand L.
Les Sieurs Dupré & Hamoche.
Mlles Du Rocher & Courcelle.

Acte II. Chasseurs. Le Sieur Dupré.
Les Sieurs Maltaire C. Matignon, P. Dumoulin, Hamoche, Dupré, Dumay, Maltaire L. & Matignon.
Mlle Barbarinne.
Mlles Petit, Le Breton, Le Duc, Fremicourt, Courcelle & Erny.

Acte III. Mlle Sallé.
Les Sieurs Dumay, Javillier 3. & Dupré.
Mlles Fremicourt, Petit & Le Duc.
Turcs.
Le Sieur Maltaire l'Anglois & Mlle Mariette.
Les Sieurs Javillier C. Savar, Matignon, Maltaire L. Tessier & Hamoche.

Le Mardi 27 Octobre 1729. l'Académie Royale de Musique ajouta au Ballet dont nous parlons, celui de *Momus amoureux*, en un acte, des mêmes Auteurs. Voyez *Momus amoureux*.

IIe REPRISE du Ballet héroïque de *Zaïde Reine de Grenade*, le Jeudi 13 Mai 1745. 2e édition in-4°. Ballard.

ZA

ACTEURS DU PROLOGUE.

Mars.	Le Sieur Le Page.
Vénus.	Mlle Jacquet.
L'Amour.	Mlle Romainville.

BALLET. Les Graces.

Mlles Le Breton, Courcelle & S. Germain.
Jeux & Plaisirs.   Le Sieur Laval.
Le Sieur Matignon & Mlle Lyonnois.
Les Sieurs P. Dumoulin, F. Dumoulin,
Hamoche & Levoir.
Mlles Beaufort, Erny, Puvignée & Thierry.

ACTEURS DU BALLET.

Zaïde.	Mlle Chevalier.
Zuléma.	Le Sieur Chassé.
Almanzor.	Le Sieur Jélyotte.
Octave.	Le Sieur Poirier.
Isabelle.	Mlle Bourbonnois.

BALLET.

ACTE I.   Zégris.   Le Sieur Pitro.
Les Sieurs Dupré, Matignon, Hamoche
& Levoir.
Mlles S. Germain, Courcelle, Puvignée
& Thierry.
Abencerrages.   Mlle Dallemand.
Les Sieurs Dumay, Maltaire G. La Feuillade
& Caillez.
Mlles Rabon, Rosalie, Erny & Beaufort.

ACTE II.   *Chasseurs.*   Le Sieur Dupré.
Les Sieurs Monservin, Ghérardi & Pitro.
Les Sieurs Matignon, Caillez, Hamoche,
Levoir, La Feuillade & Dévice.
Mlles Rabon, Carville, Erny, Rosalie,
Thierry & Beaufort.

ACTE III.   Mlle Camargo.
Le Sieur D. Dumoulin & Mlle Le Breton.
Les Sieurs Matignon, Maltaire 3. Hamoche
& Levoir.
Mlles Courcelle, S. Germain, Beaufort
& Thierry.

ZAÏRE, Tragédie de M. de *Voltaire*, représentée le Mercredi 13 Août 1732. (sans être suivie d'une petite piéce,) imp. la même année in-12. Bauche, &c. & dans le Recueil des Œuvres de l'Auteur. Cette Tragédie est restée au Théatre. *Histoire du Théatre François, année 1732.*

ZAÏS, Ballet héroïque en quatre actes, avec un Prologue, de M. *Cahusac*, Musique de M. *Rameau*, représenté par l'Académie Royale de Musique, le Jeudi 29 Février 1748. in-4°. Paris, Delormel.

ACTEURS DU PROLOGUE.

Oromazès, Roi des Génies.	Le Sieur Albert.
Un Sylphe.	Le Sieur Poirier.
L'Amour.	Mlle Romainville.

BALLET. *Génies des Elémens.*

Les Sieurs Dangeville & Caillez.
Mlles Devaux & Sauvage.
Les Sieurs P. Dumoulin & Feuillade.
Mlles Puvignée & Dazenoncourt.
Jeux & Plaisirs de la suite de l'Amour.
Mlle Le Breton.
Les Sieurs Laval, Bourgeois & Le Febvre.
Mlles Briseval, Humblot & Parquet.

ACTEURS DU BALLET.

Zaïs, Génie de l'air.	Le Sieur Jélyotte.
Cindor, Sylphe, Confident de Zaïs.	Le Sieur Le Page.
Zélidie.	Mlle Fel.
La Grande Prêtresse de l'Amour.	Mlle Romainville.
L'Amour.	Mlle Chefdeville.
Une Sylphide.	Mlle Romainville.
Un Sylphe.	Le Sieur Poirier.
Oromazès.	Le Sieur Albert.

BALLET.

ACTE I. *Bergers & Bergeres.* Mlle Dallemand.
Les Sieurs Hamoche, Maltaire, F. Dumoulin & Dangeville.
Mlles S. Germain, Courcelle, Minot & Thierry.

Z A

Pastres. Le Sieur Levoir.
Les Sieurs Le Febvre, Feuillade & Laval.
Mlles Humblot, Briseval & Sauvage.
Chasseurs & Chasseresses.
Le Sieur Monservin & Mlle Carville.
Les Sieurs Dumay, Dupré, Matignon
& Taulaigo.
Mlles Pitro, Beaufort, Dazenoncourt
& Puvignée.

Acte II. *Groupes animés.*
I. *L'Oracle.* Mlle Puvignée.
    Le Sieur Levoir.
II. *Zénéide.* Mlle Le Breton.
    Le Sieur Matignon.
III. *Zélindor.* Le Sieur Laval.
    Mlle Courcelle.
Mlles Himblot, Sauvage & Briseval.
IV. *Le Génie du feu.* Le Sieur Lyonnois.
    Mlle S. Germain.
Salamandres.
Les Sieurs Caillez, Bourgeois & Hamoche.

Acte III. *Sylphes & Sylphides.* Mlle Camargo.
Le Sieur D. Dumoulin & Levoir.
Mlles Camargo & Dallemand.
Les Sieurs Hamoche, Le Febvre, Laval
& Feuillade.
Mlles Courcelle, S. Germain, Thierry
& Minot.

Acte IV. *Les Huit Génies du Prologue.*
Le Sieur Dupré.
Bergers & Bergéres. Mlle Dallemand.
Les Sieurs Hamoche, Maltaire, F. Dumoulin
& Taulaigo.
Mlles Pitro, Beaufort, Thierry & Minot.

Reprise du Ballet de *Zaïs*, le Mardi 23 Avril de la même année, avec des changemens & corrections, 2ᵉ édition in-4°. Paris, Delormel.

Même distribution des roles.

ZARÈS, Tragédie de M. *Palisot de Montenon*, représentée le Jeudi 3 Juin 1751. suivie du *Mariage forcé*, imp. *Histoire du Théatre Franç.* année 1751.

Tome VI.

ZE

ZÉLINDE, ou LA VERITABLE CRITIQUE DE L'ÉCOLE DES FEMMES, ET LA CRITIQUE DE LA CRITIQUE, Comédie en prose & en un acte, de M. de *Visé*, représentée en 1663. imp sans nom d'Auteur, in 12. Paris, de Luynes, 1663. & Amsterdam, Smith, 1665. *Histoire du Th. Fr.* année 1663.

ZÉLINDOR ROI DES SYLPHES, Ballet en un acte, précédé d'un Prologue, de M. de *Moncrif*, Musique de Messieurs *Rebel & Francœur*, représenté devant le Roi à Versailles, le Mercredi 17 Mars 1745. & le Mardi 10 Août suivant à Paris, sur le Théatre de l'Académie Royale de Musique, (avec l'acte de la *Provençale*,) in-4°. Paris, Ballard.

ACTEURS DU PROLOGUE. Le Trophée.

La Muse de l'Histoire. Mlle Chevalier.
Le Génie de la France. Le Sieur Poirier.

BALLET. Les Muses.

Mlle Le Breton.
Milles Etny, Lyonnois, Carville, Rabon S. Germain, Rosalie, Thierry & Beaufort.
Les Arts.
Les Sieurs Dumay, Dupré, Monservin & Matignon.
Jeux & Plaisirs. Le Sieur Dupré.
Le Sieur Malraire 3.
Les Sieurs Levoir, Hamoche, La Feuillade, Device, Casilez & P. Dumoulin.

ACTEURS DU BALLET.

Zélindor, Roi des Sylphes. Le Sieur Jélyote.
Zirphée, mortelle aimée de Zélindor. Mlle Chevalier.
Zulim, Sylphe confident de Zélindor. Le Sieur Albert.
Une Nymphe. Mlle Coupée.
Une Sylphide. La même.

I. DIVERTISSEMENT. *Nymphes.*
Mlle Lé-Breton.
Mlles Courcelle, S. Germain, Rabon, Carville,
Erny, Rosalie, Thierry & Beaufort.

II. DIVERTISSEMENT. *Génies Élémentaires.*
Gnomes.   Le Sieur D. Dumoulin.
Les Sieurs Dumay, Maltaire C. & F. Dumoulin.
Ondines.   Mlle Le Breton.
Mlles Courcelle, S. Germain & Beaufort.
Salamandres.   Le Sieur Pitro.
Le Sieur Maltaire 3.
Les Sieurs Monservin, Marignon & Device.
Sylphides.   Mlle Camargo.
Mlle Dallemand.
Mlles Erny, Thierry & Puvignée.

 Ce Ballet a été repris le Mercredi 7 Décembre 1746. à la suite du Prologue du Ballet des *Amours des Dieux*, de l'acte de la *Provençale*, & de celui d'*Amphion*, du *Triomphe de l'Harmonie*.

 Le Lundi 26 du même mois, l'Académie donna encore pour les Acteurs, le Prologue des *Fêtes de Thalie*, la *Provençale*, l'acte de la *Femme*, des *Fêtes de Thalie* & *Zélindor*.

 Le Mardi 3 Janvier 1747. les *Fragmens* ci-dessus, pendant quelques représentations.

 Le Jeudi 12 du même mois :
Le Prologue des *Fêtes de Thalie*.
Apollon & Coronis, Entrée du Ballet des *Amours des Dieux*.
 La *Femme*, Entrée des *Fêtes de Thalie*.
Zélindor Roi des Sylphes.

 Le Samedi 8 Mars 1749. *Zélindor*, à la suite du Prologue d'un acte des *Fêtes de l'Hymen*, pour les Acteurs : le Mercredi 19 du même mois, de même.

Le Jeudi 5 Mars 1750. le Prologue du *Carnaval du Parnasse*, le troisième acte des *Caracteres de l'Amour & Zélindor*. Ces Fragmens eurent plusieurs représentations.

Le Samedi 11 Mars 1752. le Mercredi 15. & le Samedi 18. la *Guirlande*, *Eglé & Zélindor*, quelques représentations.

ZÉLISCA, Comédie-Ballet en prose & en trois actes, mêlée de Divertissemens, (Musique de M. *Jélyote*,) par M. *De la Noue*, représentée à Versailles devant le Roi & la Cour, les Jeudi 3 Mars & Jeudi 10 Mars 1746. imp.

ACTEURS.

Felisor.	Le Sieur Drouin.
Zahair.	Le Sieur Grandval.
Haflir.	Le Sieur Armand.
Zélisca.	Mlle Gaussin.
Tudilla.	Mlle Dangeville.

DIVERTISSEMENS.

I. INTERMÉDE.

Un Magicien ordonnateur.	Le Sieur Chassé.
Génies des Arts agréables.	Le Sieur Poirier & Mlle Pel.

BALLET.

Génies des Arts agréables.
Le Sieur Pitro.
Le Sieur Maltaire, & Mlle Le Breton,
Mlles S. Germain, Lyonnois & Courcelle.
Les Sieurs Levoir & Matignon.
Mlles Beaufort & Petit.
Les Sieurs Ghérardi & Device.
Mlles Rabon & Rosalie.

II. INTERMÉDE.

Un Plaisir.	Le Sieur Jelyote.
Une Nymphe.	Mlle Pel.
Autre Nymphe.	Mlle Bourbonnois.

ZE

BALLET. Zéphyrs.

Les Sieurs Dumay, Dupré, Maltaire C.
P. Dumoulin, Javillier L. & C.

Nymphes.	Mlle Camargo.

Les Dlles Carville, Rabon, Erny, Beaufort, Courcelle & Thierry.

L'Amour.	Le Sieur D. Dumoulin.
Zéphyre.	Le Sieur Maltaire 3.
Flore.	Mlle Sallé.
Un Faune.	Le Sieur Pitro.
Une Dryade.	Mlle Lyonnois.

III. INTERMÉDE.

Un Berger héroïque.	Le Sieur Jélyote.
Une Bergère héroïque.	Mlle Le Maure.
Autre Bergère.	Mlle Fel.

BALLET.

Bergers & Bergères héroïques. Le Sieur Dupré.
Le Sieur D. Dumoulin & Mlle Sallé.
Les Sieurs Monservin, Caillez, F. Dumoulin & Dangeville.
Les Dlles Rosalie, Erny, Petit & Du Château.

Pastres.	Mlle Camargo.

Le Sieur Gherardi.
Le Sieur Levoir & Mlle Lyonnois.
Le Sieur Laval & Mlle Puvignée.
Les Sieurs Hanoche, Pelletier, Feuillade & Deviée.
Mlles S. Germain, Courcelle, Thierry & Beaufort.

Cette Piéce n'a point été représentée à Paris.

ZÉLOÏDE, Tragédie en un acte & en Prose Françoise, au Théatre Italien, par Monsieur *de Saintfoix*, représentée pour la premiere fois le Lundi 19 Mars 1747. Cette Piéce étoit précédée d'un Prologue muet, avec un Divertissement, *du Double déguisement*, Comédie Françoise en prose & en un acte, & suivie d'*Arlequin au Sérail*, autre Comédie Françoise aussi en prose & en un acte, le tout du même

Auteur. Paris, Prault fils. Voyez *Double* (*le*) *déguisement*, & *Arlequin au Sérail*.

L'affiche de la premiére repréſentation ne déſignoit aucune de ces trois piéces par un titre particulier, elle annonçoit ſeulement trois piéces nouvelles, & ce ne fut qu'à la ſeconde repréſentation que furent affichés les titres ſous leſquels elles ont été connues depuis. Ce ſpectacle fut bien reçu; les bornes que nous nous ſommes preſcrites à l'égard des piéces imprimées, ne nous permettent point de nous étendre ſur la Tragédie, ni ſur les deux Comédies, mais nous ne croyons point devoir nous diſpenſer de donner une idée du Prologue muet, vû la ſingularité de l'invention, & nous allons mettre ſous les yeux de nos lecteurs le compte qu'en rendit dans la nouveauté l'Auteur du Mercure, & le jugement qu'il en porta.

« L'idée du Prologue qui appartient à l'Auteur des piéces, eſt neuve, ingénieuſe, & fort bien éxécutée. Scapin commence par plaiſanter Arlequin, ſur le deſſein qu'il a de compoſer un Prologue avec *Camille*. *Je ſuis ſûr*, lui répond Arlequin, *qu'on n'en critiquera pas une ſeule parole.... non; une ſeule parole.... parce qu'il n'y en aura point*. L'orcheſtre joue différens airs, danſés avec expreſſion par l'aimable *Camille*, (*) enſuite Arlequin s'adreſſant à l'aſſemblée, dit: *Meſſieurs, voilà mon Prologue fait. Ces trois airs différens ſont préciſément le tableau du Spectacle que nous al-*

___

(*) La Muſique & la Danſe exprimoient les différens caractéres des trois piéces.

» lons vous donner. D'abord, une petite Comé-
» die.... comique.... mais d'un comique.... la....
» retenu..... mesuré. Ensuite, une petite Tra-
» gédie, où l'Auteur a tâché de mêler l'attendris-
» sant...... & le terrible. Il faudra que nos Ac-
» teurs mettent les poings sur les hanches, qu'ils
» s'écrient : Ha! mon pere..... ha! mon fils....
» Enfin, la troisième piéce sera dans le goût de
» l'ancien Théatre Italien. Vous y verrez de
» l'Arlequin..... du Scapin. L'Auteur remplit
» ses promesses avec exactitude & avec esprit ».
*Mercure de Juin 1747. premier volume, pages
121-125.*

ZÉLONIDE, Tragédie de M. l'Abbé *Ge-nest*, représentée le Mercredi 4 Février 1682. Imp. la même année, Paris, Barbin, in-12. & dans le Recueil intitulé Théatre François, in-12. 12 vol. Paris, 1737. par la Compagnie des Libraires. *Hist. du Th. Franç. année 1682.*

ZÉMINE ET ALMANSOR, Opéra Comique en un acte, de Messieurs *Le Sage*, *Fuselier* & *d'Orneval*, représentée le Mardi 27 Juin 1730. jour de l'ouverture de la Foire Saint Laurent, suivi des *Routes du monde*, piéce en un acte, & précédé du Prologue intitulé l'*Industrie*. Ces trois piéces eurent assez de succès : elles sont imprimées tome VIII. du Théatre de la Foire.

ZÉNÉIDE, Comédie en un acte & en vers libres, par M. *Cabusac*, représentée à la suite de la Tragédie de *Mithridate*, le Lundi 13 Mai 1743. in-12. Paris, Prault fils. Cette piéce est restée au Théatre. *Histoire du Théatre Franç. année 1743.*

ZE

ZÉNOBIE, REINE DES PALMYRÉNIENS, Tragédie en profe de M. l'Abbé d'*Aubignac*, repréfentée en 1645. in-4°. Paris, Sommaville, 1647. *Hiftoire du Th. Franç.* année 1645.

ZÉNOBIE, REINE DE PALMYRE, Tragédie de M. *Magnon*, repréfentée fur le Théatre du petit Bourbon, par la Troupe de M. *Moliere*, le 10 ou le 11 Décembre 1659. in-12. Paris, Journel, 1660. Cette Tragédie n'eft prefque que celle de l'Abbé d'Aubignac mife en vers. *Hiftoire du Théatre François*, année 1659.

ZÉNOBIE, REINE D'ARMÉNIE, Tragédie de M. de *Montauban*, repréfentée en 1650. in-12. Paris, de Luynes, 1653. *Hift. du Th. Fr.* année 1650.

Voyez *Rhadamifte & Zénobie*, de M. *Crébillon*, qui a traité le même fujet.

ZÉNOBIE, Tragédie d'un Auteur *Anonyme*, non imprimée, repréfentée le Mercredi 18 Novembre 1693. *Hiftoire du Théatre Franç.* année 1693.

ZÉPHYRE ET FLEURETTE, Parodie en un acte & en *Vaudevilles*, au Théatre Italien, du Ballet de *Zélindor*, auffi en un acte. Cette Parodie eft de Monfieur de *Laujon*, en fociété avec Meffieurs *Panard & Favart*; premiere repréfentation du Samedi 23 Mars 1754. Paris, Delormel & Prault fils. L'hiftoire de cette Parodie eft affez finguliere, & le fuccès des repréfentations peut la rendre digne de la curiofité de nos lecteurs; nous dirons en paffant que ce fuccès a fait à peu près le même honneur aux Auteurs & à Mlle *Favart*, qui a été chargée du rôle de *Fleurette*, que celui de la Parodie du *Devin de Village*, en avoit fait à la même Actrice & à M. *Harni*. Revenons à *Zéphyre & Fleurette*, & commençons par copier le court avertissement qu'on lit à la tête de l'édition de *Paris*.

« Cette Piéce d'abord en profe & en cou-
» plets, fut préfentée aux Comédiens Italiens
» en 1745. Ils fe préparoient à la jouer, lorf-
» que des circonstances momentanées les em-
» pêcherent de donner des Parodies. Une copie
» de cet ouvrage tomba entre les mains d'un
» Comédien de Province, qui le fit imprimer,
» après y avoir ajoûté quelques couplets. Les
» Auteurs le revendiquerent, en retrancherent
» les augmentations, la piéce fut refondue, &
» donnée dans la forme qui fuit ».

On voit par cet avertissement que la Parodie de *Zélindor* fut d'abord composée en profe & couplets, reçue en cet état au Théatre Italien, & arrêtée par la fuppreffion des Parodies à ce Théatre; nous ajoutons qu'elle avoit été com-posée par M. de *Laujon*, en société avec M. *Panard*; que ce fut entre les mains de M. de *Ville-neuve*, Acteur François en Province, qu'elle tomba; qu'il changea un grand nombre de couplets, en ajouta d'autres, employa un Muficien nommé Monfieur *Granier*, pour la Mufique nécessaire, & la fit jouer à *Besançon*, & enfuite ailleurs; il la fit auffi imprimer fans nom d'Imprimeur, ni de lieu d'impreffion, mais fous fon nom, en y joignant celui de l'un des deux premiers Auteurs, le feul apparem-ment qu'il connut, pour tel, ou du moins le

O v

désignant par la lettre initiale L. suivie de trois étoiles. Il marqua même par des *astérisques* les couplets qui ne lui appartenoient pas, & quoiqu'on l'accuse de ne les avoir pas marqués tous exactement, on ne peut à la rigueur l'accuser de *plagiat*, puisque la Parodie, comme il la présenta au Public, étoit en partie de lui, & qu'il ne se l'attribuoit pas exclusivement, mais bien d'avoir usé de l'ouvrage d'autrui sans son aveu. Quand les Parodies eurent été rendues au Théatre Italien, les Acteurs eurent envie de tirer parti de celle de *Zélindor*, mais parce que le changement des circonstances exigeoit des changemens considérables, & que Monsieur de *Laujon*, chargé d'autres occupations, ne se soucioit pas de revenir sur cet ouvrage de sa premiere jeunesse, c'est M. *Favart*, qui de son consentement, & en société avec M. *Panard*, y a fait ces changemens qu'on a jugés indispensables, en ayant attention de supprimer les couplets insérés par Monsieur *de Ville-neuve*; comme l'édition que ce dernier a donnée de *Zéphyre & Fleurette* est assez rare à *Paris*, nous croyons qu'on ne sera pas fâché d'en trouver ici quelques-uns; à l'égard de la Parodie de *Zélindor*, telle qu'on la joue au Théatre Italien, elle est imprimée à *Paris*, ainsi les bornes que nous nous sommes prescrites ne nous permettent pas d'en rien extraire, & d'ailleurs il faudroit la copier toute entiere, pour employer ici tout ce que nous y trouvons d'agréable.

Dans deux de ces couplets, Zéphyre décrit à Papillon son confident quelle étoit la situation de Fleurette, la première fois qu'elle s'offrit à sa vûe.

ZÉPHIRE. (Air: *Sous ces ormeaux, &c. du siége de Cythère.*)

Dans ce jardin,
Me promenant seul un matin,
Cueillant les faveurs
Des jeunes fleurs,
Je vis la....
Ha !
L'objet le plus charmant,
Sur des fleurs, dormant paisiblement.
Pour la première fois,
Interdit, j'approche en tapinois ;
Soudain, l'amour
Voulant m'engager, à mon tour,
Glisse, avec douceur,
Un trait vainqueur
Dans mon cœur.

(Air: *Et j'y pris bien du plaisir.*)

Je restai longtemps près d'elle,
A considérer ses traits ;
Mais le mouchoir de la belle
Me cachoit d'autres attraits ;
Soudain, ma main indiscrette,
Conduite par le desir,
Souleva sa colerette,
Et j'y pris bien du plaisir.

Dans un autre, Fleurette qui vient de consentir à la perte de sa beauté, pour voir & pour épouser son Amant, parle ainsi du sacrifice qu'elle veut bien faire.

FLEURETTE. (Air: *L'occasion fait le larron.*)

Je suis sans doute, unique en mon espèce ;
Pour un époux, perdre tous ses attraits,
C'est pour mon sexe un effort de tendresse
Que l'on ne reverra jamais.

ZÉPHYRE ET FLORE, Opéra en trois actes, avec un Prologue, de M. *du Boullay*, Musique de Messieurs *Louis Lully*, & *Jean-Louis Lully*, représenté par l'Académie Royale de Musique, le Mardi 23 Mars 1688. in-4°. Paris, Ballard; & in-12. tome III. du Recueil général des Opéra.

Reprise de l'Opéra de *Zéphyre & Flore*, le Mardi 18 Juin 1715. 2e édition in-4°. Ribou.

ACTEURS DU PROLOGUE.

Vertumne.	Le Sieur Le Mire.
Palès.	Mlle Milon.
Tircis.	Le Sieur Murayre.
Un Berger.	Le Sieur Le Bel.

BALLET.

Suite de Vertumne, *Bergers, Bergères.*
Les Sieurs Dumoulin L. Gaudreau,
P. Dumoulin & Dangeville.
Mlles Isecq, La Ferriere, Haran & Dupré.
Suite de Palès, *Payfans & Payfannes.*
Le Sieur F. Dumoulin.
Les Sieurs Javillier, Pierret, Maltaire & Duval.
Mlles Le Maire, Le Roy, Rameau & Duval.

ACTEURS DE L'OPÉRA.

Flore.	Mlle Heufé.
Zéphyre.	Le Sieur Bufequ.
Borée.	Le Sieur Thévenard.
Cloris.	Mlle Bougoin.
Clytie.	Mlle Antier.
Le Soleil.	Le Sieur Hardouin.
Iris.	Mlle Milon.
Arténice.	Mlle Poussin.
Cybelle.	Mlle Milon.
Hymen.	Le Sieur Le Bel.
Bacchus.	Le Sieur Le Mire.

ACTEURS DU BALLET.

ACTE I. Suite de Zéphyre.   Le Sieur Blondy.
Les Sieurs Marcel, P. Dumoulin & Dangeville.
Mlles Menès, La Ferriere & Haran.
Suite de Flore.   Mlle Guyot.
Les Sieurs Gaudreau, Maltaire & Guyot.
Mlles Le Maire, Chafteauvieux & Brunel.

ACTE II. Suite de Bacchus.   Les Sieurs Germain,
Dumoulin L. F. & P. Dumoulin.
Mlle Prevoft.
Mlles La Ferriere, Le Maire, Haran & Dupré

ACTE III. *Suite de Zéphyre.* Le Sieur D. Dumoulin.
Les Sieurs Marcel, P. Dumoulin, Dangeville, Pierrot & Sac.
Suite de Flore.
Les Sieurs Guyot, Maltaire & Duval.
M.lles Rameau, Chasteauvieux & Duval.
Suite de Bacchus.
Les Sieurs Germain & Gaudreau.
M.lles Hecq, La Ferriere & Haran.

ZÉPHYRE ET FLORE, c'est le sujet de la premiere Entrée du Ballet des *Saisons*, de M. l'Abbé *Pic*, Musique de M. *Colasse*, (1695.) intitulée, *Le Printems*, ou l'*Amour Coquet*, Voyez *Saisons*. (les)

ZÉPHYRE ET FLORE, Pastorale héroïque Françoise, au Théatre Italien, trois actes en vers libres, de M. *Riccoboni* le fils, chaque acte suivi d'un divertissement (*) premiere représentation du Samedi 23 Août 1727. non imp. Voici le compte que l'Auteur du Mercure rendit de cette piéce dans la nouveauté, & l'extrait qu'il en donna au Public.

« Le 23 Août (1727.) les Comédiens Italiens donnerent une Pastorale héroïque nouvelle, en trois actes & en vers, & un divertissement de chants & de danses à chaque acte. Elle a pour titre *Zéphyre & Flore*. Cette piéce qui est de la composition du Sieur *Lélio* le fils, a été bien reçue du Public. Nous en parlerons plus au long dans le prochain Mercure ». *Mercure d'Octobre* 1727, pages 1883 & 1884.

« Le 23 Août dernier, (1727.) les Comédiens Italiens donnerent la premiere représen-

―――――――――――
(*) Musique de Monsieur *Moura*.

» ration d'une Pastorale héroïque en vers, avec
» des agrémens, intitulée *Zéphyre & Flore.*
» Cette piéce fut très-bien reçue du Public ; le
» Sieur *Lélio* le fils en est l'Auteur. Ce n'est
» pas ici son coup d'essai. Il a déja part à quel-
» ques piéces qui ont été applaudies. De si heu-
» reux commencements font espérer des ouvra-
» ges encore plus brillants. Voici de quoi il
» s'agit, &c. » *Mercure d'Octobre* 1727. *pages*
2306-2313.

L'Auteur du Mercure passe comme on voit à l'extrait de la piéce ; mais avant que d'en faire usage, nous ne devons point oublier une particularité tirée du même Journal. (*Mercure de Septembre* 1727. *page* 2058.) Une Bergere chantoit dans le dernier divertissement des vers allégoriques, qui faisoient allusion à l'heureuse naissance de Madame *Louise-Elisabeth*, aujourd'hui Duchesse de *Parme*, &c. & à celle de Madame *Henriette* ; on les trouvera à la fin de l'Extrait.

EXTRAIT DE ZÉPHYRE ET FLORE,
tiré *du Mercure d'Octobre* 1727.

ACTEURS.

ZÉPHYRE.	*Le Sieur Lélio le fils.*
CHLORIS.	*La Demoiselle Silvia.*
VÉNUS.	*La Demoiselle La Lande.*
L'AMOUR.	*La Demoiselle Lélio.* (*)

(*) C'est de la Demoiselle *Flaminia* dont l'Auteur du Mercure entend parler, car la Demoiselle *Lélio*, femme du Sieur *Lélio* le fils, n'étoit pas encore au Théatre.

PLUTON.   *Le Sieur Romagnesi.*
LA JALOUSIE.   *Le Sieur Mario.*

La scéne est dans une Forêt.

ACTE I.

« Zéphyre se plaint de l'insensibilité de Chlo-
» ris ; il va chercher cette nymphe qu'il aime.
» La nymphe vient un moment après qu'il est
» sorti. Fatiguée de la chasse, elle veut goûter
» les douceurs du sommeil sur un lit de gason ;
» elle invite le Zéphyre à rafraîchir l'air : Zé-
» phyre s'entendant nommer vient à elle ; il lui
» parle de son amour ; elle lui jure une éternelle
» indifférence, & se retire. Zéphyre se plaint
» de son malheur ; Vénus arrive dans un char
» avec l'Amour ; elle invite son fils à rendre
» Zéphyre heureux ; l'Amour lui répond que ce
» Dieu a toujours été rebelle à ses loix, & que
» pour l'en punir, il veut qu'il sente tout le
» poids de ses chaînes. Vénus voyant qu'elle
» ne peut rien obtenir de son fils par la douceur,
» lui parle d'un ton de mere qui veut être obéïe ;
» l'Amour n'est pas moins rebelle au comman-
» dement, qu'il a été insensible à la priere.
» Vénus irritée lui offre l'alternative d'obéïr,
» ou d'être banni pour jamais de Cythere.
» L'Amour, toujours plus fier, choisit l'exil &
» se retire en protestant qu'il n'accordera pas le
» moindre soulagement à Zéphyre. Celui ci est
» au désespoir de ce qui vient de se passer entre
» la mere & le fils, prévoyant qu'il sera la pre-
» miere victime de leur désunion ; Vénus lui
» promet de mettre tous les Dieux dans ses
» intérêts. Zéphyre se retire ; Mercure vient

» annoncer à Vénus que Jupiter l'envoye pour
» terminer le scandaleux procès qui est entre la
» mere & le fils ; il lui dit qu'il est plénipoten-
» tiaire de la paix, & qu'il va travailler sérieu-
» sement à mettre l'Amour à la raison ; Vénus
» lui sçait bon gré de son zéle, & se retire.
» L'Amour vient un moment après ; Mercure
» feint de prendre son parti contre sa mere ; il
» a déja disposé les Dieux des bois à le seconder
» dans son projet ; il dit à l'Amour qu'il régnera
» bien plus agréablement dans ces Forêts que
» dans Cythere, où sa superbe mere prétend
» qu'il lui obéïsse. On entend une douce sym-
» phonie ; Mercure fait croire à l'Amour que
» les Divinités des Forêts viennent lui rendre
» hommage ; il l'invite à s'asseoir, pour écouter
» leurs danses & leurs chansons, & à la faveur
» du sommeil qui vient le surprendre, il lui
» dérobe son carquois & son flambeau, & s'en-
» fuit. A peine l'Amour est-il désarmé, que
» les Silvains l'insultent ; il s'éveille au bruit des
» brocards qu'ils lâchent contre lui dans leurs
» nouveaux chants ; il est outré du tour que
» Mercure lui a joué, & dit aux Silvains que
» tout désarmé qu'il est, il a encore assez de
» puissance pour leur faire sentir sa colere.

Acte II.

» Zéphyre & Cloris commencent ce second
» acte ; Vénus s'est déja servie des traits que
» Mercure a volés à l'Amour ; le cœur de Chlo-
» ris a été blessé ; elle en fait l'aveu charmant
» à Zéphyre, qui en redouble sa tendresse pour
» elle ; sa joie éclate aux yeux de l'Amour, qui

» est surpris de les voir si tendrement unis sans
» qu'il s'en soit mêlé, & malgré lui même; il
» ne comprend pas comment une autre main
» que la sienne a pu lancer ses traits; peut-être
» en soupçonneroit-il Mercure, mais Vénus ne
» le laisse pas longtemps dans l'incertitude; elle
» vient armée de son carquois & de son flam-
» beau, & insulte à la disgrace de son fils; elle
» charge Mercure qui la suit, de porter les traits
» qui inspirent l'amour au souverain des Dieux,
» afin qu'il en dispose en faveur de quelqu'au-
» tre que de ce fils rebelle aux ordres de sa
» mere; pour ce qui est des fléches de plomb
» qui font naître l'aversion, elle souhaite qu'el-
» les soient jettées dans quelque gouffre impé-
» nétrable d'où elles ne sortent jamais; elle garde
» pour elle le flambeau destiné à l'union des
» cœurs. Mercure remonte aux Cieux, pour
» éxécuter les ordres de Vénus qui se retire
» après avoir accablé Cupidon de mépris. L'A-
» mour irrité a recours aux Enfers, au défaut
» du Ciel, où tout semble conspirer contre
» lui; il invoque Pluton; ce Monarque redou-
» table des Enfers vient à son secours; l'Amour
» le prie de lui prêter l'assistance de quelque
» monstre horrible, qui le venge des outrages
» de sa mere; il l'en conjure au nom de Pro-
» serpine, qu'il a autrefois attendrie pour lui.
» Pluton lui nomme tous les monstres qui font
» leur séjour dans le noir Tartare; l'Amour
» n'en conçoit point de plus propre à servir sa
» colere que la Jalousie. Pluton évoque cette
» cruelle Divinité; la Jalousie demande à quel
» emploi on la destine; *à me venger*, lui dit
» l'Amour. Pluton défend à la Jalousie de ren-

» trer jamais dans les enfers, de peur qu'elle
» n'étende son pouvoir funeste jusqu'à troubler
» l'heureuse intelligence qui regne entre son
» épouse & lui. La Jalousie instruite par l'A-
» mour de ce qu'elle doit faire, sort pour aller
» prendre la forme de Philis, nymphe chérie de
» Chloris; l'Amour se retire aussi. Chloris vient
» occupée de son amour; elle se plaint de ne
» point voir Zéphyre; la fausse Philis arrive;
» elle lui fait entendre que Zéphyre la trompe,
» & qu'il est actuellement à soupirer aux pieds
» de la nymphe Aréthuse; elle touche en même
» temps Chloris d'une espéce de caducée auquel
» on voit des serpens entortillés; le caducée
» opere; la Jalousie se retire. Zéphyre vient,
» il regrette l'absence de sa chere Chloris; la
» fausse Philis le rend jaloux à son tour, en lui
» faisant entendre que Chloris aime le Dieu d'un
» Fleuve, & qu'elle en est tendrement aimée.
» Le caducée est aussi heureusement employé
» qu'il l'a déja été à l'égard de Chloris. Zéphyre
» reste seul; il témoigne son désespoir; il ne
» veut plus regner dans des lieux qui lui sont
» devenus si funestes & si odieux; il invite les
» fiers Aquilons à venir regner en sa place.
» Les Aquilons s'emparent des lieux où il tenoit
» son empire; ils font des ravages affreux. Le
» second acte finit par cette fête terrible dont la
» Musique qui est du Sieur *Mouret*, a été géné-
» ralement applaudie.

Acte III.

» Mercure descendu des Cieux pour la secon-
» de fois, fait entendre que tous les Dieux veu-
» lent que Vénus se réconcilie avec son fils pour

» le bonheur de l'Univers ; le raccommodement
» se fait aux conditions que Vénus prescrit à
» l'Amour ; la première, c'est que Zéphyre &
» Chloris soient parfaitement heureux. Cupidon
» consent à tout, pourvû qu'on lui rende ses
» armes ; Mercure les lui remet entre les mains ;
» ils se retirent tous trois, pour faire place à
» Zéphyre & à Chloris ; ces deux Amants jaloux,
» après quelques plaintes de part & d'autre, en
» viennent enfin à un éclaircissement ; cela
» suffit pour les désabuser & les réunir. Vénus,
» Mercure & l'Amour viennent se réjouir de ce
» raccommodement, au grand regret de la Ja-
» lousie, qui par-là voit tous ses projets avor-
» tés. Mercure lui conseille d'aller se consoler
» dans les Enfers du mauvais succès de sa pre-
» mière entreprise ; la Jalousie lui dit que Plu-
» ton l'en a bannie pour toujours, mais qu'elle
» s'en dédommagera bien par les ravages qu'elle
» prétend exercer sur toute la terre. L'Amour
» lui défend de troubler jamais ces deux Amants,
» dont il prétend faire le bonheur ; la Jalousie
» se retire. Zéphyre change Chloris en Divinité
» des Bois, & lui donne le nom de Flore. Les
» Fleurs viennent rendre hommage à leur Sou-
» veraine ; la piéce finit par cette gracieuse fête,
» mélée de chants & de danses, dont Monsieur
» *Mouret* a fait la Musique ; on sçait combien
» il excelle en tout genre ».

AIR *chanté par une Bergere, dans le dernier*
divertissement, qui est celui des Fleurs.

Le lis, par sa blancheur efface
Les plus brillantes couleurs,
Et l'on ne voit point de fleurs
Que sa tige ne surpasse.

Qu'il regne dans ces cantons,
Et que sa tige féconde,
Bientôt remplisse le monde
De ses nouveaux rejettons.

Extrait imprimé.

ZÉPHYRE ET LA LUNE, *ou* LA NUIT D'ÉTÉ, Opéra Comique en un acte, de Monsieur *Boiſſi*, repréſenté le Mercredi 9 Septembre 1753. précédé d'un Prologue de Monsieur *Panard*, intitulé l'*Impromptu*, & ſuivi du Ballet des *Ages*, non imp.

Morphée, dont l'emploi, comme il en convient, eſt d'amuſer le tapis, veut lier converſation avec la Nuit, qui voudroit faire un ſomme. Ah! dit Morphée à part, je ſçais le moyen de l'éveiller, en lui parlant de Zéphyre qu'elle aime.

LA NUIT. (AIR. *On n'aime point dans nos forêts*)
 Il me réveille.

MORPHÉE.
 Qu'ai-je dit?

LA NUIT.
Que de mots, pour nommer Zéphyre,
Je ne puis l'ouïr ſans dépit:
En trente termes pourquoi dire,
Ce qu'on peut exprimer en un?

MORPHÉE.
C'eſt pour ſe rendre moins commun.

(AIR. *Ton humeur est Caterine.*)
Dans le début d'un ouvrage,
On doit *emphaſer* toujours.
Empouler bi n ſon langage,
C'eſt annoblir ſon diſcours.
Si d'un pompeux verbiage,
On purgeoit nombre d'écrits,
A la moitié d'une page,
Ils ſeroient bientôt réduits.

Morphée continue à lui dire en style métaphorique que Zéphyre lui fait la cour; la Nuit répond qu'elle n'est pas assez aimable pour engager un Amant si léger. Oh! vous êtes trop modeste, réplique Morphée. Demandez à la Lune qui paroît, je parie qu'elle sera de mon avis.

LA LUNE.

» Oui, je pense comme M[...].

(Air. *L'austere philosophie.*)

L'instant qui vous fait paroître
    Amene la volupté,
Et votre regne fait naître,
    La charmante liberté;
Le jour est fait pour la peine,
La Nuit pour le doux loisir.
    Il est pere de la gêne,
    Et vous mère du plaisir.

(Air. *De la Ceinture.*)

L'Astre du jour qu'on laisse entier
Au vil artisan qui travaille,
N'est plus qu'un astre roturier
Fait pour éclairer la canaille.

» Le beau monde vous donne la préférence, & sur-tout notre sexe.

(Air. *L'eau qui tombe goute à goute.*)

Le Soleil peu favorable,
Embarrasse la pudeur;
Mais votre ombre charitable,
Sert à cacher son ardeur.
Toujours dans une amourette,
Le grand éclat lui fait peur;
Le jour on voit sa défaite,
Et la Nuit, il est vainqueur.

Après le départ de la Lune, l'Orchestre joue l'air des Rats, qui annonce Zéphyre. C'est un parfait Petit-Maître, il déclare sans façon qu'il est amoureux de la Lune, & paroît sûr de cette conquête. Je suis, ajoute-t-il, conduit par l'Amour : voici ce Dieu ; retirez-vous l'un & l'autre, dit-il, en s'adressant à la Nuit & à Morphée : allez faire le devoir de votre charge, & laissez-nous ensemble remplir la nôtre.

L'Amour attend avec impatience que Zéphyre raconte ce qu'il a fait à l'Opéra, à la Comédie & aux promenades. Je me suis amusé dit-il à déranger la fri●●●e de deux Marquis, & j'ai fait voler leur poudre aux yeux d'un mari jaloux. A quelques pas de là un jeune Abbé s'est vû décoëffer, & un vieux Bourgeois a été absorbé sous le vaste panier d'une Coquette. Mais, ajoute Zéphyre, l'aventure qui m'a le plus satisfait, est le secours favorable que j'ai donné à une beauté, que la chaleur insupportable faisoit languir sur le sopha où elle étoit nonchalamment couchée.

ZÉPHYRE. (Air. Contre un engagement.)

Ah ! quelle volupté,
Dit-elle, transportée :
Qu'il est doux en Eté
De se voir éventée.
Vent dont je suis flattée,
Souffle donc, souffle fort ;
Mon ame est enchantée,
Encor, encor, encor.

L'Amour sensible aux soins de l'obligeant Zéphyre, lui promet sa protection. La Lune paroît, & s'amuse un moment à regarder un Ballet éxécuté par des figures de porcelaines que l'Amour a animées : ce Dieu déguisé, lance en passant un trait contre la Lune, & se cache pour écouter les réflexions qu'elle va faire. Zéphyre se présente avec confiance : la Lune affecte d'abord un peu de fierté ; Zéphyre feint de s'en aller, & la Déesse le rappelle : l'Amour paroît dès qu'il apperçoit la bonne intelligence des deux Amans : qu'attendez vous, dit tendrement Zéphyre ; l'Hymen, répond la Lune en rougissant : on joue ici l'air *Zing, zing, Madame la Mariée*, qui annonce l'arrivée de l'Hymen.

ZÉPHYRE. (AIR........)

Le voilà dans ce moment,
Belle qui tombe des nues,
Pour faire le dénouement ;
Nos affaires sont conclues.

LA LUNE.

Au Théatre ordinairement,
Il ne vient jamais autrement.

Le Théatre change, & représente le Palais de la Lune, orné de tout ce qui la caractérise. Suit un Divertissement & un Vaudeville, dont voici quelques couplets.

En amour comme en fortune,
Qu'on épouse blonde ou brune,
Il n'est point de fort constant :
L'enseigne la plus commune,
Est l'enseigne du Croissant,
Marquis, Rubin, Artisan,
Tout est sujet à la Lune.

A la premiere journée,
Qu'on s'unit par l'hymenée,
La tendresse est dans son plein,
Dans deux jours vient le déclin,
Bref, son ardeur importune,
Dans un mois s'affoiblit tant,
Qu'on n'en voit que le Croissant,
Tout est sujet à la Lune.

ZIZO

Je suis d'humeur peu jalouse,
Si je prends volage épouse,
Je suis moi-même inconstant.
Non, des maris l'infortune,
N'a pour moi rien d'effrayant :
Je dois porter le Croissant,
Etant l'époux de la Lune.

Extrait Manuscrit.

Le role de *Morphée* étoit joué par le Sieur *Drouillon* : ceux de la *Nuit*, de *Zéphyre* & de l'*Amour*, par Mademoiselle *Cheret*, par la *petite Tante* & le *petit Sabotier*. Mlle *Julie* (*Bercaville*) y représentoit la *Lune*. Une indisposition subite ayant surpris cette Actrice derriere le Théatre, on fut obligé d'en cesser les représentations, qui sans cet accident auroient été peut-être plus nombreuses.

ZIG-ZAG, (le) Comédie de M. *Poisson*, insérée dans celle du *Baron de la Crasse*, piéce du même Auteur. Voyez *Baron* (le) *de la Crasse*.

ZIG-ZAG, (le) Feu d'artifice exécuté au Théatre Italien, le Lundi 4 Mars 1748. précédé du *Combat magique*, Comédie Italienne. *Affiches de Boudet.*

ZORAÏDE, Tragédie. Voyez *Varon*.

ZOROASTRE, Tragédie en cinq actes, sans Prologue, de M. *Cahusac*, Musique de M. *Rameau*, représentée par l'Académie Royale de Musique, le Vendredi 5 Novembre 1749. in 4°. Paris, Delormel.

L'ouverture fait le Prologue.

« La premiere partie est un tableau fort &
» pathétique du pouvoir barbare d'Abramane,
» &

» & des gémissemens des peuples qu'il opprime,
« un doux calme succéde, l'espoir renaît.
» La seconde partie est une image vive &
» riante de la puissance bienfaisante de Zoroas-
» tre, & du malheur des peuples qu'il a délivrés
» de l'oppression.

ACTEURS.

Zoroastre, instituteur des Mages. — Le Sieur Jélyote.
Abramane, Grand Prêtre des Idoles. — Le Sieur Chassé.
Amélite, héritière du trône de Bactrienne. — Mlle Fel.
Erinice, Princesse de Bactrienne. — Mlle Chevalier.
Zopire, Prêtre des Idoles. — Le Sieur Person.
jeunes Bactriennes de la suite d'Amélite. — Mlle Jacquet, Mlle Duperey.
Abenis, jeune Sauvage Indien. — Le Sieur Poitier.
Une voix sortant du nuage enflammé. — Le Sieur La Tour.
Un Salamandre. — Le Sieur Le Page.
Une Sylphide. — Mlle Coupée.
La Vengeance. — Le Sieur Le Page.
Une voix souterraine. — Le Sieur Le Febvre.
La Jalousie. — Mlle Daliere.
La Colère. — Mlle Rollet.
Furies. — Les Sieurs Poirier & Cuvillier.

ACTEURS DU BALLET.

ACTE I. Bactriennes. Mlle Puvignée.
Mlles Courcelle, Dazenoncourt, Thierry & S. Germain.
Mlles Desirée, Duvaux, Puvignée Mère, Sauvage, Victoire & Parquet.
Le Sieur Laval & Mlle Puvignée.

ACTE II. Indiens Sauvages.
Le Sieur Laval & Mlle Labatte.
Les Sieurs Caillez, Mion, Hamoche & Bourgeois.

Tome VI.

Z U

Mlles Thierry, Beaufort, Sauvage & Briseval.
Mages. Les Sieurs Lyonnois & Device.
Les Sieurs Dupré, Matignon, Feuillade, Aubry, Le Lievre & Saunier.
Mlle Camargo.

Acte III. *Peuples Elémentaires.* Mlle Carville.
Les Sieurs Lany & Tessier.
Mlles Lallemand & Lany.
Les Sieurs Le Lievre, Caillez, Laurent, Laval & Saunier.
Mlles Desiré, Bellenot, Dazenoncourt, Sauvage & Briseval.

Acte IV. *Prêtre d'Arimas.* Le Sieur Device.
Les Sieurs Dupré, Feuillade, Laval, Aubry, Le Lievre & Saunier.
Esprits cruels des ténèbres.
La Haine. Mlle Lyonnois.
Le Désespoir. ..... Lyonnois.
Les Sieurs Hamoche, Laurent, Caillez & Myon.
Mlles S. Germain, Courcelle, Dazenoncourt & Thierry.

Acte V. *Peuples Elémentaires.* Le Sieur Dupré.
Les Sieurs Le Lievre, Laval, Feuillade & Saunier.
Mlles Bellenot, Desirée, Sauvage & Briseval.
Bergers & Bergères.
Le Sieur Lany & Mlle Lany.
Mlle Dallemand.
Les Sieurs Matignon, Bourgeois, Laurent, Myon, Hamoche & Aubry.
Mlles Beaufort, Dazenoncourt, Thierry, Victoire, Grenier & Deschamps.

ZULIME, Tragédie de M. de Voltaire, non imprim. représentée le Mercredi 8 Juin 1740. suivie de l'*Esprit de Contradiction*. *Histoire du Th. Fr.* année 1740.

Fin du Tome sixième.

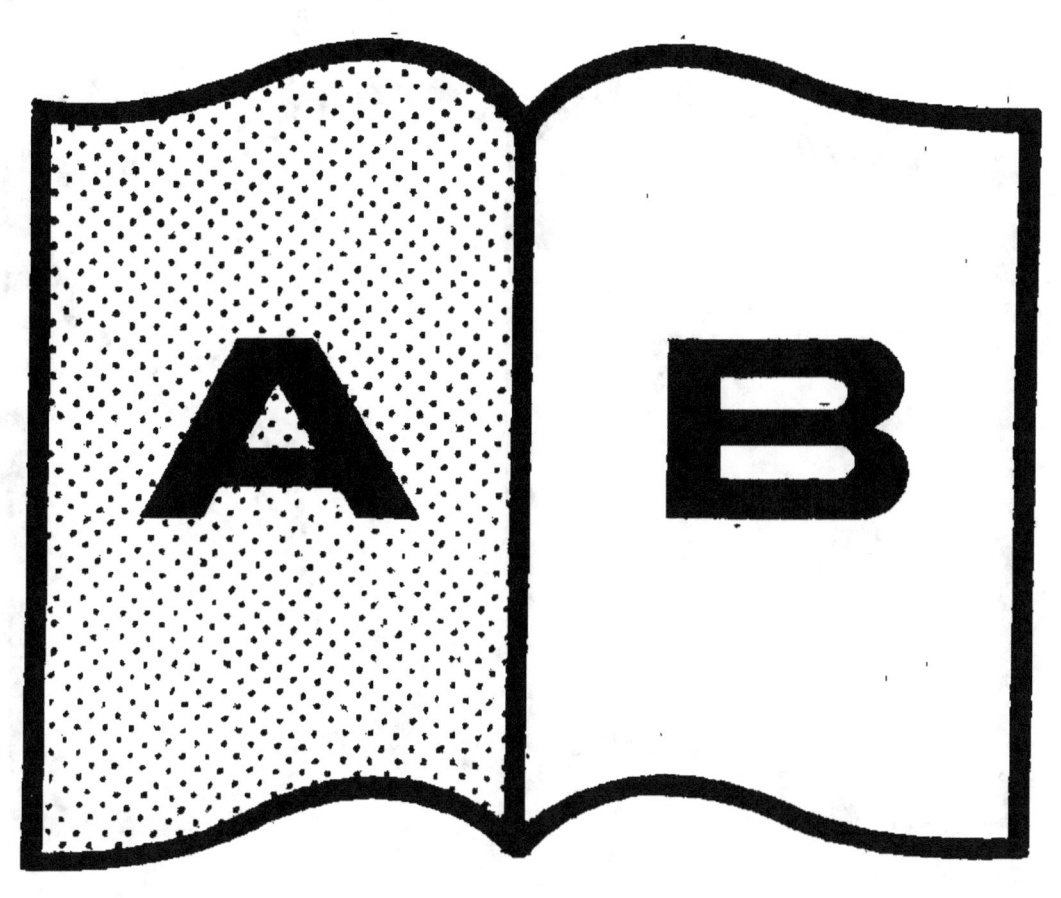

Contraste insuffisant
NF Z 43-120-14

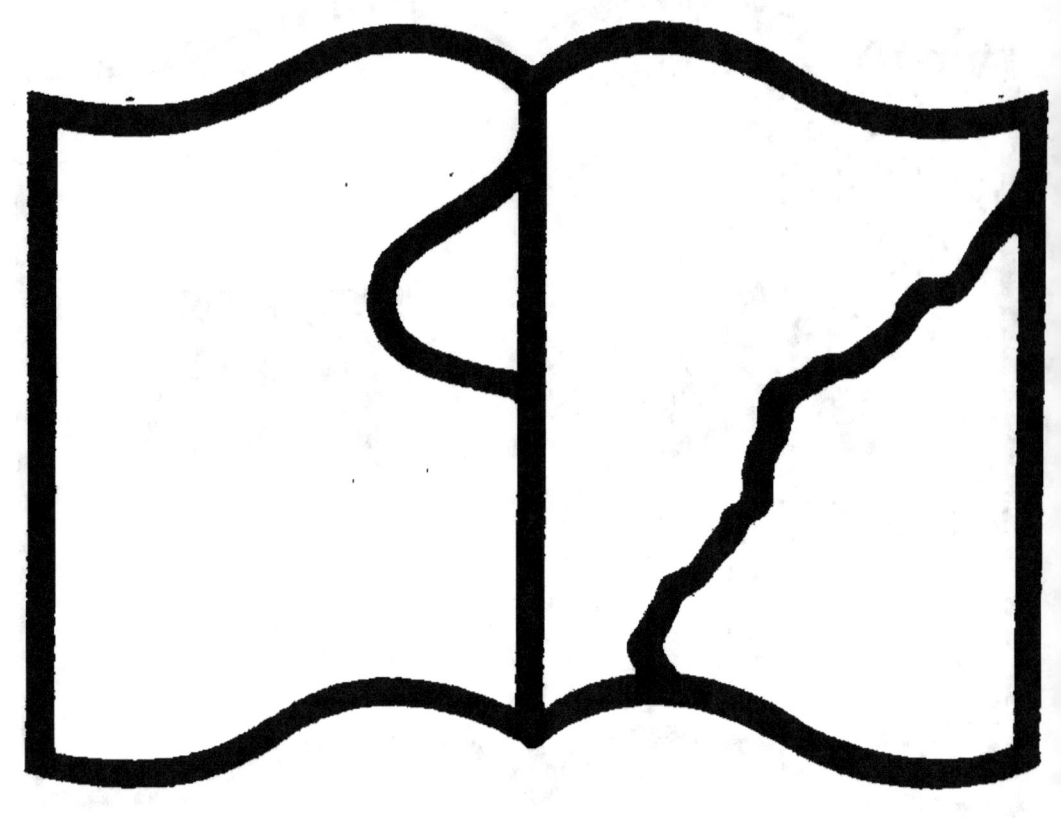

Texte détérioré — reliure défectueuse

NF Z 43-120-11

www.ingramcontent.com/pod-product-compliance
Lightning Source LLC
Chambersburg PA
CBHW052239220526
45471CB00001B/106